O QUE ESTÁ ACONTECENDO COM O MEU CORPO?

LIVRO PARA MENINAS

CIP-BRASIL. CATALOGAÇÃO NA FONTE
SINDICATO NACIONAL DOS EDITORES DE LIVROS, RJ

M151o

Madaras, Lynda, 1947-
    O que está acontecendo com o meu corpo? : livro para meninas / Lynda Madaras com Area Madaras ; tradução Marcos Malvezzi Leal ; [ilustrações Simon Sullivan]. - 6. ed. - Rio de Janeiro, RJ : Verus, 2024.
    il. ; 23 cm

    Tradução de: The What's Happening to My Body? Book for Girls
    ISBN 978-85-7686-124-9

    1. Adolescentes (Meninas) - Crescimento. 2. Adolescentes (Meninas) - Saúde e higiene. 3. Educação sexual para meninas. I. Madaras, Area. II. Título.

11-3116   CDD: 612.661
                                                         CDU: 612.661

Lynda Madaras
com Area Madaras

O QUE ESTÁ ACONTECENDO COM O MEU CORPO?

LIVRO PARA MENINAS

Tradução
Marcos Malvezzi Leal

6ª edição

Rio de Janeiro-RJ / São Paulo-SP, 2024

VERUS
EDITORA

Título original
The What's Happening to My Body? Book for Girls

Editora
Raïssa Castro

Coordenadora Editorial
Ana Paula Gomes

Copidesque
Maria Lúcia A. Maier

Revisão
Lúcia Helena Lahoz Morelli

Projeto Gráfico
André S. Tavares da Silva

Ilustrações
Simon Sullivan

Copyright © Lynda Madaras e Area Madaras, 1983, 1988, 2000, 2007

Tradução © Verus Editora, 2011

Direitos reservados em língua portuguesa, no Brasil, por Verus Editora. Nenhuma parte desta obra pode ser reproduzida ou transmitida por qualquer forma e/ou quaisquer meios (eletrônico ou mecânico, incluindo fotocópia e gravação) ou arquivada em qualquer sistema ou banco de dados sem permissão escrita da editora.

VERUS EDITORA LTDA.
Rua Argentina, 171, São Cristovão, Rio de Janeiro/RJ, 20921-380
www.veruseditora.com.br

GRUPO EDITORIAL RECORD
www.record.com.br

Em memória de Yvonne Pinto
1968-1999

SUMÁRIO

PREFÁCIO 15
INTRODUÇÃO PARA OS PAIS 17

1. PUBERDADE..31
   Sexo 33
   Os órgãos sexuais masculinos 34
      Box: Circuncisão 36
   Os órgãos sexuais femininos..38
   Relações sexuais 39
   Fazendo bebês 41
      Espermatozoides, esperma e ejaculação 42
      Óvulo e ovulação 44
      Fertilização, gravidez e nascimento..45
      Box: Gêmeos, gêmeos siameses, trigêmeos....................................46
   Menstruação 48
   Tudo o que você sempre quis saber... 50
   Para ler este livro...51

2. SEUS SEIOS: MANUAL DA PROPRIETÁRIA..52
   O seio 53
      O interior do seio 53
   Cinco estágios do desenvolvimento dos seios......................................54
      Estágio 1: Infância 56
      Estágio 2: O desenvolvimento dos brotos mamários 56

Estágio 3: O desenvolvimento continua..56
Estágio 4: Mamilo e aréola formam elevação 56
Estágio 5: Adulto 57
Tempo e ritmo de desenvolvimento 57
Box: A idade "certa"..58
Os estágios dos seios e a primeira menstruação.......................................58
Tamanho dos seios..59
Preocupações com o desenvolvimento dos seios.......................................60
Coceira, sensibilidade, dor..60
Caroços no seio...61
Box: Protegendo os seios..61
Tamanho ou ritmo de desenvolvimento irregulares............................61
Mamilos invertidos 62
Secreção dos mamilos 63
Sutiãs...64
Compra dos sutiãs 65
Tops e sutiãs comuns 65
Box: Cuidados com o sutiã 66
Encontrando o sutiã certo..66
Tipos e estilos 67
Box: Sutiãs para a prática de esportes..68
Sentimentos em relação ao desenvolvimento dos seios 68
Atenção indesejada e assédio sexual...70
Como lidar com o assédio sexual entre pares 71
Box: A história de Érica 72

3. PELOS PÚBICOS E OUTRAS MUDANÇAS "LÁ EMBAIXO" 74
Pelos públicos..74
Os sentimentos em relação aos pelos públicos 75
Box: Nada de arrancar, por favor!..76
Cinco estágios do crescimento dos pelos públicos....................................76
Estágio 1: Infância 78
Estágio 2: Os primeiros pelos públicos 78
Estágio 3: O crescimento se estende para o monte de Vênus 78
Estágio 4: O crescimento continua 78
Estágio 5: Adulto 78

Estágios dos pelos púbicos e a primeira menstruação 79
O início da puberdade: idades e estágios 79
Começo adiantado/começo atrasado – Por quê? 79
Propensões familiares..80
A puberdade começa mais cedo hoje em dia...........................81
Propensões raciais e étnicas...81
Sou normal? 82
A vulva – uma excursão com guia 83
O monte de Vênus 85
Os lábios externos...85
Box: Nomes diferentes para a mesma coisa 86
Os lábios internos..86
O clitóris...87
A abertura urinária 88
A abertura vaginal 88
O hímen 89
Box: O médico sabe?..90
O ânus..91
Masturbação 91
Excitação sexual e orgasmo 92
Box: O ponto G 93

4. A PUBERDADE E O ESTIRÃO DE CRESCIMENTO 94
A altura..95
Serei alta? 95
Contos e histórias de altura..96
Os pés primeiro 97
A mudança de forma..98
O peso 99
Box: Dores do crescimento e escoliose 100
"Gorda demais" 100
Tipos básicos de corpo..101
O culto à magreza 102
Regime pode ser perigoso à saúde 102
Box: Anorexia e bulimia 104
Cuidados com o corpo...105

Comer bem e se exercitar 105
Fumo, álcool e outras drogas 106
Box: Uma porção equivale a quanto? 107
Box: Síndrome atlética feminina 108
Como gostar da própria aparência 109

5. PELOS NO CORPO, SUOR, ESPINHAS E OUTRAS MUDANÇAS 112
Pelos nas axilas e no corpo..113
   Uma questão cabeluda 113
Depilação e outras formas de lidar com os pelos indesejáveis...............114
   Lâminas: guia da compradora 114
      Box: Fica mais grosso e mais escuro mesmo? 115
   Dicas de depilação com lâmina..115
      Box: Outras maneiras de remover pelos....................................116
      Box: Removendo pelos da "linha do biquíni".............................118
O suor e o cheiro do corpo 119
   Como lidar com o suor e o cheiro do corpo..................................119
   Desodorantes e antiperspirantes..120
      Box: *Spray* higiênico feminino..121
Espinhas, acne e outros problemas de pele 121
   Tratamento 123
      Tratamentos sem receita médica 124
      Box: Acne e alimentação 124
      Box: Problemas de pele específicos para mulheres afrodescendentes..............125
      Tratamento médico 125
Estrias 126
   Box: O lado bom da puberdade 127

6. OS ÓRGÃOS REPRODUTORES E O CICLO MENSTRUAL.........................128
A história interior: os órgãos reprodutores..129
   Os órgãos reprodutores 129
   O salto do crescimento interno 129
   Box: Não acredite em tudo que você vê 130
Secreção vaginal 131
Hormônios 132
   O estrógeno e o ciclo menstrual 134

Ovulação 134
Box: Dor na ovulação 135
Fertilização 136
Menstruação 137
O ciclo menstrual..137
Box: Menopausa 137
Duração do ciclo 139
Ciclos irregulares em mulheres jovens 140
Duração...140
Quantidade e padrão do fluxo menstrual...140
Box: Ducha vaginal 141
Os coágulos e a cor do fluxo 141
Atrasos ou ausência de menstruação..142
Sangramento entre períodos menstruais 142
Meras orientações..142
Outras mudanças menstruais..143
Síndrome de tensão pré-menstrual 144
Acompanhando o ciclo menstrual 144

7. Tudo Sobre Menstruação 147
A primeira vez...147
Estágios dos seios e a primeira menstruação 148
Propensões familiares e a primeira menstruação 148
Na escola 148
Box: Dizer que menstruou quando não é verdade 150
Mais histórias sobre a primeira menstruação...151
Contar aos pais 156
Box: Tudo bem se...? 157
Proteção menstrual 158
Absorvente interno seguro e a síndrome do choque tóxico 158
Dúvidas sobre a dioxina 159
Absorventes 160
Guia do absorvente 161
O uso dos absorventes 161
Absorventes internos 163
Respostas às perguntas mais frequentes..163

  A escolha da melhor absorção 165
  Absorventes internos com aplicadores 166
  Dicas para as iniciantes 166
  Trocar, remover e jogar fora o absorvente interno 168
 Cólica 169
  O que causa cólica? 169
  Como lidar com a cólica: o que você pode fazer 170
  Remédios caseiros 170
  Box: Analgésicos que não precisam de receita médica 171

8. MENINOS E A PUBERDADE 174
 Semelhanças e diferenças 174
 As primeiras mudanças 176
 O pênis e o escroto 176
  Circuncisão 176
 Cinco estágios da puberdade 178
 O estirão de crescimento 180
 Mudança de forma 180
 Pelos no corpo, suor, espinhas e outras mudanças 180
  Pelos no rosto 181
  Mudanças no peito 181
  Voz 181
 Ereção 181
  Ereção espontânea 182
  Tamanho do pênis 183
  Amolecimento 183
 O esperma, os órgãos sexuais internos e a ejaculação 183
 Primeira ejaculação, masturbação e sonhos molhados 186

9. IMPULSOS ROMÂNTICOS E SEXUAIS 187
 Apenas amigos 188
 Paixonites 189
 Impulsos homossexuais 191
 Namoro 193
 Apaixonar-se 196
 Decisões a respeito de como lidar com
 os sentimentos românticos e sexuais 197

    Sexualidade: Inibição/Culpa 200
        Inibição 201
        Culpa 201
        Box: Contraceptivos 202
        Box: Aids e outras DSTs 204
    Crimes sexuais 205
        Estupro 206
        Abuso sexual de crianças 206
    Palavras finais 208

RECURSOS 213
    Aviso sobre a internet 213
    Contraceptivos, Aids e outras doenças
    sexualmente transmissíveis (DSTs) 214
    Terapia e aconselhamento 214
    Juventude *gay* e lésbica 215
    Recursos para pais e professores 215

PREFÁCIO

A PUBERDADE É UM PERÍODO EXCITANTE, mas também difícil e complexo, não só para os jovens que passam por ela, mas também para seus pais. O livro de Lynda Madaras, *O que está acontecendo com o meu corpo? Livro para meninas*, apresenta informações meticulosas, claras, adaptadas para criança, a respeito de tudo que tem a ver com puberdade, desde os aspectos físicos de eventos biológicos e como escolher a "proteção menstrual" adequada, até questões sociais, como abuso sexual e anorexia. O livro não só explica às garotas o que elas precisam saber, mas serve como instrumento de comunicação entre elas e seus pais. Embora nossa cultura nos cerceie de imagens sexuais, chegando a ponto de sexualizar crianças para vender produtos, ainda nos sentimos em conflito, e muito pouco à vontade, quando é preciso discutir a puberdade e a sexualidade com nossos filhos, principalmente hoje em dia, quando as meninas começam a se desenvolver em idades anteriores às de épocas passadas.

Os pais também vão se beneficiar com a leitura deste livro, particularmente com a Introdução, em que são apresentados modos de falar sobre puberdade com os filhos. O livro é tão completo que muitos pais poderão aprender coisas sobre si mesmos. As meninas vão gostar, de modo especial, da conversa franca e realista e da desmistificação do crescimento e da função sexual do homem e da mulher. As perguntas feitas por personagens reais, meninas, em cada capítulo, ajudam a personalizar as respostas para cada leitora.

Este livro é particularmente oportuno quando consideramos as confusas mensagens de nossa cultura em torno da sexualidade e a prevalência cada vez maior e mais perigosa das mais recentes doenças sexualmente transmissíveis. Além disso, o acesso às informações corretas é essencial para os jovens de hoje porque, em grande parte, as proteções sociais que existiam para as crianças no passado desapareceram.

Em vez do véu da vergonha e do segredo que costuma encobrir o crescimento e as funções sexuais femininas, este livro homenageia a conquista da feminilidade e difunde a ideia de cada garota elaborar um rito de puberdade para celebrar sua conversão em mulher adulta. Maravilhoso! Espero que tal prática se propague. Toda garota e todos os pais vão sair ganhando com este livro notável.

Marcia E. Herman-Giddens
Doutora em saúde pública
Professora associada adjunta de saúde materna e infantil
Escola de Saúde Pública,
Universidade da Carolina do Norte, Chapel Hill

INTRODUÇÃO PARA OS PAIS
Por que escrevi este livro

Era um daqueles dias perfeitamente lânguidos de verão, quando o calor é tão forte e denso, que dá para sentir o aroma de flores silvestres no ar. Minha filha de 8 anos e eu descíamos lentamente o caminho ao longo do rio, em meio aos bosques próximos à nossa casa. Era um daqueles momentos mágicos que às vezes ocorrem entre mãe e filha. Todos os anos de troca de fralda, dos complicados arranjos para cuidar da criança, da frenética conciliação entre carreira e maternidade, das broncas para que ela limpasse o quarto e alimentasse seu bichinho de estimação, todos os inevitáveis ressentimentos, conflitos e brigas pareciam então se diluir, deixando só nós duas, próximas e ligadas uma à outra.

Paramos sobre uma rocha para tomar um pouco de sol, e minha filha me disse, tímida, que alguns pelos estavam crescendo em seu corpo.

– Bem aqui – ela apontou.

Fiquei muito orgulhosa, observando-a se mexer por entre as rochas, uma potranca ainda, com pernas e braços longos, elegante e muito bonita. Maravilhava-me diante de sua segurança e agilidade. Sua transição para a vida de mulher adulta seria muito mais graciosa que os meus desastrados e dolorosos solavancos na passagem pela puberdade. Também me orgulhava do relacionamento que tínhamos e do fato de ela se sentir à vontade para se abrir comigo. Nunca, nem em minha mais selvagem imaginação, eu teria pensado em dizer à minha mãe que havia descoberto pelos púbicos em meu corpo. Simplesmente não era algo sobre o qual poderíamos ter conversado. Alegrava-me saber que seria diferente entre mim e minha filha.

Naquele dia, não falamos muito sobre a descoberta dela. Passaram-se semanas, meses, sem nenhuma outra menção ao assunto, mas nosso relacionamento permanecia forte e tranquilo.

– Aproveite enquanto puder – diziam minhas amigas que tinham filhas mais velhas que a minha. – Porque um dia elas chegam à puberdade e tudo acaba. Elas se tornam difíceis. Não se pode mais falar com elas.

Eu ouvia os comentários em complacente silêncio. Conhecia o estereótipo: a filha adolescente mal-humorada, taciturna, e a mãe opressora, cheia de repreensões, que não conseguem se comunicar; mas para nós seria diferente.

Minha filha devia ter 9 ou 10 anos quando aconteceu pela primeira vez – foi introduzida ao nefasto mundo da política dos *playgrounds* e às brincadeiras cruéis que as meninas ainda novas fazem umas com as outras. Chegava em casa da escola aos prantos. Sua ex-melhor amiga havia se aliado a outra e ela tinha sido excluída da futura festa do pijama, ou fora vítima de algum outro calculado ato esnobe de meninas em idade escolar. Ela chorava até não poder mais. Eu não sabia o que dizer.

– Bem, se vai ser assim com essas meninas, procure outras para brincar – eu disse.

As lágrimas continuavam rolando. Isso se tornou um evento semanal, depois passou a acontecer duas vezes por semana. Continuou assim por meses a fio. Até que finalmente percebi que assim que ela enxugava as lágrimas, eu a ouvia ao telefone fofocando maliciosamente sobre alguma outra menininha, ex-amiga, fortalecendo uma nova amizade por meio da exclusão dessa outra. Fiquei indignada e comecei a lhe apontar a incoerência de seu comportamento.

– Você não entende – ela gritava, saindo com passo firme e se fechando em seu quarto depois de bater a porta.

Ela tinha razão. Eu não entendia. De vez em quando, conversava com outras mães. Era a mesma coisa com todas. Por que nossas filhas estavam agindo daquela maneira? Nenhuma de nós tinha a resposta.

– Menina é assim mesmo – suspirou uma mãe, filosoficamente. – Todas elas fazem isso, e nós também fazíamos quando tínhamos a idade delas.

Olhei para o passado, retrocedendo nos anos, tentando me lembrar. Éramos assim, tão maldosas? Lembrei-me então do Pó de Arroz, um clube do qual minhas amigas e eu fazíamos parte. Diferente das escoteiras e de outros clubes pós-aula, aprovados pelos adultos, o Pó de Arroz não tinha reuniões formais ou atividades programadas, o que não significa que não tivesse um propósito. Ele tinha. Os cartões de afiliação, que tinham uma aparência formal e oficial magnífica, uma vez que o pai de uma das meninas os havia confeccionado em sua gráfica, e que levávamos sempre conosco, numa divisão de plástico de nossas carteiras, todas idênticas, provavam que éramos membros de um grupo muito importante. Como se o cartão não fosse identificação suficiente, andávamos sempre juntas, como um rebanho inseparável, almoçávamos juntas em nosso território especial do *playground*, sentávamos juntas nas assembleias escolares e ríamos como um bando de gansos grasnando, escrevíamos os nomes umas das outras em nossos tênis, penteávamos os cabelos da mesma maneira, vestíamos roupas iguais e importunávamos para valer a vida das meninas que não pertenciam a nosso grupo.

Hoje, cerca de vinte anos depois, mal me lembro do nome das outras garotas, membros do Pó de Arroz. Lembro-me, porém, tão bem de uma garota, que quase consigo contar as sardas no rosto dela. Chamava-se Pam, e não pertencia ao grupo, embora quisesse desesperadamente entrar – tão desesperadamente que começou a deixar bilhetinhos em minha carteira escolar:

Querida Lynda,
   Por favor, por favor, deixe-me entrar para o clube Pó de Arroz. Se você concordar, as outras meninas do clube vão concordar também. Por favor!!! Por favor!!! Por favor!!!!! Por favor, por favor, por favor!
   Pam

Os bilhetes me deixavam horrivelmente sem graça e, claro, o mero fato de escrevê-los condenava Pam a ser para sempre uma *outsider*, uma forasteira. Convenientemente, esqueci o destino de Pam após esse episódio. Sei que ela nunca se tornou uma Pó de Arroz, e imagino que tornamos a vida dela ainda pior com gracejos maldosos e esnobações, sussurros pelas costas e todo tipo de tática adolescente. (Gostaria de saber se seria um consolo para Pam descobrir que, em um ano, quando minha família se mudou para outro estado, recebi o troco. Na posição vulnerável de "a menina nova", eu era o alvo perfeito, e entrava no ônibus escolar todos os dias fingindo não notar os risinhos e sussurros que me acompanhavam pelo corredor enquanto eu procurava um lugar.)

De qualquer forma, o assustador é que eu não era mais cruel que a maioria das garotas adolescentes. Converso com outras mulheres a respeito do relacionamento delas com outras meninas naqueles anos escolares e ouço o mesmo tipo de história. O leite da bondade humana não corre livremente nas veias das garotas púberes.

Todas nós lembramos como era, e era praticamente igual com todas. Tínhamos uma melhor amiga, da qual éramos inseparáveis, à qual contávamos nossos maiores segredos e com a qual jurávamos amizade eterna. E havia a gangue maior, as outras garotas da escola. Cada uma tinha o seu papel: líder, seguidora, vítima. Embora as funções de cada papel mudassem de tempos em tempos, os papéis em si eram constantes.

As brincadeiras que fazíamos umas com as outras também eram padronizadas, e não muito bonitas. Exclusão era o formato básico. Uma menina, pelo crime de ser a mais inteligente, a mais bonita, a mais feia, a mais burra, a mais desenvolvida sexualmente, ou qualquer outra coisa, era escolhida como vítima. Ela era excluída, hostilizada pelo grupo.

Porém, o mais importante, na verdade o tema central de minha vida naqueles tempos, era uma versão mais personalizada do jogo da exclusão: ser traída pela melhor amiga. Nesse caso, a amiga até então inseparável agora não estava mais disponível para as atividades que se seguiam às aulas, ou o cinema de sábado à tarde, e assim por diante. O tempo dela agora era ocupado com uma nova melhor amiga. A sensação era de abandono, arraso; chorávamos até não poder mais.

Os meninos não desperdiçam energia nesses psicodramas melodramáticos. Existe o grupo, ou mais provavelmente o time, o melhor amigo e, sem dúvida, muita exclusão, principalmente em relação aos meninos não atléticos, quietos e mais delicados; mas não há a mesma intensidade em seus relacionamentos interpessoais nem os aspectos mesquinhos e maldosos que caracterizam as relações entre meninas da mesma idade.

Talvez, pensei, a mãe que suspirou ao dizer que "menina é assim mesmo" estivesse certa. Todas nós tínhamos vivido aquilo, e agora estava acontecendo de novo. Nossas filhas estavam brincando dos mesmos jogos, usando as mesmas regras. Talvez fosse inevitável. Talvez fosse apenas a natureza animal. Não gostava dessa ideia, mas podia ser verdade.

Para acrescentar mais uma coisa de que eu não gostava, havia a tensão cada vez maior entre mim e minha filha. Ela era terrivelmente temperamental; parecia estar sempre zangada comigo. E eu vivia zangada com ela. Claro que brigávamos antes, mas agora as brigas eram praticamente constantes. O volume de nossa comunicação chegava a um novo nível de decibel. Havia um estresse onipresente entre nós.

Tudo isso me incomodava muito, mas o mais perturbador era sua mudança de atitude em relação ao próprio corpo. Em contraste com a discreta surpresa que viera com o surgimento dos pelos públicos, havia de repente um completo horror ante a ideia de desenvolver seios e experienciar a primeira menstruação. Assim como a maioria das mães "modernas", eu queria que a transição de minha filha da infância para a idade adulta fosse um momento confortável, até alegre. Pretendia lhe dar todas as informações necessárias, de maneira franca e direta. De acordo com meu raciocínio, isso eliminaria quaisquer problemas. Mas lá estava minha filha me dizendo que não queria ter seios nem menstruar. Perguntei-lhe o motivo, mas não obtive muito mais do que um simples "porque não quero e pronto". Rebati com um chavão do tipo "é muito bom crescer", que não convencia nem a mim mesma.

Sem dúvida, faltava alguma coisa. Achei que tinha disponibilizado todas as informações necessárias da maneira mais detalhada possível, mas os resultados previstos – uma atitude positiva e saudável dela em relação ao corpo – não haviam se materializado.

Refleti muito e com cuidado sobre aquela situação toda, e por fim comecei a perceber que não havia dado à minha filha todo o meu possível conhecimento. Embora ela estivesse incrivelmente bem informada quanto aos detalhes mais minuciosos acerca do óvulo e do esperma, da gravidez e do parto, dos detalhes físicos da relação sexual e até do conteúdo emocional do ato de fazer amor, ela nada sabia – ou quase nada – sobre a menstruação e as mudanças pelas quais seu corpo passaria nos anos seguintes. Ela me vira no banheiro trocando o absorvente interno, e eu havia lhe explicado de maneira sucinta o ciclo menstrual, mas nunca tinha me sentado com ela e conversado sobre o assunto. Havia lido para ela uma grande quantidade de livros infantis maravilhosos que explicavam a concepção, o nascimento e a sexualidade, mas nada especificamente sobre a menstruação. É claro que estava na hora de fazer isso.

Resoluta, fui até a biblioteca e descobri que não existia nenhum livro que tratasse desse tema.* Encontrei um ou dois livros para meninas que mencionavam superficialmente o assunto, mas estavam muito ultrapassados, e o tom era sempre equivocado. Alguns descreviam a menstruação quase como uma doença. Quanto mais eu pesquisava, menos surpresa ficava com a falta de livros sobre menstruação. No decorrer da história e das culturas, a menstruação tem sido um tabu que assume muitas formas: não se deve comer a comida feita por uma mulher menstruada, tocar objetos que ela tocou, olhar nos olhos

---

* Felizmente, hoje existem vários.

dela, fazer sexo com ela. Hoje já não acreditamos mais que o olhar de uma mulher menstruada faz murchar a plantação, que seu toque envenena a água do poço, ou que uma relação sexual com ela faz o pênis cair; mas o tabu a respeito da menstruação continua bem vivo.

Claro que não somos banidas para a cabana menstrual todos os meses, como acontecia com nossas mães ancestrais em sociedades mais primitivas. Mas, como argumenta Nancy Friday em *Minha mãe, meu modelo*, nossa libertação do exílio não representa necessariamente uma visão mais esclarecida da menstruação. Em vez disso, diz Friday, graças a séculos de condicionamento, internalizamos tão completamente o tabu menstrual que já não é mais necessária a preocupação com cabanas menstruais. Nossa tribo moderna não precisa se dar ao trabalho de remover qualquer visão ou comentário acerca da menstruação de sua consciência coletiva. Nós mesmas fazemos isso, com nossa atitude comedida de evitar qualquer conversa em público sobre o assunto, além da meticulosa mumificação com papel higiênico de nossos absorventes sujos de sangue. Nosso silêncio é tão completo que, às vezes, nem nós nos apercebemos dele.

– Ah, sim – diz a mãe. – Contei tudo a respeito disso à minha filha.

– Minha mãe nunca me explicou nada – retruca a filha.

Mesmo que tenhamos consciência desse silêncio e resolvamos que já é hora de lidar com essa situação deplorável, os tabus e nosso embaraço cultural a respeito da menstruação ainda causam dano. Querendo que nossas filhas tenham uma visão positiva de suas funções físicas naturais, principalmente se nós mesmas sofremos nessa área, criamos coragem e ensaiamos com cuidado nosso *script*. Decididas a melhorar o *script* que nossas mães escreveram para nós, anunciamos corajosamente às nossas filhas: "Menstruação é uma parte maravilhosa da condição de ser mulher, uma habilidade única da qual você deve se orgulhar".

Ao mesmo tempo, nenhuma de nós pensaria em esconder a escova de dentes debaixo da pia ou nos cantos do armário do banheiro, entretanto, é raro encontrar uma caixa de absorventes à mostra, em meio a desodorantes, pasta de dente, *spray* para cabelo, todos ocupando as prateleiras da maioria das casas. É assim que contradizemos constantemente nossas palavras e enviamos mensagens duplas a nossas filhas. Dizemos que é uma coisa boa e maravilhosa, mas nossas ações inconscientes indicam o contrário. E, como todos sabem, as ações dizem mais que as palavras.

A triste verdade é que a maioria de nós não tem imagens muito positivas para transmitir às nossas filhas. Aliás, a maioria é terrivelmente ignorante quanto aos fatos mais básicos de nosso corpo e de nosso ciclo menstrual.

Como resultado de minha pesquisa, eu estava aprendendo bastante a respeito dos processos fisiológicos da menstruação. Já conseguia ao menos dar uma explicação coerente a uma garota da sexta série, mas também descobri que tinha muitas atitudes negativas quanto à menstruação, lá no fundo da mente – atitudes que eu não havia percebido até então. Essas atitudes estavam mudando, mas quem podia saber o que mais se escondia nos corredores sombrios de meu subconsciente? Se falasse com minha filha sobre a menstruação, poderia dizer as palavras certas, mas será que meu corpo, meu tom de voz (e todas aquelas formas inconscientes de comunicar) trairiam minha mensagem pretendida?

Preocupei-me com tudo isso por muito tempo, até que a solução óbvia apareceu: simplesmente expliquei à minha filha que, quando eu tinha a idade dela, as pessoas consideravam a menstruação uma coisa impura e indizível. Agora, que era mais velha e mais crescida, minhas atitudes estavam mudando, mas alguns de meus sentimentos ainda eram antigos, e me acompanhavam havia tanto tempo que era difícil me livrar deles. Às vezes, ainda me atrapalhavam sem que eu notasse. Tal explicação, claro, fazia sentido para minha filha, e a partir daquele ponto começamos a aprender mais acerca de nosso corpo.

Não nos sentamos para ter "A conversa". Minha mãe se sentou comigo um dia para termos "A conversa", e suponho que ela tenha explicado as coisas de maneira detalhada, mas só me lembro de vê-la extremamente nervosa, dizendo muitas coisas sobre bebês e sangue, e que, quando aquilo acontecesse comigo, eu poderia procurar na última gaveta da penteadeira dela alguns guardanapos. Fiquei imaginando por que esses guardanapos ficariam numa gaveta da penteadeira e não no armário da cozinha, onde normalmente ficavam; mas aquele não pareceu um bom momento para perguntar.

Uma conversa resoluta, nervosa, não parecia eficaz. A puberdade é um assunto complicado e requer mais do que uma conversa. Decidi apenas manter em mente o assunto e mencioná-lo de vez em quando. Acabou se tornando bastante natural, porque eu pesquisava bastante o corpo feminino. Num dos textos médicos que estudei, havia uma seção sobre puberdade que abordava os cinco estágios do desenvolvimento dos pelos púbicos e dos seios, incluindo fotos. Li a seção para minha filha, traduzindo a linguagem médica para a do leigo, para que ela entendesse quando e como aquelas mudanças aconteceriam em seu corpo.

Conversei com ela sobre o que eu mesma estava aprendendo acerca do ciclo menstrual. Mostrei-lhe algumas fotos magníficas do interior do corpo de uma mulher no momento da ovulação, quando as delicadas projeções em forma de dedos na extremidade das trompas de Falópio se estendem para agarrar o óvulo maduro.

A mãe de uma amiga nos deu uma coleção maravilhosa de livretos fornecidos por um fabricante de absorvente que datavam de mais de trinta anos. Lemos os livrinhos juntas; e rimos das atitudes antiquadas, com as quais eu havia crescido.

No decorrer de nossas leituras, aprendemos que a maioria das meninas tem um leve corrimento vaginal um ano ou dois antes da menstruação. Eu havia dito à minha filha que, quando ela começasse a menstruar, eu lhe daria meu anel de opala que sempre usava na mão esquerda; e que ela, por sua vez, deveria passá-lo um dia à sua filha. Mas quando ela descobriu os primeiros sinais de corrimento vaginal, ficamos tão animadas que lhe dei o anel naquele momento. (Ela ganhou outro, para combinar, quando menstruou pela primeira vez.)

Algumas horas depois, enquanto me sentava em frente à máquina de escrever, ouvi minha filha gritar do banheiro: – Mamãe, tenho 21 adivinhe do quê?!

Na época, tínhamos uma gatinha que estava prenha, e, por alguns horríveis momentos, fiquei paralisada ante a ideia de ter 21 gatinhos recém-nascidos. Mas não eram gatinhos. Minha filha estava contando os pelos púbicos novamente.

O tempo que havíamos passado aprendendo sobre a menstruação e a puberdade compensara. Ela havia recuperado o sentimento de alegria em relação às mudanças que ocorriam em seu corpo. Só essa atitude saudável para com o próprio corpo já valia a pena, mas havia outras mudanças. Em primeiro lugar, as coisas entre nós estavam muito melhores. Nosso relacionamento fácil, tranquilo, voltara. Ela não começou, como que por passe de mágica, a arrumar o quarto ou qualquer coisa assim. Ainda tínhamos nossas brigas, mas de modo tolerável. E, quando brigávamos, pelo menos não era por motivos que encobriam coisas mais sérias. O ressentimento e a tensão subjacentes mesmo aos menores desacordos, que nos engolfavam em brigas vulcânicas, não existiam mais.

Mas a mudança mais notável, talvez por ser tão inesperada, era a nova atitude de minha filha nas maquinações no *playground*. Em *Minha mãe, meu modelo*, Friday sugere que a falha da mãe em lidar com a sexualidade emergente da filha, seu silêncio em torno da menstruação e das mudanças no corpo da menina, é percebida pela filha como uma rejeição de seu eu feminino e sexual.

A rejeição silenciosa desses elementos essenciais do eu, ocorrida bem no momento da vida da filha em que esses próprios aspectos da feminilidade e da sexualidade estão se manifestando nas mudanças físicas de seu corpo, é de fato arrasadora. A menina é tomada por um sentimento sufocante de rejeição por parte da figura em sua vida com a qual ela se identifica mais intensamente. Uma maneira que encontra de lidar com isso, para obter certo controle de sua vida emocional, é o psicodrama de rejeição, continuamente encenado com suas colegas.

Ou talvez esses dramas de rejeição tenham mais a ver com o comportamento de bicar umas as outras, tal como observamos nas galinhas. A galinha maior, mais atrevida, bica outra menor, expulsando-a de perto do comedor; esta, por sua vez, retalha bicando outra menor e mais vulnerável, e assim por diante. Não podemos lidar com a rejeição da mãe por meio de um confronto direto com ela. Somos pequenas demais, vulneráveis demais, indefesas demais; assim, num caso clássico de agressão mal dirigida, viramo-nos e atacamos outra garotinha. Ou talvez a mera oportunidade de extravasar a rejeição, bancando a líder, seguidora ou vítima, para tornar essa experiência devastadora mais compreensível, para criar papéis que ao menos conhecemos e com os quais estamos acostumadas, propicie certo alívio.

Qualquer que seja o mecanismo específico, suspeito que o tabu cultural acerca da menstruação, a ignorância da mãe e sua relutância em lidar com o assunto, e os fenômenos da política do *playground* estejam inevitavelmente interligados.

Certa manhã, algum tempo após minha filha e eu termos voltado a nos dar bem, eu a levava de carro até a escola quando ela começou a falar dos problemas que tinha com as amigas. Prendi a respiração. Tal assunto tinha se tornado tão volátil que eu nem o mencionava mais havia meses. Não queria dizer algo errado.

– Não sei o que fazer, mamãe – ela me disse. – Quero ser amiga da Susan e da Tanya, mas as duas vivem cochichando sobre a Kathy, e fazem isso alto para ela ouvir. Estou com elas, mas gosto da Kathy também.

– Bem, você não pode ser amiga de todas? – perguntei, mordendo a língua quase na mesma hora. Aquela era uma de minhas respostas prontas para o assunto, e geralmente provocava uma tempestade, mas dessa vez ela apenas respondeu: – Mas, se eu não criticar a Kathy, a Susan e a Tanya não serão mais minhas amigas.

– Então, o que você faz quando isso acontece? Como procede? – perguntei, tentando parecer um tanto neutra.

– Só fico quieta. Não falo mal da Kathy, mas fico com a Susan e a Tanya, por isso parece que sou contra a Kathy também. E me sinto muito mal, sinto que não sou uma pessoa boa – ela disse, começando a chorar. – Não sei o que fazer.

– Olhe – comecei. – Susan e Tanya são boas meninas. Por que você não tenta dizer a elas algo do tipo, "olhem só, eu tenho um problema que está me fazendo sentir péssima", e explicar a elas o que me explicou: que quer ser amiga delas, mas não desgosta da Kathy; e se sente mal por se juntar a elas nas críticas que fazem à menina?

Minha filha me dirigiu um olhar que dizia o que ela havia achado da sugestão.

– Não é uma má ideia, é? – perguntei.

– Não, mamãe – ela concordou.

Dei-lhe um beijo de despedida, enquanto tocava o sinal na escola. Talvez meu conselho não ajudasse muito. Talvez até não fosse um bom conselho, mas pelo menos tínhamos conversado sobre o problema.

Dali a dois dias, quando fui apanhá-la no colégio, ela me disse:

– Tentei fazer o que você sugeriu.

– Deu certo?

– Deu. Susan e Tanya disseram que está tudo bem, que continuarão sendo minhas amigas mesmo que eu não odeie a Kathy.

Que bom da parte delas, pensei. Mas não disse nada. Na verdade, fiquei feliz; minha filha começara a formar um novo papel para si mesma no jogo.

Talvez Nancy Friday estivesse certa. Talvez minha filha tivesse percebido minha atenção às mudanças que ocorriam em seu corpo, vendo isso como uma aceitação de seu eu sexual; o que, por sua vez, diminuía sua necessidade de participar daqueles psicodramas de rejeição. Não sabia dizer, e ainda não sei, se as teorias de Friday são explicações reais, mas minhas experiências com minha filha parecem corroborar as ideias da autora. Mesmo assim, não quero ir longe demais e prometer a você que se passar algum tempo com sua filha ensinando-a sobre a menstruação e as outras mudanças físicas da puberdade, isso a libertará como mágica dos psicodramas da puberdade, ou que automaticamente as tensões costumeiras entre pais e filhas adolescentes desaparecerão. Mas as minhas experiências com a minha filha – e depois, como professora de um curso sobre puberdade e sexualidade para crianças e pré-adolescentes – me convenceram de que as crianças nessa idade precisam e querem muita informação acerca do que acontece com elas nessa altura da vida.

Como você deve imaginar, estou chegando agora à questão de por que escrevi este livro. Seu propósito é, claro, oferecer as informações básicas de que as jovens precisam e desejam a respeito do que acontece com seu corpo quando entram na puberdade.

Além de informar os acontecimentos mais simples, espero que ele ajude pais e filhas a romper a "barreira do embaraço". O ideal, imagino, é que os pais se sentem e leiam o livro com suas filhas. De alguma forma, ver os fatos impressos numa página diminui o desconforto – é outra pessoa que está falando, não você; você está apenas lendo as informações.

Claro que não é necessário que ambos os pais leiam o livro com a filha. Um dos dois pode optar por isso, ou talvez em sua situação específica você prefira simplesmente lhe dar o livro para que ela o leia sozinha. Talvez nem precise disso. Costumo ouvir pais me dizendo que compraram meus livros com a intenção de ler com os filhos, mas, quando menos esperavam, a criança já tinha encontrado o exemplar em algum lugar na casa e lido metade.

Lendo separadamente ou juntos, espero que encontre um modo de conversar com sua filha a respeito das mudanças que estão ocorrendo – ou logo ocorrerão – no corpo dela. As crianças costumam ter preocupações bastante específicas e detalhadas com essas mudanças. Recebo centenas de cartas de garotas que leram meus livros com o envelope repleto de apelos: "Ajude-me!", "Urgente!", "Abra imediatamente!", "Por favor! Por favor! Responda imediatamente!!!". Dentro do envelope, encontro cartas de cinco páginas com diagramas intricados e explicações extensas de certos caroços ou cistos ou anormalidades imaginadas que deixam essas jovens mortas de preocupação. Nessa idade, meninos e meninas precisam da certeza de que o que acontece com seu corpo é perfeitamente normal.

Minha experiência comprova que tais jovens são imensamente gratos por essa certeza que lhes damos. Na verdade, já dei aulas nas quais os jovens aplaudem espontaneamente quando entro na sala. Também tenho gavetas de arquivos cheias de cartas emocionantes de leitores me agradecendo por ter aliviado parte de seus temores ou dúvidas.

Não só esses jovens são gratos quando suas necessidades de segurança são atendidas dessa maneira, mas também desenvolvem profundo respeito e confiança na fonte de tal segurança. Os pais precisam perceber o vínculo poderoso que podem criar com seus filhos se estiverem "presentes" para eles na puberdade – isso sem mencionar que a confiança e o respeito serão benéficos para todos os envolvidos nos anos vindouros, quando sua filha tiver de tomar decisões que envolvam sexo. Se você estiver presente quando ela tiver dúvidas, a probabilidade de ela procurar seus conselhos nos momentos de decisão será maior.

Tendo exposto tudo isso, quero também alertar os leitores de que, mesmo depois de sua filha ter lido este livro, as conversas sobre as mudanças na puberdade nem sempre serão muito fáceis. Se você fizer uma pergunta direta a ela, do tipo: "O que achou do livro?" ou "Você gostaria de falar sobre alguma coisa do livro?", é possível que ouça um comentário crítico apurado, ou uma série de perguntas abertas e francas. O mais provável, porém, é que ouça algo mais ou menos como: "é legal", ou "não, não há nada nele que eu queira saber", ou "não quero falar desse negócio".

Minha experiência me mostra que é melhor seguir uma abordagem um pouco diferente. Comece dizendo algo do tipo:

"Puxa, quando tinha a sua idade, eu _____." (Complete a lacuna: "observei meus primeiros pelos púbicos", "menstruei pela primeira vez", "notei que meus seios estavam se desenvolvendo", ou qualquer outra coisa.)

"Fiquei muito _____." ("nervosa", "animada", "orgulhosa", "envergonhada", "assustada", ou qualquer coisa.)

"Aliás, o que aconteceu comigo foi que _____." (De novo, complete a lacuna com uma história de algo em sua adolescência; quanto mais vergonhosa ou estúpida for a história, melhor.)

Se usar essa abordagem, você facilitará a abertura de sua filha. Em virtude da história embaraçosa ou boba que você contou sobre si mesma, ficou claro para ela que não há problema em não saber com certeza tudo sobre tudo. Pelo menos, as meninas em minhas aulas parecem se abrir quando lhes digo coisas como:

Lembro o dia em que apostei minha mesada com minha melhor amiga, Georgia, que o modo como os bebês nasciam era o seguinte: o homem beijava a mulher; uma semente subia da barriga dela até a garganta, passava para a boca e depois descia pela garganta de novo, chegando à barriga; e nove meses depois nascia um bebê, que saía pelo umbigo. Perdi toda a minha mesada.

Em outra ocasião, meu irmão estava concorrendo para presidente da classe e precisava proferir um discurso no auditório do colégio, diante de todos. Ele teve uma ereção espontânea e não sabia se as pessoas estavam rindo das piadas no discurso ou do fato de ele estar excitado daquele jeito.

Você entendeu a ideia.

Veja outra pérola de sabedoria: evite ter uma única conversa que serve para tudo. Não servirá para nada, por mais que você tente. É melhor abordar as questões de maneira casual, mencionando o assunto de vez em quando, na ocasião em que parecer natural. Por minha experiência, vejo que uma conversa casual com sua filha sobre puberdade – conversa esta surgida pela naturalidade do momento – é muito melhor.

Mais um conselho: se achar que uma conversa sobre puberdade e sexualidade é difícil ou embaraçosa para você, explique isso. Não há nada de errado em dizer à sua filha: "Isso é muito difícil para mim", ou "Meus pais nunca conversaram comigo sobre essas coisas, por isso me sinto meio estranha em falar com você", ou qualquer coisa assim. Sua filha vai perceber seu embaraço, de uma forma ou de outra, no tom de voz, nos gestos, ou em qualquer outro modo de você comunicar o que está sentindo. Se você tentar fingir que não está constrangida, só a confundirá. Quando admitir seus sentimentos, deixará o ar limpo. Sua filha poderá ter uma atitude irritante de sabichona ou se solidarizar com seu embaraço, mas no fim isso é preferível a fazê-la pensar que o assunto em si é embaraçoso, e que não é certo falar dele.

Como mãe ou pai, você pode sentir certa preocupação com parte do material apresentado neste livro. Alguns dos temas são muito controversos. Quando surgem questões controversas em aula, tento ser objetiva, mas às vezes meu ponto de vista transparece. Por exemplo, quando falo de masturbação, explico que algumas pessoas acham que é algo errado ou pecaminoso, que deve ser evitado, e converso sobre o motivo pelo qual pensam isso. Mas a verdade é que realmente sinto que a masturbação é um ato perfeitamente bom e normal, e tenho certeza de que isso se revela em meus textos escritos. Você pode ter opiniões diferentes a respeito da masturbação ou de alguns outros temas contidos neste livro, mas isso não significa que tem de "jogar o bebê fora com a água do banho". Em vez disso, pode usar essas diferenças como uma oportunidade para explicar e elucidar seus valores e atitudes à sua filha.

Independentemente do modo como você resolver lidar com as questões da puberdade e da sexualidade, ou de como usar este livro, espero que ele ajude tanto os pais quanto as filhas a compreender melhor o processo da puberdade e que os aproxime mais.

1
PUBERDADE

Eu queria que acontecesse. Quando aconteceu, lembro-me de ter pensado: *Já estava na hora*. Achava que já era tarde, e vivia estressada. Fiquei aliviada quando aconteceu.

– Karen, 36

Antes, eu não queria de jeito nenhum. Esperava que eu fosse a última.

– Sara; 28

Lembro-me de que meus irmãos não tinham mais permissão de me bater no peito. Fiquei feliz por isso.

– Julie, 53

A princípio, fiquei muito preocupada. Depois, não foi tão ruim. Não era tão complicado como as pessoas me faziam pensar.

– Michelle, 23

Todas essas mulheres estão falando da mesma coisa: *puberdade* – momento da vida em que o corpo de uma criança se transforma no corpo de um adulto.

Como você vê na Figura 1, nosso corpo muda muito quando passamos pela puberdade. Ficamos mais altas. Claro que crescemos já na infância. Mas, na puberdade, a menina tem um estirão de crescimento. Sua altura aumenta mais rapidamente, o que só acontece nessa fase da vida.

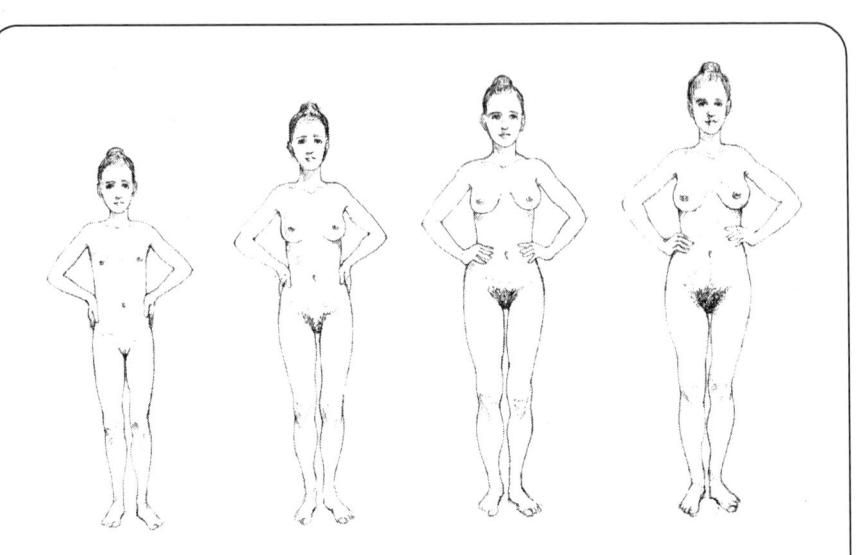

Figura 1. Mudanças da puberdade no corpo feminino. Quando a menina passa pela puberdade, os seios se desenvolvem e também vão surgindo os pelos púbicos, assim como pelos nas axilas. A menina fica mais alta e um tecido gorduroso começa a se desenvolver nos quadris, nas coxas e nas nádegas, dando ao corpo uma forma mais curvilínea.

Na puberdade, a forma do corpo muda. Nossos seios começam a inchar e a se destacar no peito. Os quadris e as coxas ficam mais largos. Adquirimos uma forma mais arredondada, curvilínea. Pelos macios começam a surgir entre as pernas e debaixo dos braços. A pele começa a produzir novos óleos, que mudam até o cheiro que exalamos. Enquanto essas mudanças ocorrem no lado externo do corpo, outras acontecem no lado interno.

Para algumas meninas, a puberdade parece durar para sempre. Para outras, essas mudanças são tão rápidas que é como se acontecessem da noite para o dia. Na verdade, nunca são tão rápidas assim. A puberdade ocorre devagar e de forma gradual, num período de muitos meses e anos. As primeiras mudanças podem começar quando a garota é ainda muito nova, ou podem demorar até que ela atinja 10 ou 11 anos.

Seja qual for o momento em que você entrar na puberdade, aposto que terá muitas perguntas a respeito do que está acontecendo com seu corpo. Nós esperamos que este livro a ajude a encontrar as respostas.

Quando digo "nós", refiro-me à minha filha, Area, e eu. Nós duas trabalhamos juntas para escrever este livro. Conversamos com médicos e lemos livros médicos. E também conversamos com muitas mulheres e meninas. Elas nos disseram o que sentiram durante a puberdade, o que acontecia com elas e quais eram suas dúvidas. Eu dou aulas de puberdade para jovens e pais. Os jovens, em minhas aulas, e as mães e filhas, em meus *workshops*, sempre têm muitas perguntas. Também têm muito a dizer sobre a puberdade. Os depoimentos dessas pessoas aparecem neste livro,* por isso, de certa forma, elas ajudaram a escrevê-lo.

Comecei a ensinar os temas da puberdade e da sexualidade quando os dinossauros ainda caminhavam pela terra (bem, na verdade, não foi há tanto tempo assim). Naquela época, educação sexual não era ensinada em muitas escolas. Precisei inventar minhas aulas, do zero. Decidi explicar, na primeira aula, como os bebês são gerados. Parecia um bom começo. Afinal de contas, na puberdade o corpo se prepara para o momento em sua vida que talvez você queira ter um bebê.

Não achei que teria problemas para ensinar isso na primeira aula. *Nada de mais*, disse a mim mesma. *Vou entrar e começar falando com os pré-adolescentes sobre como são feitos os bebês. Sem problemas.*

Puxa, como me enganei! Mal comecei a falar, e a classe inteira ficou enlouquecida. A criançada ria, eles cutucavam uns aos outros com os cotovelos, ficavam corados. Um garoto até caiu da cadeira.

A classe estava agindo de modo estranho porque, para falar de como são gerados os bebês, eu teria de falar de sexo. E como vocês devem saber, sexo é um *assunto poderoso*. As pessoas costumam ficar envergonhadas, com um sorriso sem graça, ou estranhas quando o assunto é esse.

SEXO

A própria palavra "sexo" confunde. Apesar de pequena, tem muitos significados. O mais elementar é simplesmente uma referência à diferença entre o corpo do homem e o da mulher. Há muitas diferenças entre esses dois corpos. A mais óbvia é que os homens têm *pênis* e *escroto*, e as mulheres têm *vulva* e *vagina*. Essas partes do corpo, ou órgãos, são chamadas de *órgãos sexuais*. As pessoas têm órgãos masculinos ou femininos e são de um sexo ou outro.

---

* Para proteger a privacidade delas, mudamos os nomes das garotas e das mulheres que tiveram a gentileza de nos deixar citá-las.

A palavra "sexo" também é usada em outros sentidos. Podemos dizer que duas pessoas estão "fazendo sexo" (na gíria, "transar"). Isso significa que estão tendo *relação sexual*. Como explicaremos mais adiante neste capítulo, a relação sexual envolve a união dos órgãos sexuais de duas pessoas. É por meio da relação entre homem e mulher que são gerados os bebês.

Nossos órgãos sexuais são partes íntimas de nosso corpo. Geralmente as deixamos cobertas. Não falamos muito delas em público. Sentir atração sexual ou ter relação sexual com alguém também não são temas de sala de aula.

Se eu tivesse pensado melhor, teria tomado cuidado antes da minha primeira aula. Teria percebido que, se eu entrasse na sala de aula falando de sexo, pênis e vagina, causaria *grande* comoção. Depois daquela minha primeira aula, aprendi rápido. Decidi que se tivéssemos de agir tolamente, com risinhos e piadas, poderíamos fazer tudo isso com estilo pelo menos. Agora, começo minhas aulas e *workshops* distribuindo cópias dos desenhos da Figura 2. Também dou aos participantes lápis vermelhos e azuis.

A Figura 2 mostra os órgãos sexuais do lado externo do corpo de um homem e de uma mulher adultos. Esses órgãos sexuais também são chamados de *genitais* ou *reprodutores*. Temos órgãos sexuais tanto do lado externo quanto interno do corpo. Eles mudam quando entramos na puberdade.

OS ÓRGÃOS SEXUAIS MASCULINOS

Quando todos já estão com a figura e com os lápis coloridos, aponto para a dos órgãos sexuais masculinos. Digo à classe que os órgãos sexuais externos do homem são o pênis e o escroto. A garotada nas aulas ainda ri feito doida e cai da cadeira de vergonha, mas não presto muita atenção nisso. Usando minha linda voz de tia do jardim da infância, digo: "O pênis tem duas partes: a *haste* e a *glande*. Pintem na figura a haste do pênis com listras azuis e vermelhas". Aí, todo mundo se empenha em colorir. Alguns ainda estão rindo, mas começam o trabalho. Por que você, leitora, não faz a mesma coisa com a imagem neste livro? (A menos que seja um livro da biblioteca. Uma pessoa que admiramos muito é uma bibliotecária chamada Lou Ann Sobieski. Estaríamos metidos em uma encrenca danada se ela pensasse que mandamos a garotada pintar livros de uma biblioteca. Se este livro não for seu, faça uma cópia para colorir.)

Em seguida, peço aos alunos que localizem uma abertura na ponta do pênis e a circundem de vermelho. Essa é a *abertura urinária*. É a abertura por onde

PUBERDADE | 35

Figura 2. Órgãos sexuais masculinos e femininos

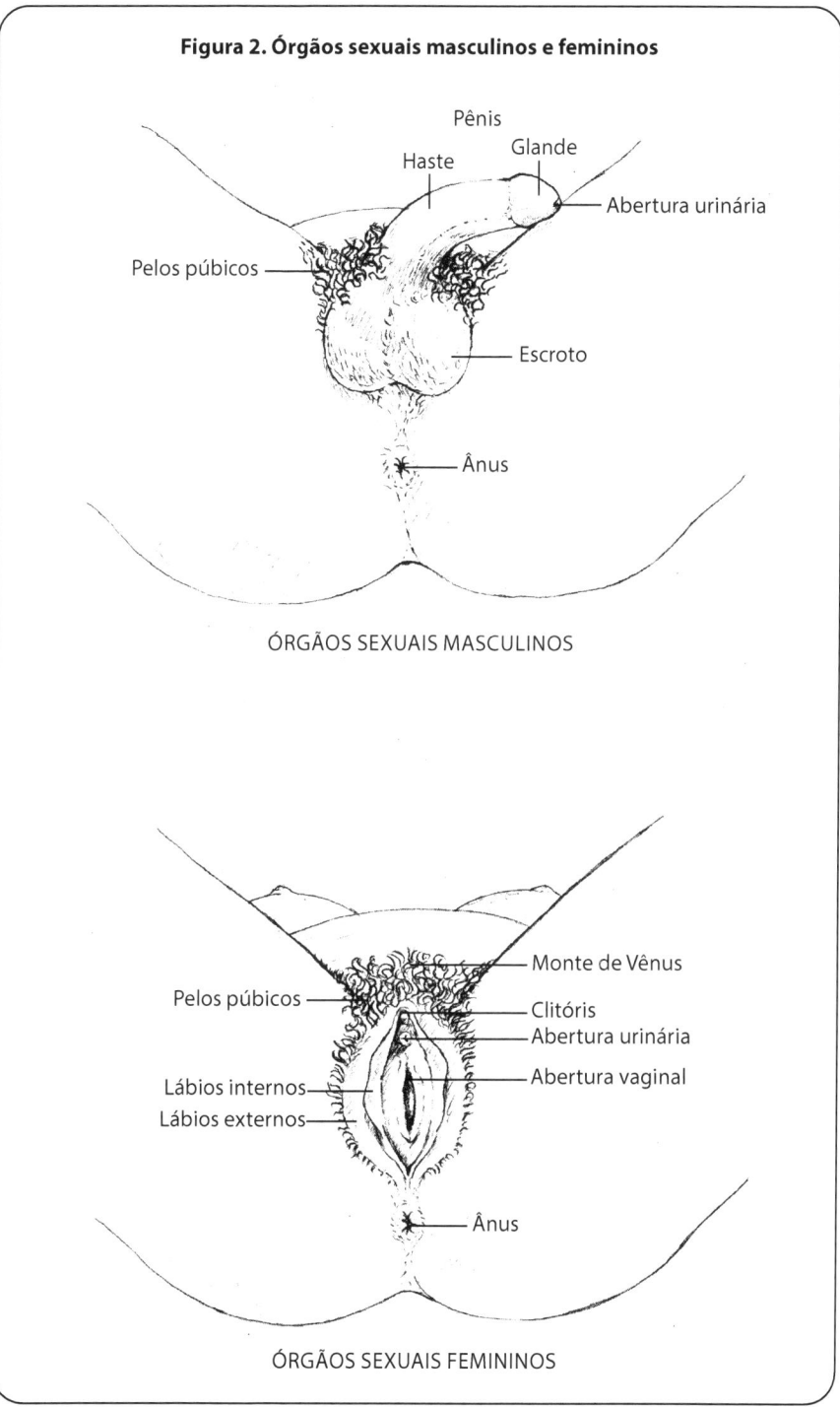

ÓRGÃOS SEXUAIS MASCULINOS

ÓRGÃOS SEXUAIS FEMININOS

a *urina* sai do corpo. Geralmente, nesse ponto da aula há menos risos. A abertura urinária é pequena. A classe tem de prestar mais atenção ao colorido.

Depois, colorimos a haste em si. Sugiro azul, mas você pode usar a cor que quiser.

"Bolinhas azuis e vermelhas para o escroto", digo em seguida aos alunos. O escroto é uma bolsa de pele que fica abaixo do pênis. Também podemos chamá-lo de bolsa escrotal. Dentro do escroto há dois órgãos de formato oval chamados *testículos*. (A Figura 2 não mostra os testículos. Falaremos deles daqui a pouco.)

Depois, explico que os pelos enrolados nos órgãos sexuais são pelos *púbicos*. Peço aos alunos que os pintem também.

Por fim, chegamos ao *ânus*. É a abertura através da qual as *fezes* saem do corpo. O ânus não é um órgão reprodutor, mas fica perto deles, por isso podem colori-los também.

Quando a classe termina de pintar todas as diversas partes, digo a palavra "pênis" em voz alta umas vinte vezes. Todos estão acostumados comigo dizendo essa e outras palavras que não costumam ser ditas na sala de aula. Meus alunos não precisam mais enlouquecer cada vez que eu usar tais termos. Além disso, as imagens parecem engraçadas. Todos riem. O riso ajuda você a lidar com o embaraço ou com o nervosismo.

CIRCUNCISÃO

A Figura 2 mostra um pênis *circuncidado*. Trata-se de uma operação que remove o *prepúcio* do pênis. O prepúcio é a parte da cobertura especial de pele do pênis. A operação costuma ser feita quando o bebê tem apenas alguns dias de vida.

Grande parte dos homens é circuncidada. Mas há muitos que não são. Se um menino não é circuncidado, o prepúcio cobre a maior parte da glande de seu pênis.

Quando um garoto nasce, o prepúcio e a glande costumam vir grudados. Cedo ou tarde, acabam se soltando. Quando se torna adulto, ou até antes, o menino consegue puxar o prepúcio. Isso significa que é capaz de puxá-lo sobre a haste do pênis, como mostra a Figura 3.

Talvez você não entenda por que as pessoas circuncidam seus filhos e tenha algumas dúvidas quanto a isso. Nesse caso, encontrará mais informações sobre o assunto no capítulo 8.

Figura 3. Circuncisão

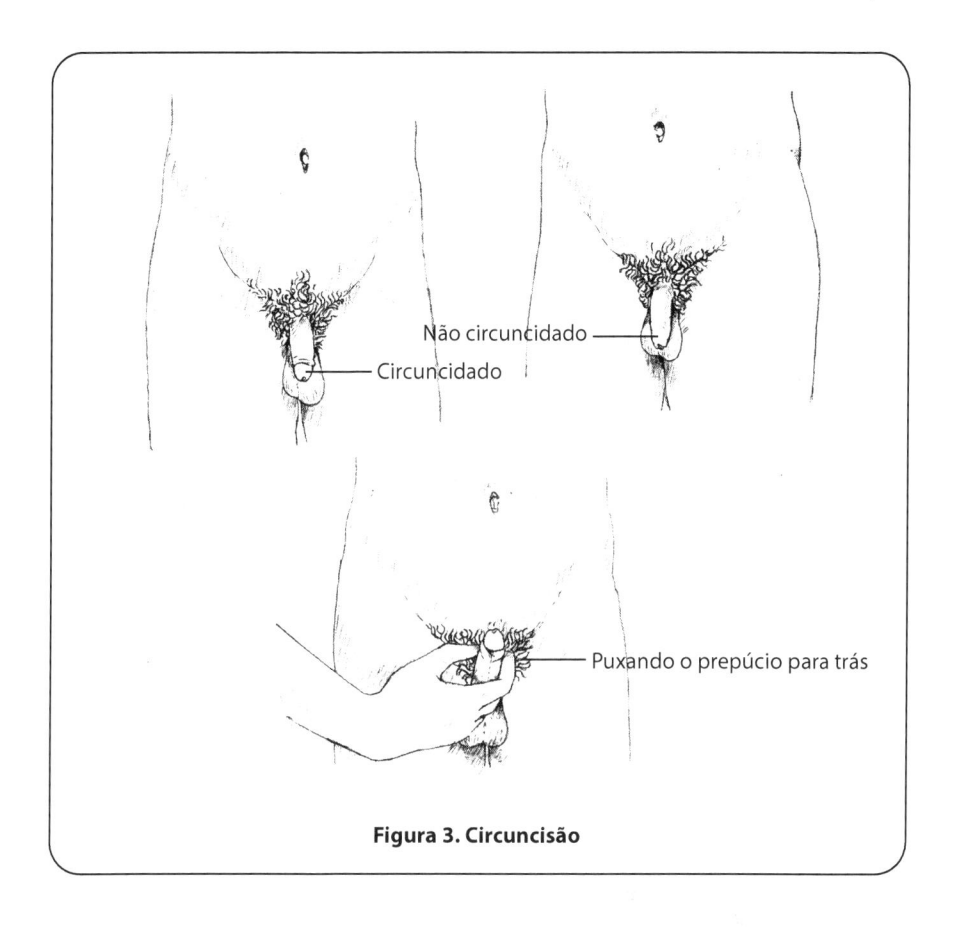

Há outro motivo para eu pedir aos alunos que pintem os desenhos. Isso os ajuda a lembrar dos nomes dos órgãos. Se você só olhar os desenhos, os nomes das partes podem não ficar gravados na memória. Se você passar algum tempo colorindo os órgãos, terá de prestar atenção. São partes importantes do corpo. Vale a pena fazer um esforço para aprender o nome delas.

Enquanto todos estão colorindo, falamos a respeito das gírias. As pessoas nem sempre usam os termos médicos para essas partes do corpo, às vezes usam gírias.

Os meninos na última fileira da minha primeira aula sobre puberdade eram verdadeiros dicionários ambulantes de gíria. Sempre que eu dizia "pênis" ou "vagina" em voz alta, seus cérebros zuniam. Era demais para eles guardar aquilo para si mesmos. Espichando-se para fora das cadeiras, eles agitavam os braços, brincavam de dar socos uns nos outros. Animados, sussurravam e assobiavam essas gírias ou palavrões entre si.

No fim, a emoção de dizer essas palavras "feias" atingia o apogeu. Toda a fileira do fundo explodia em risadas. Alguns chegavam a rolar no chão. Logo, a turma toda estava totalmente fora de controle. *Talvez*, pensei, *eu não sirva para esse tipo de trabalho.*

Quase desisti de dar aulas de puberdade naquele momento, mas tive um súbito lampejo. Virei-me para a lousa e comecei a escrever uma lista de todas as gírias que voavam pela sala de aula. Incentivei a classe a aprimorar a lista. Logo o quadro estava coberto de gírias, e a turma estava calma o suficiente para prosseguirmos com a aula.

Não sei muito bem como isso funciona, mas, com o passar dos anos, percebi que funciona, sim. O melhor modo de impedir que essas palavras acabem com a aula é torná-las expostas. Assim, enquanto estamos colorindo, os jovens dizem as palavras em voz alta e eu as escrevo no quadro. Veja algumas.

ALGUMAS GÍRIAS PARA PÊNIS E TESTÍCULOS

pau, pinto, saco, bolas, bagos...

Com a lista na lousa, a classe conversa sobre esses termos. Discutimos quais palavras usaríamos com um amigo, com um médico ou com nossa mãe. Também falamos das reações das pessoas a essas gírias. Algumas delas não as aceitam. Podem ficar aborrecidas se as ouvirem. Você pode ou não se importar se alguém fica chateado com isso, mas lembre-se sempre de que muitas pessoas acham esse tipo de gíria ofensivo.

OS ÓRGÃOS SEXUAIS FEMININOS

Quando todos terminam de colorir os órgãos sexuais masculinos, fazem o mesmo com os femininos. Os órgãos sexuais no exterior do corpo da mulher são chamados de vulva. A vulva tem várias partes. A superior é uma parte macia de tecido gorduroso chamada de *monte* (ou monte de Vênus). Na mulher adulta, o monte é coberto por pelos púbicos enrolados. Digo à classe para colorir o monte e os pelos púbicos de vermelho.

Em seguida, vamos para a parte inferior do monte. Ela se divide em duas dobras de pele chamadas de lábios externos. Sugiro bolinhas azuis para os lábios externos. Entre os lábios externos existem os dois lábios internos. Você pode fazer listras vermelhas neles.

Os lábios internos se juntam na parte superior. As dobras de pele em que os lábios se juntam formam uma espécie de capa. Na Figura 2, você poderá ver a ponta do *clitóris* se projetando por baixo dessa capa. O resto do clitóris fica sob a pele e não pode ser visto. Pinte de azul a ponta do clitóris.

Bem abaixo do clitóris está a abertura urinária. É por onde a urina sai do corpo. Mando a classe circundar essa área de vermelho.

Abaixo da abertura urinária se encontra a *abertura vaginal*, que leva até a vagina, dentro do corpo. A vagina liga a parte externa do corpo feminino a seus órgãos sexuais internos. Sugiro que os alunos circundem a abertura vaginal de azul. (Costuma-se usar a palavra vagina quando se deveria dizer vulva. A vagina é dentro do corpo. Vulva é o termo correto para os órgãos sexuais do lado externo do corpo da mulher.) Por fim, chegamos ao ânus. Para colori-lo, use a cor que preferir.

Enquanto os alunos estão colorindo os órgãos genitais femininos, fazemos agora uma lista de gírias para essas partes do corpo.

> **ALGUMAS GÍRIAS PARA CLITÓRIS, VULVA E VAGINA**
>
> grelo, perereca, xoxota, periquita, chana...

Após colorirem os órgãos sexuais e terem feito uma lista de gírias, todos já riram o suficiente para liberar a energia nervosa e o embaraço. Agora também já têm uma boa ideia de onde essas partes se localizam no corpo. Isso os ajuda a compreender como os bebês são gerados.

RELAÇÕES SEXUAIS

Uma relação sexual entre um homem e uma mulher pode gerar um bebê. Na relação sexual entre os dois, o pênis penetra na vagina. Quando digo isso aos meus alunos, eles sempre fazem duas perguntas logo de cara. Primeiro, querem saber *como* o pênis pode penetrar na vagina.

Começo a explicação falando sobre as *ereções*. Às vezes, o pênis endurece e se ergue enrijecido. (Ver Figura 4.) Chamamos isso de *ter uma ereção*. Homens de todas as idades, mesmo quando bebês, têm ereções. Pode ocorrer quando um homem tem sensações sexuais e também em outros momentos.

Na ereção, o tecido no interior do pênis se enche de sangue. Esse tecido tem milhões de minúsculos espaços. Geralmente, os espaços são vazios e o pênis é mole, não erguido. Durante a ereção, esses espaços se enchem de tanto sangue que o tecido fica rijo e duro. O pênis incha, fica ereto e se ergue do corpo. Popularmente, algumas pessoas dizem "ficar duro", ou "ficar com o pau duro". O pênis pode ficar tão duro parecendo que tem um osso dentro dele. É claro que não há osso algum ali; trata-se apenas de tecido cheio de sangue.

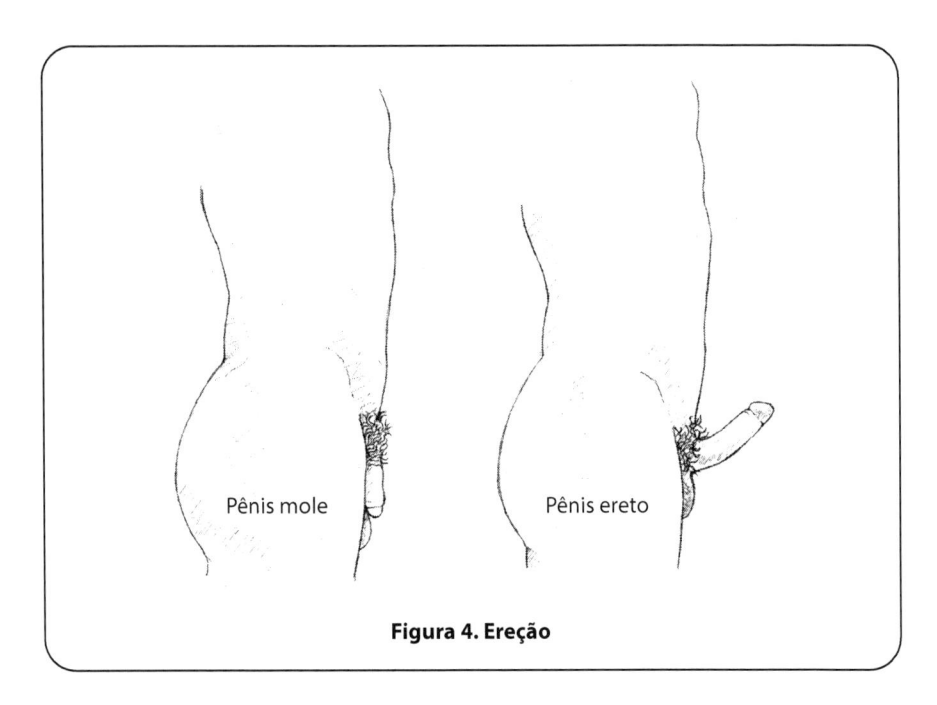

Pênis mole   Pênis ereto

Figura 4. Ereção

Se um casal deseja ter relação sexual, os dois podem se aproximar a ponto de o pênis conseguir entrar na vagina. Os dois indivíduos pressionam o corpo um contra o outro e se mexem de modo que o pênis entre na vagina e lá se mova, gerando prazer sexual.

Você pode achar que é difícil o pênis penetrar no órgão sexual feminino. Afinal de contas, a abertura vaginal não é muito grande. Entretanto, ela é muito elástica e pode se esticar até ficar de um tamanho muito maior que o normal. Na verdade, é tão elástica que, quando a mulher dá à luz, se expande a ponto de permitir a saída do bebê.

A vagina é um tubo de músculo mole, maleável. Normalmente, é como um balão vazio. Ela é colapsada pelas paredes internas, que se tocam. Quando o pênis ereto penetra nela, força as paredes vaginais e as separa. Essas paredes, macias e maleáveis, encobrem o pênis, formando um encaixe perfeito. Quando está sexualmente excitado, o homem produz uma ou duas gotas de fluido a partir da ponta do pênis ereto. Também há fluido nas paredes vaginais quando a mulher está sexualmente excitada. Essa "umidade" ajuda o pênis a entrar de maneira confortável na vagina.

Quando a classe por fim compreende *como* os homens e as mulheres têm relações sexuais, a pergunta seguinte é *por quê*.

As pessoas têm relações sexuais (transam) por vários motivos. Trata-se de uma maneira especial de se aproximar de outra pessoa. Pode ser também uma sensação muito agradável. Alguns de meus jovens alunos acham difícil acreditar nisso. Mas os órgãos sexuais têm muitas terminações nervosas. Essas terminações nervosas enviam mensagens a centros de prazer em nosso cérebro. O toque nessas partes do corpo, ou o ato de esfregar essas partes da maneira adequada, pode nos proporcionar sensações boas no corpo todo. Outro motivo por que homens e mulheres têm relações sexuais é para gerar um bebê. Mas os bebês não começam a crescer sempre que um homem e uma mulher têm relações, só às vezes.

FAZENDO BEBÊS

Para fazer um bebê, um *óvulo* da mulher e um *espermatozoide* do homem devem se unir. Isso pode acontecer como resultado de uma relação sexual. Às vezes, o óvulo é chamado simplesmente de "ovo", enquanto o espermatozoide é chamado de "semente". Esses termos confundem alguns meninos e meninas nas minhas aulas. Para eles, sementes são coisas que plantamos no chão para germinar flores ou vegetais. E ovos são botados pelas galinhas. Mas um óvulo e um espermatozoide não são como esse tipo de ovo e semente.

Para começar, um óvulo é muito menor que os ovos que comemos. Na verdade, é muito menor que o menor ponto que você possa fazer com a ponta do menor de todos os lápis. Um espermatozoide é menor ainda. Pense no espermatozoide como metade de uma semente e num óvulo como a outra metade. Quando as duas metades se encontram, um bebê humano começa a se desenvolver. Na verdade, o espermatozoide e o óvulo são células. Nosso corpo é feito de bilhões de células. Há muitos tipos diferentes delas. Mas o óvulo e o espermatozoide são as únicas espécies de células que se juntam para dar origem a uma célula única. A partir dela é que se forma o bebê.

Espermatozoides, esperma e ejaculação

O esperma – que contém os espermatozoides – é o líquido fecundante produzido nos testículos, os dois órgãos em formato oval dentro do escroto. Os espermatozoides são armazenados em tubos ocos chamados de *dutos do esperma*. Os testículos de um menino começam a produzir esperma (e espermatozoides) na puberdade. Normalmente, essa produção continua por toda a vida.

Durante o sexo, o homem pode *ejacular*. Ao longo da ejaculação, os músculos nos órgãos sexuais se contraem. Essas contrações bombeiam esperma para a parte principal do corpo. Ali, ele se mistura com outros fluidos. Essa mistura é um fluido cremoso, branco, chamado *sêmen*. As contrações musculares bombeiam o sêmen através da *uretra*, o tubo oco que percorre todo o pênis. O sêmen, então, sai pela abertura na ponta do pênis. (Ver Figura 5.)

Em média, menos de uma colher de chá de sêmen sai do pênis na ejaculação. Essa pequena quantidade contém milhões de espermatozoides! No ato

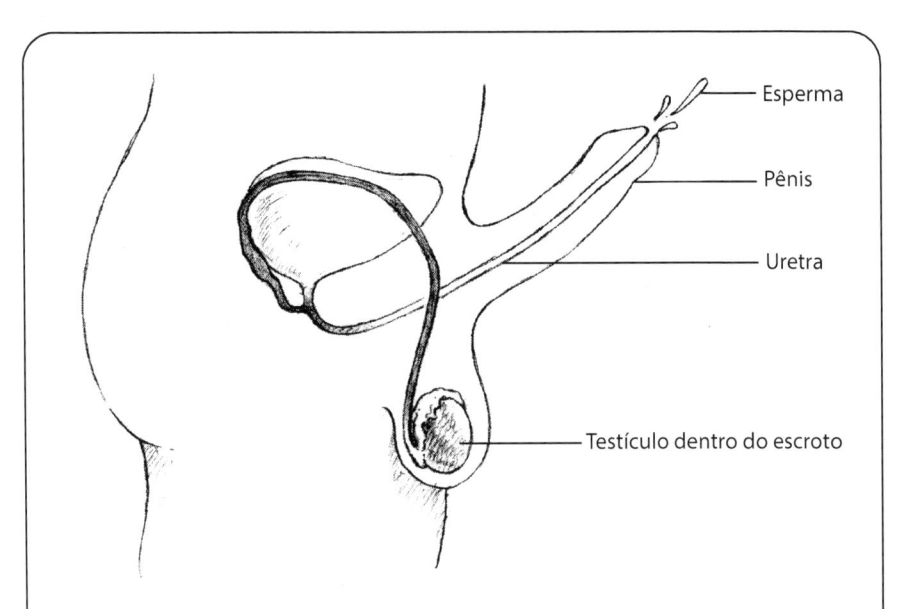

Figura 5. Ejaculação. O esperma é produzido nos testículos. Quando o homem ejacula, o esperma percorre a uretra e sai pela abertura na glande.

sexual, um homem é capaz de ejacular entre trezentos e quinhentos milhões de espermatozoides na vagina da mulher. Alguns deles chegam à parte superior da vagina. Ali, entram por um túnel minúsculo que leva ao *útero* ou *ventre*. (Ver Figura 6.) O útero é o local dentro do corpo da mulher onde se desenvolve o bebê.

Alguns dos espermatozoides nadam até a parte superior do útero e entram em um dos dois canais uterinos. Muitos nunca chegam ao útero, perdem-se na vagina. Outros se perdem no útero. Os espermatozoides que não sobrevivem são dissolvidos pelo corpo da mulher.

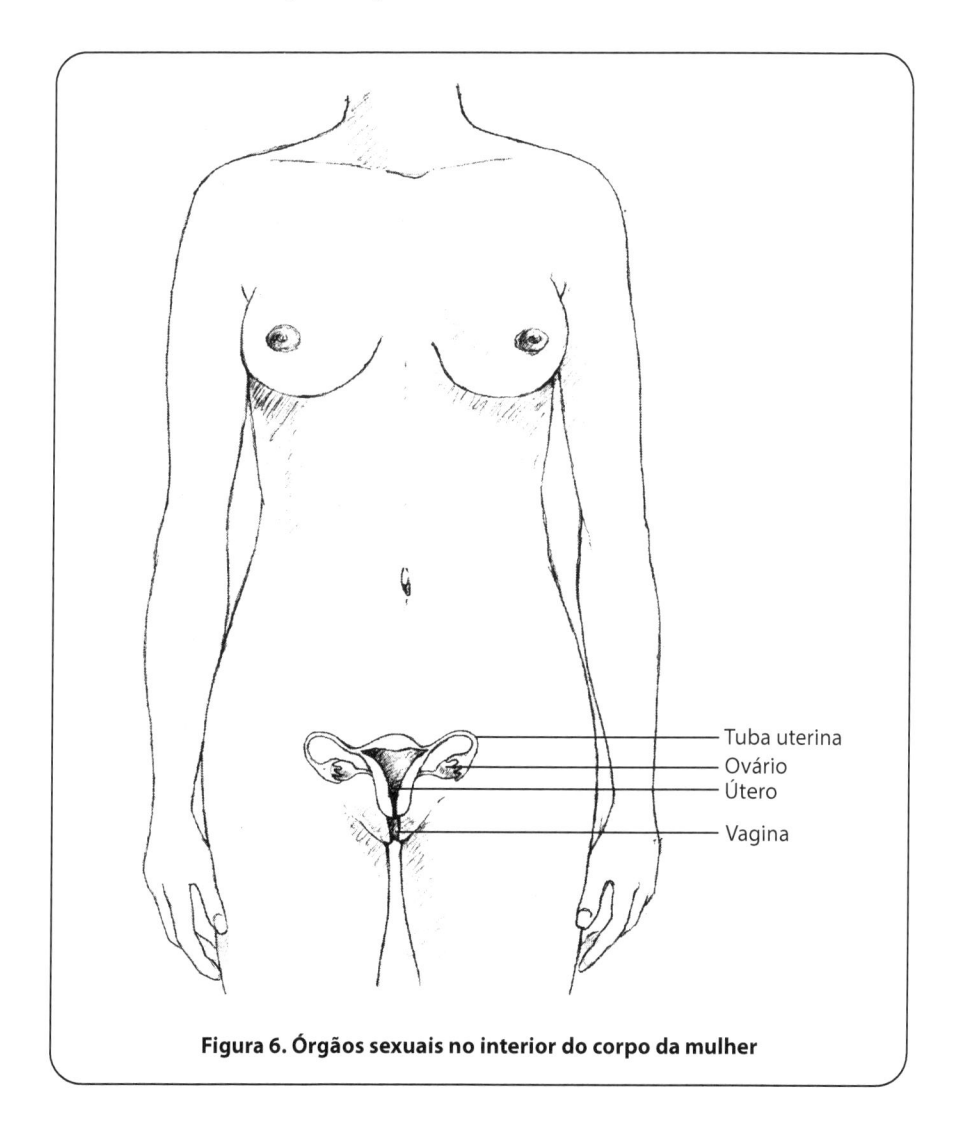

Figura 6. Órgãos sexuais no interior do corpo da mulher

Dos milhões de espermatozoides ejaculados, só alguns chegam à parte superior do útero e, de lá, às tubas *uterinas*, ligadas à parte superior do útero, uma de cada lado. Dentro de uma dessas tubas, o espermatozoide pode encontrar e se unir a um óvulo.

Óvulo e ovulação

Uma menina nasce com centenas de milhares de óvulos, armazenados em dois órgãos que se chamam *ovários*. Os óvulos de uma garota ainda jovem não são maduros. O primeiro óvulo só amadurece na puberdade.

Uma mulher adulta costuma produzir um óvulo maduro de um de seus ovários mais ou menos uma vez por mês. Quando amadurece, ele salta para fora do ovário. Essa liberação é chamada de *ovulação*. (Ver Figura 7.)

Após deixar o ovário, o óvulo entra em uma das tubas uterinas. As extremidades delas se estendem e empurram o óvulo para dentro da tuba. Minúsculos pelos em seu interior ondulam de um lado para outro, e lentamente essa delicada ondulação ajuda o óvulo a passar pela tuba.

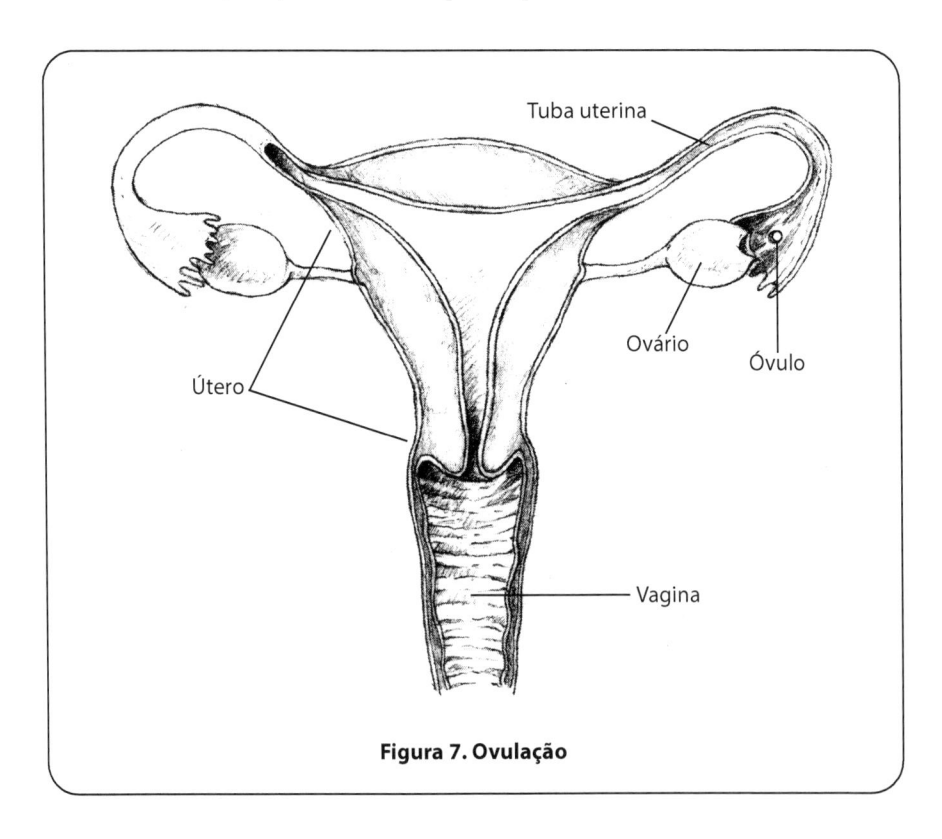

Figura 7. Ovulação

Fertilização, gravidez e nascimento

Em seu percurso através da tuba, o óvulo pode se deparar com alguns espermatozoides. Se isso acontecer, um dos espermatozoides pode entrar no óvulo. Essa junção de um óvulo e um espermatozoide é conhecida como *fertilização*.

O óvulo só pode ser *fertilizado* por um espermatozoide nas primeiras 24 horas após ter deixado o ovário. Mas o espermatozoide pode continuar vivo no corpo da mulher por até cinco dias. Isso significa que a fertilização pode acontecer se o homem e a mulher fizerem sexo no dia da ovulação, ou num dos cinco dias que a antecedem. Na maioria das vezes, o óvulo percorre a tuba uterina até o útero sem se deparar com um espermatozoide. Alguns dias após chegar ao útero, o óvulo não fertilizado se rompe. Se estiver fertilizado, isso não acontece. Chegando ao útero, ele se implanta ali e nos nove meses seguintes vai se desenvolver em um bebê.

O útero é um órgão oco. Na mulher adulta, geralmente ele tem o tamanho de uma pera. Mas as grossas paredes musculares do útero são muito elásticas, o que permite que ele se expanda na gravidez. (Ver Figura 8.)

Quando o bebê está pronto para nascer, o útero da mãe começa a se contrair. O minúsculo túnel que liga o útero à vagina se estica. Poderosas contrações empurram o bebê para fora do útero, em direção à vagina. As contrações continuam. O bebê é empurrado através da vagina, passa pela abertura vaginal e chega ao mundo. Olá, bebê!

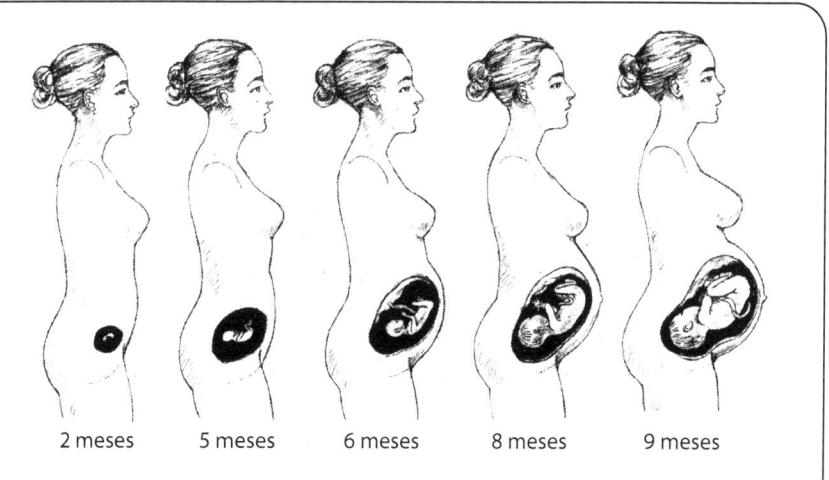

Figura 8. Gravidez. Um óvulo fertilizado se implanta na parede interna do útero e, no decorrer de nove meses, se desenvolve em um bebê.

GÊMEOS, GÊMEOS SIAMESES, TRIGÊMEOS...

Quando falo a respeito de fertilização, vejo mãos se erguendo pela sala toda.

"O que acontece se mais de um espermatozoide fertilizar o óvulo? A mulher tem gêmeos?"

Explico que só é possível um espermatozoide entrar num óvulo e fertilizá--lo. No momento em que um espermatozoide começa a entrar, o óvulo passa por transformações químicas. Essas mudanças impossibilitam a entrada de outro espermatozoide.

Mas geralmente esse é só o começo das perguntas. Embora fosse necessário outro livro inteiro para responder a todas elas, apresento aqui alguns fatos básicos que ajudarão a satisfazer sua curiosidade.

- Gêmeos *fraternos* constituem um dentre dois tipos de gêmeos. (Ver Figura 9.) Gêmeos fraternos surgem quando há dois óvulos, cada um fertilizado por um espermatozoide diferente. Geralmente, o ovário de uma mulher produz apenas um óvulo maduro por vez, mas de vez em quando pode produzir dois ao mesmo tempo. Cada um desses óvulos pode ser fertilizado por um espermatozoide diferente. Se ambos os óvulos fertilizados se implantarem nas paredes do útero, a mulher terá gêmeos fraternos. Esses gêmeos talvez não sejam parecidos. Podem nem ser do mesmo sexo.
- Gêmeos *idênticos* se desenvolvem a partir de um único óvulo fertilizado, que se divide em dois. (Ver Figura 10.) A divisão ocorre logo após a fertilização. Ninguém sabe por quê. Como os gêmeos idênticos vêm do mesmo óvulo e do mesmo espermatozoide, eles se parecem. São sempre do mesmo sexo.
- Quando nascem os gêmeos, um dos bebês chega primeiro. O outro costuma nascer alguns minutos depois. Às vezes, demora um pouco mais até o segundo bebê nascer. Há casos, inclusive, em que o segundo bebê só nasceu um dia depois.
- É possível que uma mulher dê à luz gêmeos fraternos de pais diferentes. Para isso acontecer, ela deve ter tido relações sexuais com dois homens na época da ovulação.
- Gêmeos *siameses* são gêmeos idênticos que nascem com os corpos grudados de alguma maneira. Por alguma razão desconhecida, o óvulo fertilizado não se divide completamente. Os bebês se desenvolvem com partes de seus corpos grudadas.

Gêmeos idênticos são raros. Gêmeos siameses, mais ainda. Os gêmeos siameses podem nascer grudados de vários modos diferentes. Se for pelos pés, ombros ou braços, uma cirurgia pode separar os bebês. Em outros casos, a separação é mais difícil. Os bebês podem estar grudados de uma forma que, se cortados, um ou ambos morreriam. Por exemplo, os corpos podem estar grudados no peito e compartilhar um único coração. Alguns pais optam pela cirurgia mesmo que à custa da vida de um dos bebês. Outros não a querem. Se não forem separados, os gêmeos siameses passam a vida toda grudados um ao outro.

- Trigêmeos, quadrigêmeos, quíntuplos, sêxtuplos, sétuplos e óctuplos são casos muito mais raros que gêmeos. Quando mais que três bebês nascem ao mesmo tempo, a chance de sobrevivência de todos é baixa. Por causa do excesso, eles são menores que os bebês normais e nascem antes de estar plenamente desenvolvidos. Pelo que sabemos, o maior número de bebês nascidos ao mesmo tempo foi doze, mas alguns morreram. Houve um caso em Iowa (EUA) em que uma mulher deu à luz sete bebês, e todos sobreviveram. Não muito tempo depois, um casal teve oito no estado do Texas, mas um morreu pouco após o nascimento.

Mulheres que dão à luz mais que dois bebês ao mesmo tempo geralmente tomam remédios especiais para engravidar. Porque tiveram problemas para engravidar no passado, os médicos lhes receitaram medicamentos para estimular os ovários. Como na maioria das vezes o estímulo é muito grande, vários óvulos são liberados ao mesmo tempo.

Espermatozoides

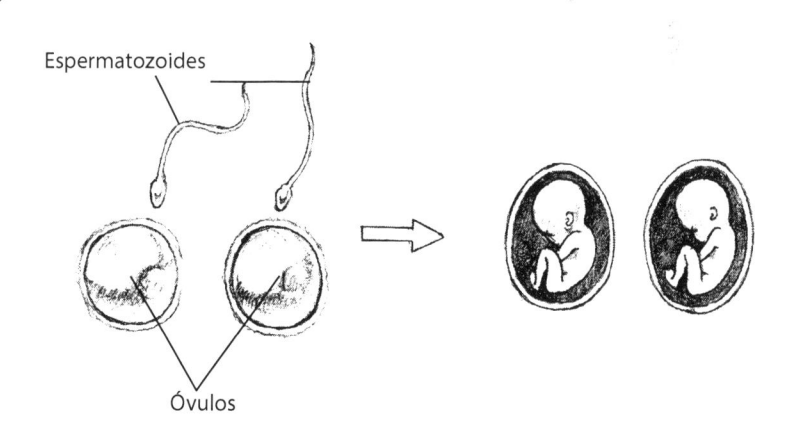

Óvulos

Figura 9. Gêmeos fraternos. Gêmeos fraternos são gerados quando uma mulher produz dois óvulos maduros, cada um fertilizado por um espermatozoide diferente.

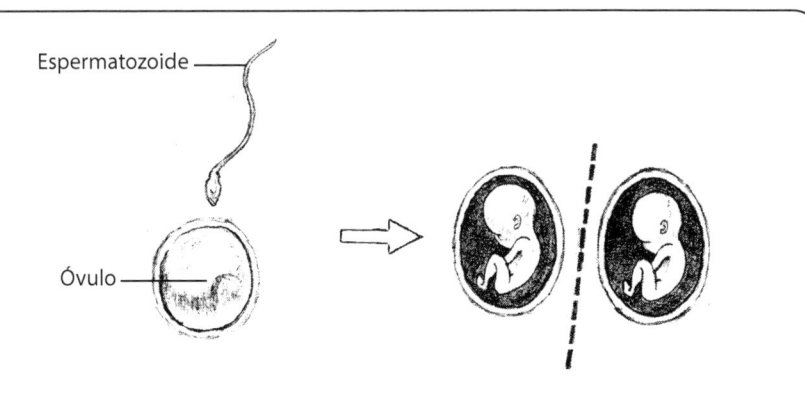

Figura 10. Gêmeos idênticos. Gêmeos idênticos são gerados quando, após a fertilização, o óvulo se divide em dois. Os gêmeos idênticos são parecidos e sempre do mesmo sexo.

MENSTRUAÇÃO

A cada mês, quando o ovário está pronto para liberar um óvulo maduro, o útero se prepara. Se o óvulo estiver fertilizado, ele se implantará no tecido que forra o útero. Enquanto se desenvolve, o óvulo fertilizado precisará de bastante sangue enriquecido e de nutrientes. Assim, enquanto está amadurecendo no ovário, as paredes do útero ficam mais grossas. O útero desenvolve novos vasos sanguíneos e um tecido esponjoso, cheio de sangue, que nutre o óvulo fertilizado.

Porém, se o óvulo não estiver fertilizado, o grosso tecido das paredes internas do útero não será necessário. Mais ou menos uma semana após o óvulo não fertilizado se romper, o útero começa a se desfazer desse tecido. Pedaços dele deslizam pelas paredes do útero. O tecido esponjoso, cheio de sangue, se decompõe, tornando-se quase todo líquido. Esse líquido, que é chamado de *fluxo menstrual*, se acumula na parte inferior do útero. Em seguida, ele escorre vagarosamente até a vagina e sai pela abertura vaginal. (Ver Figura 11.)

Essa decomposição das paredes do útero é chamada de *menstruação*. Quando o tecido das paredes, em sangue, escorre pela abertura vaginal, dizemos que a mulher está *menstruando*.

A quantidade de sangue que escorre durante a menstruação varia. De modo geral, o fluxo menstrual oscila de um quarto a um terço de xícara. Ele não ocorre todo de uma vez. É vagaroso, até parar. Pode levar alguns dias ou até uma semana e pouco até todo o fluxo menstrual sair do corpo.

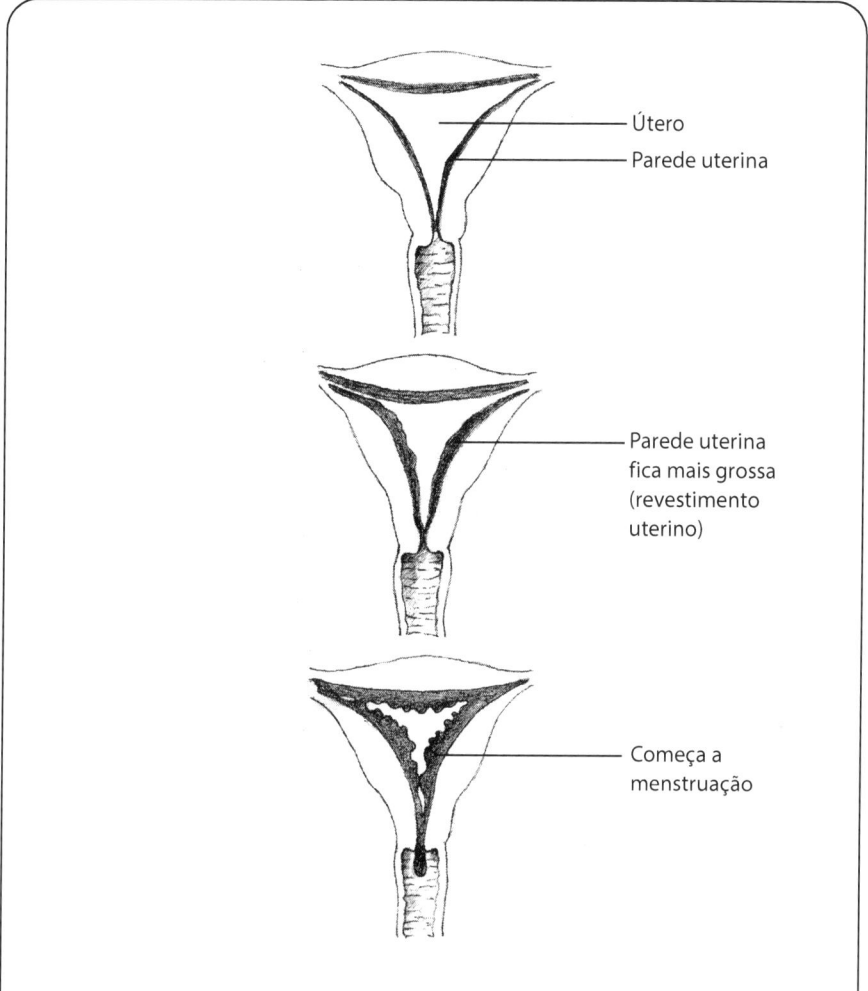

Figura 11. Menstruação. Quando os ovários estão prontos para liberar um óvulo maduro, a parede uterina fica mais grossa. Se o óvulo não estiver fertilizado, o revestimento uterino na parede se dissolve, dando início à menstruação.

Quando o sangramento começa, o útero passa a desenvolver novo tecido nas paredes para se preparar para o próximo óvulo maduro. Se esse óvulo não estiver fertilizado, as paredes se decompõem novamente, recomeçando o ciclo menstrual. Isso é o que acontece, uma vez por mês, durante grande parte da vida de uma mulher – exceto durante a gravidez. Uma mulher grávida não menstrua.

Quando você vai menstruar pela primeira vez? Não se pode saber com certeza, mas este livro a ajudará a ter uma ideia. Nos capítulos seguintes, falaremos mais da menstruação, da primeira menstruação e de outras mudanças físicas e emocionais da puberdade.

TUDO O QUE VOCÊ SEMPRE QUIS SABER...

Se você for como as meninas em nossas aulas e *workshops*, então deve ter muitas dúvidas quanto ao que está acontecendo com seu corpo. Nem sempre é fácil expor essas dúvidas. Às vezes, sentimos vergonha. Achamos que as nossas perguntas são tolas. Temos medo de que todos os demais já saibam as respostas. Talvez riam de nós. Talvez nos achem idiotas ou "por fora".

Se você alguma vez se sentiu assim, não é a única. Em minhas aulas, fazemos um jogo chamado "Tudo o que você sempre quis saber sobre puberdade e sexo, mas tinha medo de perguntar". Distribuímos pedaços de papel no começo da aula. Os garotos e as garotas escrevem as perguntas e colocam os papéis numa caixa especial para isso. Não precisam assinar. Só eu leio as perguntas. A caixa é trancada e fica na sala. Os alunos podem escrever perguntas sempre que quiserem e colocá-las na caixa. No fim da aula, a caixa é aberta. Leio-as em voz alta e tento respondê-las da melhor maneira possível. Se eu não souber a resposta, digo que não sei e tento encontrá-la antes da aula seguinte.

Veja algumas das perguntas:

- *O que acontece se você mente que já menstruou, mas nunca menstruou?*
- *Tudo bem usar sutiã mesmo sem precisar ainda?*
- *O que é aquela coisa gosmenta que aparece na minha calcinha?*
- *Como a gente consegue que as pessoas parem de fazer comentários sobre nossos seios?*
- *Em que idade a menina desenvolve seios e pelos púbicos?*
- *Qual será a minha altura?*
- *O que faço se menstruar na escola?*
- *A menstruação dói?*
- *Como digo à minha mãe que quero usar sutiã?*
- *O que é melhor uma menina usar: absorvente interno ou externo?*
- *Qual é o melhor remédio para espinhas?*
- *Um seio está crescendo, mas o outro continua chato. Será que vou ficar defeituosa?*

PARA LER ESTE LIVRO

Este livro responde a essas e outras perguntas que aparecem na caixa de perguntas em nossas aulas, *workshops* e também de nossas leitoras. Talvez você queira lê-lo com seus pais, com uma amiga ou sozinha. Se quiser, pode ler do começo ao fim. Ou talvez prefira pular algumas partes, lendo um capítulo aqui e outro ali. Seja como for, esperamos que a leitura lhe agrade e que você aprenda tanto quanto nós aprendemos ao escrevê-lo.

2
SEUS SEIOS:
MANUAL DA PROPRIETÁRIA

Não lembro mais quando notei pela primeira vez que meus seios estavam se desenvolvendo. Lembro-me, isso sim, da primeira vez que outra pessoa notou. Eu era babá de duas gêmeas de 7 anos. Era a primeira vez que ficava com elas. (E também a última. Elas jogaram os dois peixinhos do aquário, da espécie Barrigudinhos, no vaso sanitário "para eles terem mais espaço para nadar". Enquanto fiquei de joelhos para tentar tirá-los de lá, as duas adoráveis criancinhas estavam aprontando na cozinha, colocando uma tartaruguinha na torradeira "para ela se aquecer".)

A noite começou mal. As duas eram verdadeiros anjinhos enquanto os pais estavam em casa. Assim que a porta se fechou quando os dois saíram, elas pularam sobre mim.

– Você tem maminhas. Deixe a gente ver, deixe a gente ver – exigiram, abrindo minha blusa. – Não vemos a hora de ter também – gritavam.

Por fim, consegui tirar as duas de cima de mim e abotoar a blusa. Nunca senti tanta vergonha na vida!

Você pode estar tão ansiosa quanto aquelas gêmeas, ou tão mortificada como eu estava. De qualquer forma, cedo ou tarde seus seios começarão a se desenvolver.

Geralmente o desenvolvimento do seio é o primeiro sinal da puberdade, mas nem sempre. Para muitas meninas, os pelos púbicos são o primeiro sinal.

Para algumas, os pelos nas axilas surgem antes. Às vezes, o desenvolvimento do seio e o aparecimento dos pelos púbicos e/ou nas axilas começam ao mesmo tempo. Sejam os seios seu primeiro sinal ou não, em algum momento na puberdade eles começarão a se desenvolver.

O SEIO

Em cada um dos seios, você tem um *mamilo* e uma *aréola*. O mamilo é a protuberância no centro de cada seio. Pode ser de coloração rosa clara, marrom-escura ou qualquer cor entre essas duas. A aréola é o anel de carne colorido em volta do mamilo. (Ver Figura 12.)

O mamilo e a aréola são muito sensíveis. Temperaturas baixas, toques e sensações sexuais podem deixá-los *eretos*. *Ereto* significa que o mamilo fica rijo e "em pé". A aréola pode se contrair e ficar encaroçada. Essas mudanças são temporárias. Algum tempo depois, o mamilo e a aréola voltam ao normal.

Na infância, só o mamilo enrijece. O resto do seio continua chato e macio. Já na puberdade, os seios começam a inchar e se destacar um pouco mais do peito.

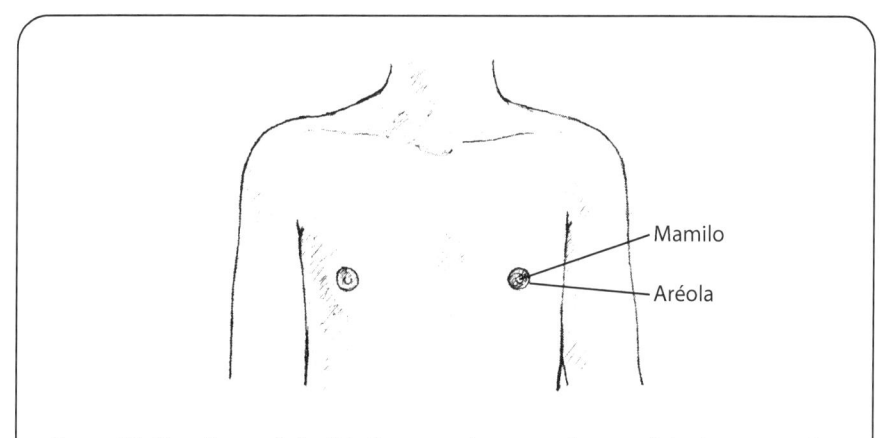

Figura 12. Mamilo e aréola. Esta figura mostra o mamilo e a aréola de uma menina que ainda não começou a desenvolver os seios.

O interior do seio

A Figura 13 mostra o interior do seio de uma mulher adulta. O seio tem bastante tecido gorduroso. Há também glândulas e dutos mamários.

Figura 13. O interior do seio

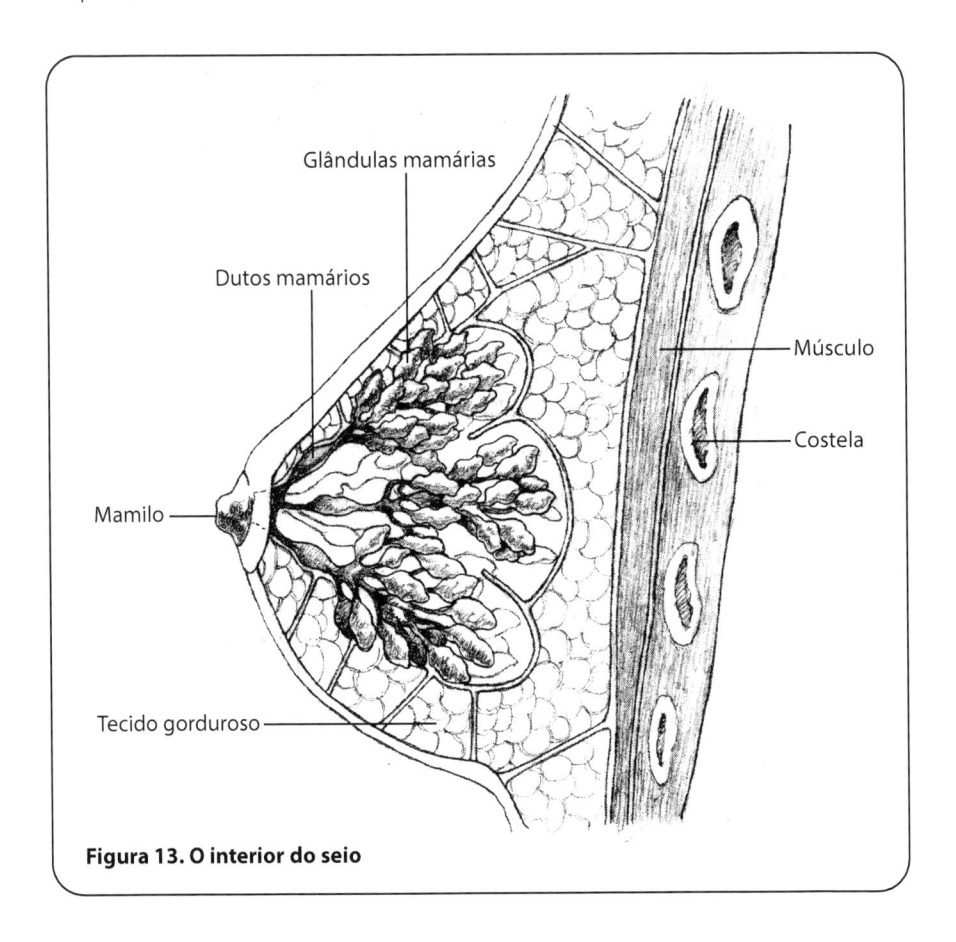

Quando uma mulher tem um bebê, as glândulas mamárias começam a produzir leite. O leite percorre os dutos até os mamilos. O mamilo possui vinte e poucas minúsculas aberturas. Quando a mãe amamenta, o bebê suga o leite através delas.

Durante a puberdade, os seios se desenvolvem. O corpo da menina começa a se preparar para o momento em que ela talvez queira engravidar. Mas os seios ainda não estão prontos para produzir leite. Isso só acontece quando a mulher dá à luz.

CINCO ESTÁGIOS DO DESENVOLVIMENTO DOS SEIOS

Quando você passa da fase de menina para mulher, seus seios crescem e se desenvolvem. Os médicos definem o crescimento do seio em cinco estágios. A Figura 14 mostra esses estágios. Leia as descrições nas páginas a seguir. De-

SEUS SEIOS | 55

Estágio 1

Estágio 2

Estágio 3

Estágio 4

Estágio 5

Figura 14. Cinco estágios do desenvolvimento dos seios

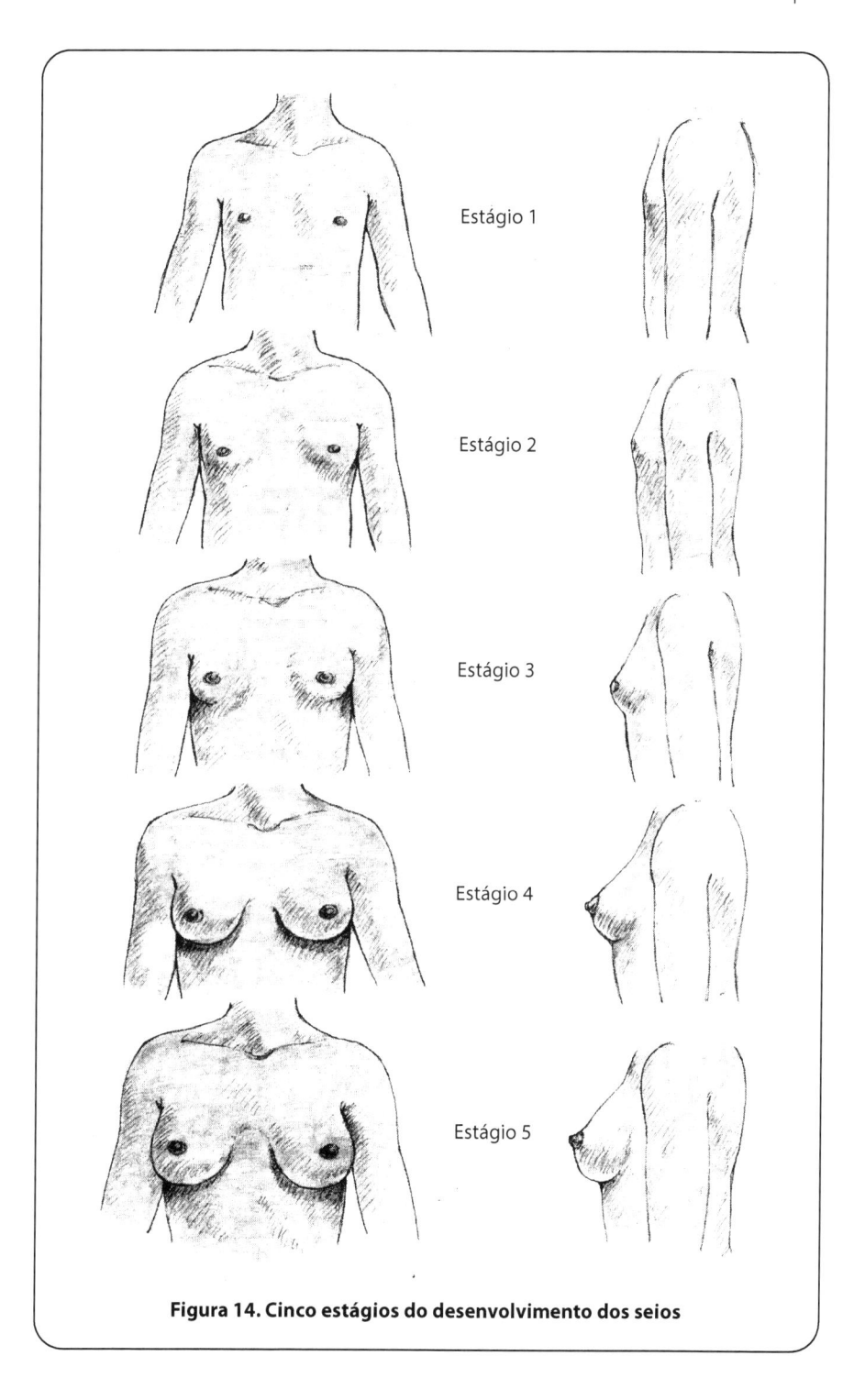

pois, compare o seu corpo com as ilustrações dos cinco estágios. Veja se descobre em que estágio você está.

Estágio 1: Infância

O estágio 1 é o da infância, antes do início da puberdade. Os seios ainda não começaram a se desenvolver. Os mamilos são a única parte proeminente. Fora eles, os seios são planos.

Estágio 2: O desenvolvimento dos brotos mamários

Os seios começam a se desenvolver no segundo estágio. Forma-se um pequeno broto mamário abaixo de cada mamilo. Ele contém gordura, glândulas mamárias e tecido. O broto mamário ergue o mamilo, destacando-o do peito. A aréola aumenta e fica mais larga que no primeiro estágio.

Algumas garotas chegam a esse estágio com 7 ou 8 anos de idade. Outras só entram no segundo estágio por volta dos 14 anos; a maioria, porém, chega a esse estágio entre os 8 anos e meio e os 11 anos. (Para mais informações a respeito da idade e dos estágios, ver páginas 79-82.) O segundo estágio pode durar alguns meses ou até um ano e meio, ou mais.

Estágio 3: O desenvolvimento continua

O desenvolvimento do seio continua no terceiro estágio. Os seios aumentam. As aréolas também continuam crescendo. Elas se destacam um pouco mais do peito. Você pode notar que os mamilos também aumentam nesse estágio. Os seios já têm forma adulta, mas são menores do que serão quando você for adulta.

As meninas geralmente chegam a esse estágio entre os 10 e os 13 anos de idade, mas algumas o alcançam antes ou depois dessa faixa de idade. O terceiro estágio pode durar alguns meses ou até dois anos.

Estágio 4: Mamilo e aréola formam elevação

No quarto estágio, a aréola e o mamilo continuam crescendo. Formam uma pequena elevação no peito, destacando-se acima do restante dele. A Figura 15 mostra a diferença entre o mamilo e a aréola nos estágios 3, 4 e 5. Os seios costumam ser "pontudos" ou em forma de cone no quarto estágio.

Algumas meninas pulam o quarto estágio e vão diretamente ao quinto. Algumas nunca se desenvolvem além do quarto estágio. Outras ainda desenvolvem nova elevação no quinto estágio.

Normalmente, a menina chega a esse estágio entre 12 e 14 anos de idade, mas, assim como nos outros estágios, muitas o alcançam em idades fora dessa faixa. O quarto estágio pode durar de oito meses a dois anos.

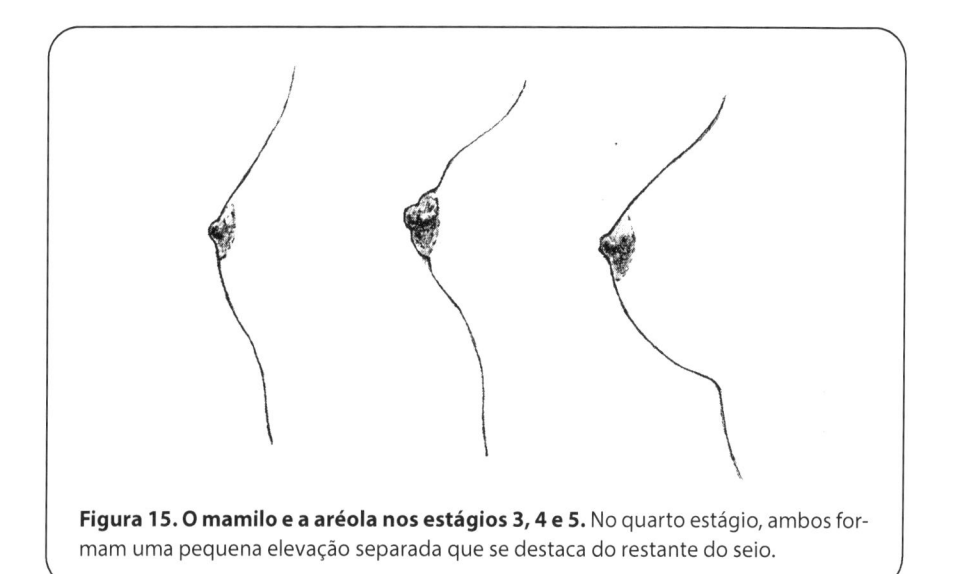

Figura 15. O mamilo e a aréola nos estágios 3, 4 e 5. No quarto estágio, ambos formam uma pequena elevação separada que se destaca do restante do seio.

Estágio 5: Adulto

No quinto estágio, mamilo e aréola não formam mais uma elevação separada no seio. (Ver novamente Figura 15.) Esse é o estágio adulto. Os seios estão plenamente desenvolvidos. No entanto, os seios de algumas garotas continuam crescendo um pouco mesmo depois de chegarem a esse estágio.

Embora os seios tenham chegado ao tamanho adulto, podem não ser muito grandes. Na verdade, algumas mulheres adultas têm seios menores que os mostrados aqui. (Falaremos mais do tamanho dos seios nas páginas seguintes.)

A maioria das garotas chega ao quinto estágio entre 13 e 16 anos, mas algumas entram nele antes ou depois desse período.

Tempo e ritmo de desenvolvimento

O tempo que leva para os seios se desenvolverem plenamente é diferente para cada menina. Algumas começam no segundo estágio e dali a dezoito meses entram no quinto. Outras levam mais de seis anos para passar do segundo ao quinto. Em média, o desenvolvimento leva entre três e cinco anos.

Muitos acham que as meninas que se desenvolvem antes das colegas de escola também se desenvolvem mais rapidamente que outras meninas da mesma idade, mas o *momento* em que você começa a se desenvolver não influencia na *velocidade* ou no *ritmo* em que você se desenvolve. Só porque uma menina começa antes, não significa que alcançará a linha de chegada antes das outras.

O *momento* em que você começa a se desenvolver também não tem relação com o *tamanho* dos seios quando você for adulta. Um começo prematuro pode culminar em seios grandes, médios ou pequenos. O mesmo acontece com meninas que demoram a se desenvolver e para as que começam na média.

A IDADE "CERTA"

Algumas meninas se sentem deprimidas porque parece que seu corpo demora a se desenvolver. Estão ansiosas para ter seios e um corpo maduro. As colegas se desenvolvem, enquanto elas ainda parecem "garotinhas". Outras ficam chateadas porque se desenvolvem antes das colegas.

É comum as meninas se preocuparem por não ter se desenvolvido na idade "certa". Mas, na verdade, não existe idade "certa". As garotas começam a se desenvolver nas mais variadas idades. O corpo de uma menina se desenvolve na idade certa para ela. Se você anda preocupada com um desenvolvimento prematuro ou tardio, leia a seção "Começo adiantado/começo atrasado – Por quê?".

Se está incomodada por causa de um desenvolvimento prematuro, lembre-se de que as outras meninas alcançarão você. Se estiver infeliz porque seu corpo não está mudando tão rápido quanto gostaria, lembre-se de que, cedo ou tarde, as mudanças *acontecerão*. E você até vai ficar surpresa por ter se estressado tanto com isso!

Os estágios dos seios e a primeira menstruação

A maioria das meninas menstrua pela primeira vez durante os estágios 3 ou 4 do desenvolvimento dos seios. Entretanto, para algumas, a primeira menstruação só ocorre no estágio 5. Algumas meninas menstruam pela primeira vez no estágio 2, embora seja raro. Se você tiver algum sangramento antes de desenvolver os brotos mamários ou os pelos púbicos, precisa consultar um médico para verificar isso.

TAMANHO DOS SEIOS

Imagine uma academia de ginástica cheia de garotas em pé, com os braços à altura dos ombros, os cotovelos dobrados, empurrando os cotovelos para trás e para a frente, contando um dois, um dois, e entoando:

Aumentar, aumentar
Vamos aumentar os seios.
Um dia, um dia,
Vamos conseguir.

Era o que acontecia nos "velhos tempos". Esperamos que as meninas de hoje não façam mais isso. Não que o exercício seja errado. É bom para tonificar e firmar os músculos do peito. Se você fizer isso com frequência, os músculos sob o peito ficarão mais grossos. Com o exercício, talvez seus seios se destaquem mais, mas não vão crescer. Os seios são basicamente glândulas e tecido gorduroso. Nenhum exercício poderá aumentá-los.

Embora o exercício em si seja bom, a entoação não é. Toda essa história de "vamos aumentar os seios" enfatiza a ideia de ter seios grandes. É como se os seios grandes fossem melhores que os pequenos. Seios pequenos são tão eficazes para a produção de leite quanto os grandes. Dão os mesmos sentimentos de prazer quando são tocados ou acariciados. Os seios pequenos são tão bonitos quanto os grandes. É como a diferença entre ser loira e morena. Algumas pessoas preferem determinada aparência, outras preferem outra.

No entanto, há tantas mulheres glamourosas com seios grandes em comerciais, filmes e programas de televisão, que é fácil acharmos que seios grandes são mais femininos ou sensuais que seios pequenos. Mas você ficaria surpresa se soubesse quantas pessoas não pensam assim. Além disso, qualquer um que goste ou não de você tomando por base o tamanho de seus seios não é uma pessoa que valha a pena conhecer.

Mesmo assim, vivemos numa época obcecada por seios. Algumas mulheres com seios pequenos se sentem infelizes com eles. Algumas até se submetem a cirurgias para aumentá-los.

O tamanho dos seios pode ser um problema para mulheres que os têm muito grandes. Em alguns casos, são grandes a ponto de afetar a postura e causar dor nas costas. Há cirurgias também para reduzir os seios a um tamanho confortável.

PREOCUPAÇÕES COM O DESENVOLVIMENTO DOS SEIOS

Os seios de uma menina podem estourar?
As mamas de uma menina podem inflar como um balão?

A resposta para essas perguntas é "não". Por muito tempo, não entendíamos o que estava por trás delas. Um dia, enfim, uma garota em nossa classe nos esclareceu:

> Os adultos vivem dizendo coisas do tipo, "Você está inchando, hein?", ou "Parece que está tudo estourando por aí". Às vezes, meus seios doem, como se fossem estourar mesmo, e fico preocupada.
>
> – Susan, 11

Se você também se preocupa com isso, pode parar. Seus seios não vão estourar nem inflar como um balão. Muitas garotas com quem conversamos se preocupavam com o desenvolvimento de seus seios. Nas páginas seguintes, transcrevemos essas preocupações.

Coceira, sensibilidade, dor

É possível que um dos seios, ou os dois, coce ou doa durante o desenvolvimento. Uma menina nos disse:

> Fiquei apavorada. Sentia uns calombos meio achatados debaixo dos mamilos. Doíam o tempo todo, principalmente se alguma coisa batia neles. Viviam doloridos. Achei que tinha algum problema.
>
> – Karen, 11

O desenvolvimento das mamas costuma provocar coceira e até dor. Isso não é sinal de que há algo errado. É parte normal do crescimento. O desconforto geralmente desaparece sozinho. A dor não costuma ser severa. Nos casos raros em que é, a menina deve consultar um médico. Quando ela começa a menstruar, às vezes percebe que os seios doem perto dos dias em que a menstruação chega ou durante o período menstrual. Para mais informações, leia o capítulo 6.

Caroços no seio

O broto mamário parece um pequeno botão sob o mamilo. Às vezes, as meninas o confundem com caroços que são sinais de câncer. Contudo, o câncer de mama nunca afeta alguém que esteja começando a se desenvolver. Meninas mais velhas às vezes têm problemas com caroços nos seios perto dos dias em que vão menstruar. (Para mais informações, ver página 143.) No entanto, caroços sob os mamilos da menina que está entrando na puberdade são perfeitamente normais e fazem parte do crescimento.

PROTEGENDO OS SEIOS

Câncer de mama raramente ocorre (se ocorre) em adolescentes. Mas a sua alimentação nessa fase pode afetar a probabilidade de desenvolver câncer em fases posteriores da vida.

Por quê? Porque entre a puberdade e o momento da primeira gravidez de uma mulher, as células nos seios ainda estão amadurecendo. Nesse período, os seios são particularmente vulneráveis aos efeitos prejudiciais de substâncias que causam câncer – substâncias estas encontradas nos alimentos ou no ambiente. A exposição da garota a essas substâncias danosas pode causar câncer muitos anos depois.

Os cientistas ainda não sabem exatamente o que causa o câncer de mama. Mas uma alimentação rica em gordura (principalmente gordura animal) pode aumentar as chances de desenvolver a doença. Do mesmo modo, bebidas alcoólicas também aumentam o risco.

Em contrapartida, uma dieta rica em fibras, com muitas frutas e legumes (principalmente folhas verdes), pode diminuir o risco. Exercícios regulares também podem reduzir as chances de câncer de mama.

Você encontrará mais informações sobre dietas saudáveis e exercícios no capítulo 4. Siga os conselhos ali especificados e aprenda a proteger seus seios nessa importante fase da vida.

Tamanho ou ritmo de desenvolvimento irregulares

Algumas meninas se preocupam porque um dos seios se desenvolve antes do outro. Uma garota nos disse:

> Um de meus seios estava começando a crescer. O outro ainda estava completamente plano. Fiquei com medo de que nunca crescesse. Eu poderia ter um seio em vez de dois.
>
> – Miaysha, 14

Outras meninas se preocupam porque um dos seios é maior que o outro:

> Meus dois seios começaram a crescer ao mesmo tempo, mas um era bem maior que o outro. Fiquei preocupada, achando que fosse ficar toda torta.
>
> – Rosie, 14

Com frequência, um dos brotos mamários se desenvolve sob um mamilo enquanto o outro permanece plano. O segundo broto mamário geralmente se desenvolve entre seis e doze meses.

Enquanto a menina está se desenvolvendo, um dos seios pode ser visivelmente maior que o outro. Isso é normal. É mais comum entre os estágios 2 e 4. Quando a garota chega ao quinto estágio, os dois seios geralmente estão do mesmo tamanho, mas algumas meninas continuam a ter uma diferença marcante no tamanho deles, mesmo quando adultas. Se essa diferença incomodar, a mulher pode usar sutiã com enchimento (ver página 67) ou fazer uma cirurgia plástica para corrigir. Tal cirurgia, porém, só pode ser feita depois da puberdade. Enquanto isso, ela pode usar sutiã com enchimento.

Mamilos invertidos

Uma garota descreveu tal condição:

> Um de meus mamilos não se destacava. O outro sim. Parecia virado para dentro. E eu não entendia por quê.
>
> – Diana, 16

Essa jovem está descrevendo um mamilo *invertido*. Nessa condição, um ou ambos os mamilos apontam para dentro. Mergulham na aréola, em vez de apontar para fora. (Ver Figura 16.)

Essa condição costuma surgir no nascimento, mas às vezes só se mostra visível na puberdade. Quando os seios se desenvolvem, o mamilo invertido pode finalmente apontar para fora ou não. Há também mulheres que têm mamilos "tímidos". Um dos mamilos ou ambos se invertem por algum tempo quando estimulados.

Talvez você tenha ouvido falar que uma mulher com mamilos invertidos não consegue amamentar. Isso não é verdade. Muitas mulheres com mamilos invertidos amamentam seus bebês, em alguns casos com a ajuda de um simples escudo plástico.

Mamilos invertidos podem ser propensos a infecções. É importante mantê-los limpos. Se você não tem certeza de como limpá-lo, pergunte a um médico ou a uma enfermeira. Após a puberdade, se um mamilo de repente ficar invertido, consulte um médico. Isso nem sempre significa que há algo errado, mas é preciso verificar. Fora esse caso, os mamilos invertidos geralmente não são motivo de alarme.

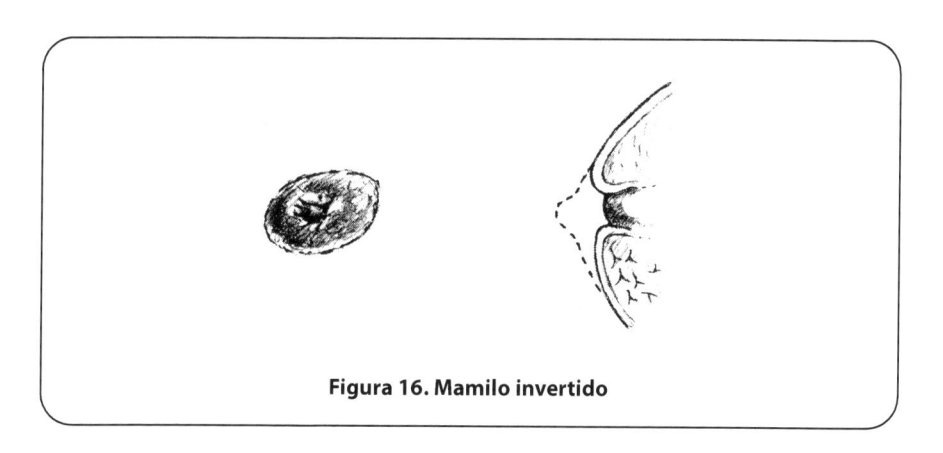

Figura 16. Mamilo invertido

Secreção dos mamilos

Algumas meninas se preocupam com certas *secreções dos mamilos* – um fluido que escorre de um ou dos dois. Uma secreção de um único mamilo que só aparece quando ele é pressionado e que só ocorre de vez em quando geralmente é normal. O fluido é produzido pelo corpo para manter os dutos mamários limpos. Geralmente é branco, claro, ou ligeiramente verde-amarelado.

A maioria das secreções dos mamilos não é motivo de preocupação. Entretanto, pode indicar um problema médico, por isso é bom pedir a um médico que verifique. (A propósito, não aperte os mamilos para tentar produzir secreção. O ato de apertar pode realmente fazer os mamilos produzirem mais secreção.)

SUTIÃS

Quando uma menina deve começar a usar sutiã?
Afinal de contas, é preciso usar sutiã?

Não existe resposta exata para essas perguntas. Você é quem deve saber. Algumas meninas usam sutiã por questão de conforto. Ele sustenta o seio e não o deixa "balançar". Outras usam sutiã porque não se sentem à vontade sem. Algumas ainda o usam porque têm medo de que os seios fiquem caídos ou flácidos. Na verdade, essa flacidez resulta do tecido gorduroso substituindo os dutos e as glândulas mamárias com o passar dos anos. Os sutiãs não podem impedir isso. Gravidez e amamentação podem aumentar e esticar os seios. Isso acentua a flacidez. (Talvez você tenha visto imagens de seios meio caídos de mulheres mais velhas. Essa flacidez é provocada pela má nutrição e por outros fatores, e não pela falta do sutiã.)

É comum ouvirmos depoimentos de meninas que gostariam de usar sutiã, embora não "precisem". Uma garota escreveu:

> Tenho 11 anos... Não sou muito grande. Na verdade, sou meio reta. Acha que é bobagem minha querer usar sutiã?
>
> – Audrey, 11

Nunca é bobagem querer um sutiã, por mais "reta" que você seja. Se tem vontade de usar, embora não precise, pode dizer:

- Ah, estou só me acostumando.
- Gosto mais de sutiã que de camiseta por baixo da roupa.
- Eu me sinto mais confortável com sutiã.

Algumas meninas nos dizem que têm vergonha de pedir um sutiã aos pais. Nosso conselho é: peça mesmo assim. Talvez seus pais estejam esperando que você toque no assunto. Podem ter medo de deixá-la envergonhada. Você pode dizer:

- Tudo bem se eu usar sutiã?
- Quando você acha que é o momento certo de eu usar sutiã?
- Quantos anos você tinha quando começou a usar sutiã?

Também pode escrever um bilhetinho explicando como se sente. Seus pais talvez digam: "Não seja boba; você ainda não precisa de sutiã". Nesse caso, responda:

- Bem, talvez não, mas eu *gostaria* de usar mesmo assim.
- Eu me sentiria mais confortável se usasse.

Compra dos sutiãs

Hoje em dia, sutiãs são vendidos em quase todos os lugares. Em algumas lojas de departamentos e lojas especializadas de venda de *lingerie* geralmente há uma vendedora que poderá ajudá-la a escolher o tamanho e o tipo de sutiã mais adequados a você. Trata-se de um serviço gratuito. Você não precisa comprar nada. Seria tolice não aproveitar essa oportunidade.

Tops e sutiãs comuns

Os *tops* de ginástica podem vir com ou sem bojo. Esse tipo de *top* é uma boa escolha se você mal começou a se desenvolver. É bom também se você ainda não está se desenvolvendo, mas quer usar sutiã.

Alguns *tops*, e a maioria dos sutiãs comuns, vêm em diversos tamanhos, por exemplo, 36, 42, 50, ou atendem aos tamanhos P, M, G e outros, que podem variar de acordo com o fabricante. Há, porém, algumas poucas empresas que fabricam sutiãs que também levam em conta o tamanho do bojo. Há um tamanho para cada uma dessas partes do sutiã:

- **Tamanho das costas:** os sutiãs podem ir do número 36 ao 54, dependendo do fabricante.
- **Tamanho do bojo:** é identificado por letras – A, B, C ou D. O do tipo A é indicado para mulheres que têm seios menores que as costas; o do tipo D, para mulheres que têm seios maiores que as costas.

Contudo, a maioria dos sutiãs comercializados no Brasil não vem com medidas de bojo diferenciadas. Geralmente, os sutiãs seguem a proporção exata entre costas e seios.

Sempre experimente a peça para ter certeza de que ficará confortável em você.

> **CUIDADOS COM O SUTIÃ**
>
> Claro que você não vai colocar uma coleira no sutiã e levá-lo para passear. Porém, sem os cuidados necessários, ele pode virar uma peça inútil. Leia sempre (e siga) as instruções para os cuidados adequados. De modo geral, seguir essas regras ajuda a conservar o sutiã em bom estado.
>
> - Não use alvejante à base de cloro. Isso enfraquece o elástico. A melhor forma de lavá-lo é à mão, em água morna. Se quiser lavá-lo à máquina, opte por água fria. Para evitar esticá-lo na máquina, coloque-o em um saquinho próprio para *lingerie* durante a lavagem.
> - Não coloque na secadora sutiãs de algodão, com bojo de arame ou com acabamentos finos. Podem encolher e se desgastar e os arames podem estragar com o movimento da máquina e o calor (mesmo baixo). Alguns tipos de sutiãs de *nylon* podem ser postos na secadora, na temperatura baixa. Sempre leia a etiqueta, para confirmar.
> - Não use o mesmo sutiã por mais de dois dias seguidos, pois o elástico pode se desgastar mais rapidamente.

Encontrando o sutiã certo

Encontrar o sutiã certo nem sempre é fácil. (Uma vendedora especializada pode ajudá-la nessa tarefa.) Experimente diversos tamanhos, estilos e marcas antes de escolher.

Se seus seios se destacam mais em cima ou dos lados, experimente um sutiã com bojo maior. Se o bojo enrugar ou amarrotar, é porque o sutiã está muito grande. Tente um tamanho menor ou um estilo diferente. Procure um sutiã com alças ajustáveis. Elas permitem que você acomode melhor ambos os seios. O sutiã deve encaixar bem, mas não pode ficar apertado. O ideal é que você possa passar dois dedos sob a faixa nas costas, que deve ficar bem reta. Para verificar o encaixe, junte as mãos acima da cabeça: se o sutiã subir, não serve.

Na parte da frente, o centro do sutiã deve ficar rente ao osso esterno. Se ele se erguer do esterno, experimente um mais largo. Igualmente, se as alças ficarem enterradas nos ombros, ou se o arame incomodar, tente outro, mais largo.

Quando encontrar um sutiã de seu gosto, experimente-o em um outro tamanho e escolha o mais confortável.

Tipos e estilos

Existem todos os tamanhos e formas de seios. (Ver Figura 17.) De sutiãs, também. *Sutiãs com enchimento* dão a impressão de que os seios são maiores. O enchimento é uma espuma de borracha ou algodão dentro do bojo. Há outro tipo de enchimento que vem separado, e que você pode colocar dentro do bojo.

Outro tipo de sutiã com enchimento é um que aproxima os seios, levantando-os e os fazendo parecer maiores. Já os sutiãs com arame possuem um arame flexível costurado na borda inferior e nos lados do bojo, para suporte. Também estes levantam os seios, dando-lhes uma aparência maior. São feitos com bojo total ou parcial. Os de bojo parcial podem não proporcionar suporte suficiente para seios grandes. O estilo com bojo total dá uma aparência de suavidade e ajuda a sustentar melhor os seios.

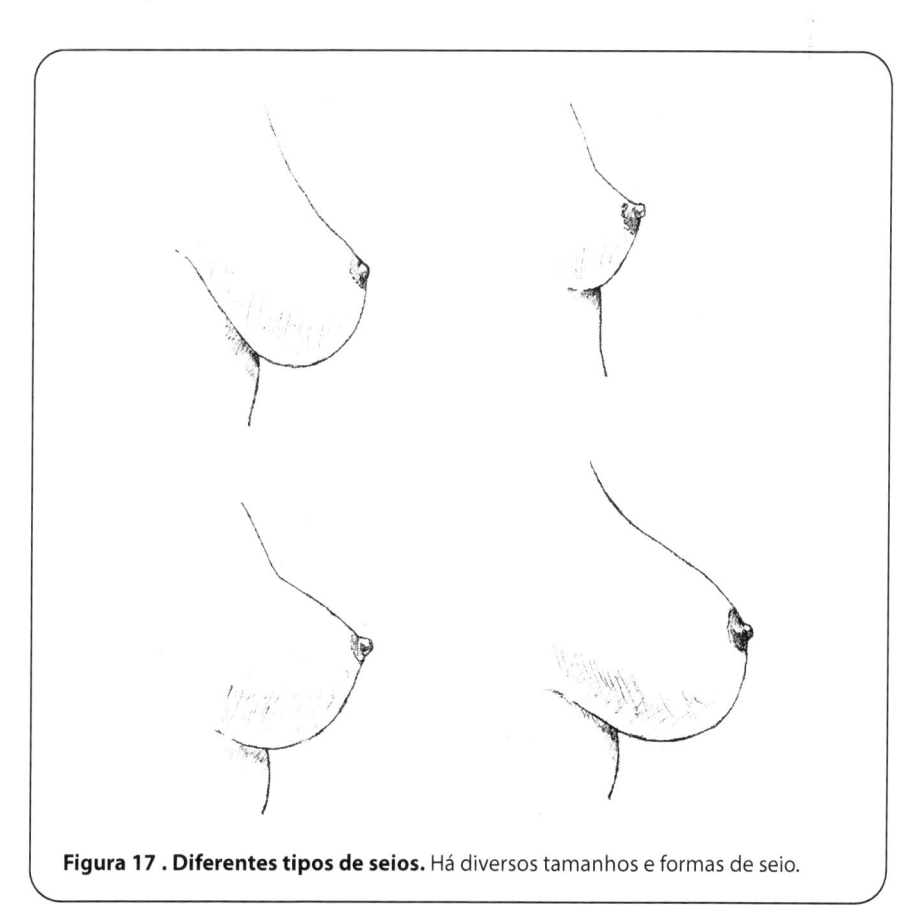

Figura 17 . Diferentes tipos de seios. Há diversos tamanhos e formas de seio.

Os sutiãs com *bojo macio* não têm arame. Geralmente, são confortáveis, mas podem não sustentar muito bem, deixando os seios balançarem. Há também sutiãs com pregas no bojo. Isso significa que dois ou mais pedaços de material foram costurados para formar o bojo. Esse tipo de sutiã ergue o seio, dando-lhe uma forma mais bonita, mas os sutiãs sem pregas dão uma aparência melhor.

SUTIÃS PARA A PRÁTICA DE ESPORTES

Se você gosta de praticar esportes, precisa de um bom sutiã para isso. Os bons são feitos de material que afasta o suor dos seios. Assim, você se sente mais refrescada.

Esses sutiãs restringem o movimento dos seios de duas maneiras. O de "compressão" pressiona os seios contra o peito. Funciona bem para seios pequenos ou de tamanho médio. Para seios maiores, os com bojo moldado são melhores, além de ser uma boa escolha para quem necessita de proteção extra (em jogos como basquete ou futebol, por exemplo). Verifique se seu sutiã esportivo tem ao menos 25% de *lycra* ou algum outro material que restrinja o movimento dos seios.

Não use sutiãs com pregas sobre os mamilos. Elas podem causar dor e irritação (uma condição conhecida como "mamilo de corredora"). Verifique se o sutiã não causa atrito em volta das axilas, do tórax ou nas costas. Os fechos devem ser cobertos para que o metal não pressione a pele. Cuidado para que as alças não afundem nos ombros. Pule um pouco e corra sem sair do lugar para verificar tudo isso antes de comprar.

SENTIMENTOS EM RELAÇÃO AO DESENVOLVIMENTO DOS SEIOS

Geralmente, as meninas ficam animadas com o desenvolvimento dos seios. Uma delas nos disse:

> Fiquei tão feliz quando meus seios começaram a crescer! Primeiro, os mamilos aumentaram. Depois, os seios começaram a se destacar. Fiquei orgulhosa. Senti-me adulta. Vivia exibindo-os para minha mãe e minha irmãzinha.
>
> – Sharon, 13

Várias mulheres se lembram de ter sentido vergonha em relação aos seios. Uma moça de 22 anos nos disse:

> Eu enrolava uma daquelas bandagens – do tipo que a gente põe no tornozelo quando torce – em volta do peito para ficar reta. Usava casaco a maior parte do tempo e também roupas largas. Agora que sou mais velha, dou risada disso, mas na época não era nada engraçado.
>
> – Nadine, 22

As mulheres que se desenvolvem cedo não são as únicas que sentem vergonha. Aquelas que demoram também se sentem embaraçadas. Uma mulher, hoje com 30 e poucos anos, nos contou:

> Só comecei a me desenvolver após os 16 anos. Todo mundo – e quero dizer todo mundo mesmo – tinha seios, menos eu. Todas usavam sutiã, e lá estava eu com camiseta por baixo da roupa. Fui reprovada em educação física no colégio porque não tomava banho depois da aula. Tinha muita vergonha de meu peito reto. Por fim, minha mãe me comprou um sutiã com enchimento. Meus seios acabaram se desenvolvendo, mas durante muitos anos antes disso, sentia-me mal comigo mesma.
>
> – Cecilia, 33

Outra nos disse:

> Só comecei a me desenvolver com 17 anos. Achei que havia alguma coisa terrivelmente errada comigo. Talvez eu fosse um homem, em vez de uma mulher. Nossa, e as gozações que tinha de aguentar? Os meninos me chamavam de "tábua de passar" por causa do meu peito reto.
>
> – Margaret, 56

Mesmo algumas meninas que se desenvolveram ao mesmo tempo que a maioria das outras confessam ter tido vergonha. Nas palavras de uma delas:

> Comecei a me desenvolver mais ou menos na mesma época que as outras. Achava isso bom, mas tinha vergonha, principalmente na escola.
>
> – Kim, 16

ATENÇÃO INDESEJADA E ASSÉDIO SEXUAL

Nossas famílias, nossos amigos ou as crianças na escola às vezes brincam conosco por causa do desenvolvimento dos nossos seios. Até estranhos podem fazer comentários a respeito das mudanças em nosso corpo. Meninos e homens assobiam ou fazem comentários sexuais. Conheci uma menina que gostava desse tipo de atenção:

> Se estou andando na rua e um cara diz: "Olha só....!!", ou assobia, ou qualquer coisa assim, eu me sinto muito bem, como se ele estivesse dizendo: "Puxa, você é bonita", principalmente se estou com uma amiga ou com um bando de meninas.
>
> – Myra, 16

A maioria das meninas, contudo, não gosta disso. Uma delas nos relatou:

> Detesto quando os meninos olham para meus seios ou assobiam, ou gritam coisas para mim. Eu me sinto um pedaço de carne. Fico nervosa e me sinto tola. Afinal, o que a gente pode fazer? Gritar para eles também? Como eles se sentiriam se as meninas passassem por eles na rua, olhassem para suas calças e gritassem: "Caramba, que pênis grande o seu!" Mas os meninos fazem isso. Dizem coisas do tipo: "Olha só os melões!" Não gosto disso.
>
> – Renee, 14

A maneira de lidar com esse tipo de atenção indesejada depende da situação. Se ela vem de estranhos – por exemplo, homens que passam por você dentro de um carro –, provavelmente é melhor ignorar. Há muitos loucos no mundo. Não entre numa disputa de gritos na rua com um doido.

Em outras situações, você pode lidar com as coisas de outro modo. Suponha que você passe em frente a uma construção ou uma loja a caminho da escola todos os dias. Há um grupo de homens que trabalha ou mora por ali. Todo dia, quando você passa, eles fazem ruídos, gestos ou comentários sexuais. Nesse tipo de situação, você ou seus pais podem entrar em contato com o dono da loja ou o chefe da empresa e explicar o problema, apontando para o fato de que ele – o chefe ou dono – é responsável por não deixar que isso continue acontecendo.

Atenção indesejada de estranhos é irritante. Pode ser mais que irritante se vier de pessoas que você conhece e se acontecer na escola ou na vizinhança. Se isso ocorrer com frequência, sua escola ou sua vizinhança pode se converter num lugar de sofrimento diário. Quando a atenção indesejada vai longe demais, ela se torna *assédio sexual*. A experiência de uma garota vítima desse tipo de assédio é contada em "A história de Erica".

Ninguém tem o direito de fazer comentários ou gestos sexuais, ou tomar atitudes ousadas se você não quiser – nem seus professores, nem os vizinhos, nem os colegas, nem qualquer pessoa adulta. Qualquer tipo de comportamento indesejável de natureza sexual pode ser considerado assédio sexual.

O assédio sexual tem muitas formas – verbal, escrita ou física. Pode incluir piadas, provocações, pedidos de favores sexuais, comentários sobre o corpo, comentários ou perguntas a respeito de suas atividades sexuais passadas ou presentes, "piadas ou histórias sujas", rumores de cunho sexual, ou ameaças de violência sexual. Também pode se manifestar na forma de pichações sexuais, bilhetes, desenhos ou gestos sugestivos, olhares ou sorrisos maliciosos. Às vezes, o assédio sexual envolve contato físico, incluindo toques ou agarramentos.

É comum ocorrer assédio sexual na escola. Em uma importante pesquisa, oito em cada dez adolescentes disseram que já foram assediados sexualmente na escola. Tanto meninos quanto meninas podem ser vítimas, assim como ambos podem ser os assediadores. Na mesma pesquisa, quase sete entre dez meninos e cinco entre dez meninas admitiram ter assediado outros estudantes. Também os professores e outros adultos podem ser assediadores, mas o assédio entre colegas é muito mais comum. Esse tipo de assédio costuma ser chamado de "assédio sexual entre pares".

Como lidar com o assédio sexual entre pares

Dizem, de modo geral, que devemos "simplesmente ignorar". Em alguns casos, talvez essa atitude acabe com o assédio. Na maioria das situações, porém, o assédio sexual não para a menos que alguém confronte o assediador e lhe ordene que pare.

Há várias coisas que você pode fazer se for assediada na escola. Dependerá do que acontecer, de quantas vezes acontecer e do grau de seriedade. Eis algumas sugestões:

A HISTÓRIA DE ERICA

O texto a seguir está no site de Erica para vítimas de assédio sexual (http://erosen.tripod.com/shhelp/index.html):

Se você já foi assediada por colegas de escola, talvez ache que isso não passa de um caso de "menino é assim mesmo". Como muitas outras vítimas, pode ser que você simplesmente aceite a situação como uma coisa com a qual deve lidar. Mas o assédio ocorrido numa idade ainda muito jovem pode ter efeitos prejudiciais.

Conheço os problemas que podem surgir quando enfrentamos uma coisa assim. Tendo sido vítima de assédio, procurei um modo de encontrar apoio de outras vítimas. Entrei em contato com muitos grupos – desde centros para aconselhamento em caso de estupro até organizações que ensinam acerca do assédio. Disseram-me que eu poderia entrar para um grupo de apoio a vítimas de ataque sexual.

A conselheira me disse que eu estava enfrentando problemas semelhantes àqueles de uma mulher que foi estuprada [forçada a fazer sexo – ver páginas 205- -206]. Eu tinha medo de que aquelas pessoas que haviam sido fisicamente machucadas ficassem ressentidas comigo. Podiam achar que meus problemas não eram tão ruins quanto os delas. A conselheira me garantiu que elas me apoiariam.

Todos os membros do grupo tinham a mesma história. Um dia, o estupro aconteceu e a vida daquelas pessoas mudou. Haviam sido tomadas por dor e raiva da pessoa que fizera aquilo com elas. Gostariam de saber quando voltariam a ser elas mesmas.

Muitas diziam coisas que eu sempre senti. As emoções eram semelhantes. Mas não ouvi algumas daquelas coisas principais que, para mim, eram as piores. Senti que nunca tive chance de desenvolver minha personalidade antes de o assédio começar. Não tinha como voltar a ser eu mesma, porque não havia "eu mesma". No meu caso, não havia acontecido um dia uma coisa horrível. Era algo que eu vivia todos os dias, por anos a fio. Todos os dias eu tinha de me sentar numa sala de aula perto de pessoas que me assediavam. Tinha de fazer trabalhos escolares com elas. Tinha de viver na mesma vizinhança que elas. Tinha de aguentar as meninas me chamando de piranha por causa do modo como os meninos falavam comigo. Pouco importava que nunca tivesse sido sexualmente ativa.

O que acontecia comigo era na frente de pessoas adultas. Uma vítima de estupro poderia ter procurado a ajuda de adultos. Mas, no meu caso, a situação era considerada apenas comportamento adolescente, e ninguém falava nada. Os professores só perguntavam se algum problema em casa seria o motivo de minhas notas cada vez mais baixas. Uma vez uma professora de dança me dis-

> se que eu precisaria usar um sutiã próprio para esporte porque todos os "caras" estavam olhando para mim.
> Sei que deve haver milhares de vítimas. Mas acho que elas não percebem o quanto sofrem. Eu não percebia. Meus professores não me ajudavam, e eu aceitava. Escondi a dor e a raiva dentro de mim. Até que um dia explodiu, e percebi o quanto aquilo me afetava.
> O assédio não afetava só a mim, mas também às meninas que viam tudo. Fazia com que elas pensassem que é aceitável uma menina ser tratada como objeto sexual e humilhada porque algo no corpo dela é bonito.
> Sei que os meninos que me assediavam não achavam que era errado tratar uma mulher daquela forma. Um deles frequenta a mesma universidade que eu. No ano passado, ele me ligou tarde da noite. Queria se encontrar comigo para "nos divertirmos". Mais tarde, ele estuprou uma garota que morava em seu dormitório.
> Criei um *site* na internet para aquelas pessoas que enfrentaram a atitude de "menino é assim mesmo".

- Diga ao assediador que pare.
- Escreva uma carta ao assediador. (Pode enviá-la pelo correio, entregá-la pessoalmente ou pedir a outro aluno ou a algum adulto que a entregue.)
- Peça ajuda de seu pai ou de sua mãe, de um professor ou conselheiro da escola. (É mais provável que o assediador dê ouvidos a um adulto.)
- Relate o problema ao diretor. Peça que lhe mostre um documento com as políticas da escola para lidar com o assédio sexual.

Se nada disso der certo, a última sugestão da lista deve ser partir para a ação. Nos Estados Unidos, já houve casos de escolas processadas e condenadas, destinadas a pagar grande quantia em dinheiro a vítimas de assédio, por não terem dado atenção às reclamações de estudantes. Foram casos que envolveram incidentes repetidos de assédio sexual entre pares, tão graves a ponto de afetar o desempenho dos alunos. A discriminação sexual é proibida nas escolas. Informe-se a respeito disso. A ameaça de um processo judicial deve ser levada a sério pelos responsáveis de um colégio.

Esperamos que você encontre um modo de acabar com o assédio sexual, se estiver sendo vítima dele. A puberdade é uma fase especial, um momento de sentir-se orgulhosa de sua sexualidade em desenvolvimento. Ninguém tem permissão de interferir nesses bons sentimentos.

3
PELOS PÚBICOS E OUTRAS MUDANÇAS "LÁ EMBAIXO"

As MULHERES DE GERAÇÕES PASSADAS NUNCA falavam de seus órgãos sexuais. Se tivessem de mencionar "essas coisas", diziam apenas "partes íntimas" ou "lá embaixo". Mas você sabe que vulva é o nome dos órgãos sexuais na parte externa de seu corpo.

No capítulo 1, você aprendeu os nomes de algumas partes da vulva – o monte (de Vênus), o clitóris, os lábios internos e externos. Neste capítulo, você fará conosco uma excursão pelo próprio corpo. Aprenderá mais a respeito das diferentes partes da vulva e como elas mudam quando você entra na puberdade.

Uma mudança na vulva é o crescimento dos *pelos púbicos*. Neste capítulo, você vai aprender sobre os cinco estágios de crescimento dos pelos púbicos. Para a maioria das garotas, o desenvolvimento dos pelos púbicos e dos seios é o primeiro sinal da puberdade, por isso falaremos de idades e estágios, bem como do início dessa fase.

Durante a puberdade, a vulva se torna muito sensível aos pensamentos e sentimentos sexuais. No fim deste capítulo, abordaremos essa mudança.

PELOS PÚBICOS

Em mulheres adultas, o monte de Vênus é coberto por pelos púbicos enrolados, em formato de triângulo invertido. Durante a puberdade, os primeiros pelos púbicos aparecem. Às vezes, não são muito escuros. No avanço da puberdade, eles escurecem; no fim, provavelmente serão tão ou mais escuros que os cabelos na cabeça, ou talvez se tornem de uma cor totalmente diferente. Existem pelos púbicos de todas as cores – loiros, castanhos, pretos e ruivos. Algumas mulheres têm muitos pelos púbicos. Outras, menos. A quantidade dependerá da química do corpo e da predisposição genética. Fatores étnicos e raciais são importantes para determinar isso. Por exemplo, alguns especialistas dizem que as asiáticas costumam ter menos pelos púbicos que as mulheres de outras raças. (Entretanto, os especialistas não dizem quem consideram "asiáticas".)

Os sentimentos em relação aos pelos púbicos

Para algumas meninas, os pelos púbicos são o primeiro sinal da puberdade. Algumas garotas com quem conversamos estavam animadas com o crescimento deles. Outras não ficaram 100% felizes. Muitas disseram que estavam ao mesmo tempo animadas e, às vezes, assustadas ou inseguras. Veja alguns depoimentos:

> Um dia, eu estava tomando banho e notei três pequenos pelos púbicos. Comecei a gritar por minha mãe, chamando-a para ver. Senti que já era adulta.
>
> – JOCELYN, 9

> Não estava preparada. Lembro que quando vi pela primeira vez que estavam nascendo os pelos púbicos, pensei: *Ah, não, não quero que isso aconteça ainda.* Depois, desenvolveram-se os seios. Parecia que de repente eu começava a ter um corpo adulto, mas ainda me sentia criança por dentro.
>
> – MEGAN, 13

> Fiquei com medo de me tornar totalmente adulta e ter de usar salto alto o tempo todo, em vez de continuar brincando, subindo em árvores como uma moleca, mas na verdade continuei fazendo as mesmas coisas de antes.
>
> – JANELLE, 15

> **NADA DE ARRANCAR, POR FAVOR!**
>
> Vi aqueles pelos pretos, enrolados. Não sabia o que eram, por isso peguei a pinça e arranquei. Logo cresceram de novo. Havia cada vez mais pelos. Por isso, achei que devia ser normal.
> – Kate, 9
>
> Várias meninas diziam que arrancavam os primeiros pelos púbicos. Mas isso não nos livra deles. Eles crescem de volta. E, ai! Arrancar pelos púbicos dói!

Você pode se sentir bem ou não (ou um pouco de ambos) em relação às mudanças que ocorrem em seu corpo. De qualquer forma, é bom ter com quem conversar a respeito desses sentimentos. A leitura deste livro em companhia de outra pessoa pode ser uma boa maneira de você começar a falar dessas mudanças.

CINCO ESTÁGIOS DO CRESCIMENTO DOS PELOS PÚBICOS

Os médicos classificam o crescimento dos pelos púbicos em cinco estágios, mostrados na Figura 18. Leia as definições de cada um deles nas páginas a seguir. Depois, compare seu corpo com as ilustrações. Qual estágio tem a ver com o ponto de crescimento de seus pelos púbicos?

Aliás, os estágios dos seios e dos pelos púbicos nem sempre combinam. Você pode estar em um estágio de desenvolvimento dos seios e em outro diferente de crescimento dos pelos. Por exemplo, é possível estar no segundo estágio de desenvolvimento dos seios e no primeiro de crescimento dos pelos púbicos (ou vice-versa). Portanto, não se preocupe se seus seios e pelos púbicos não estiverem no mesmo estágio. É perfeitamente normal! Quando os estágios dos seios e dos pelos não combinam, a diferença geralmente não é grande. Porém, às vezes é. Em algumas ocasiões, um tipo de desenvolvimento é bem mais lento que o outro. Por exemplo, às vezes uma garota está no quarto estágio de desenvolvimento dos seios antes que os primeiros pelos púbicos apareçam. Isso também é normal.

Estágio 1

Estágio 2

Estágio 3

Estágio 4

Estágio 5

Figura 18. Cinco estágios de crescimento dos pelos púbicos

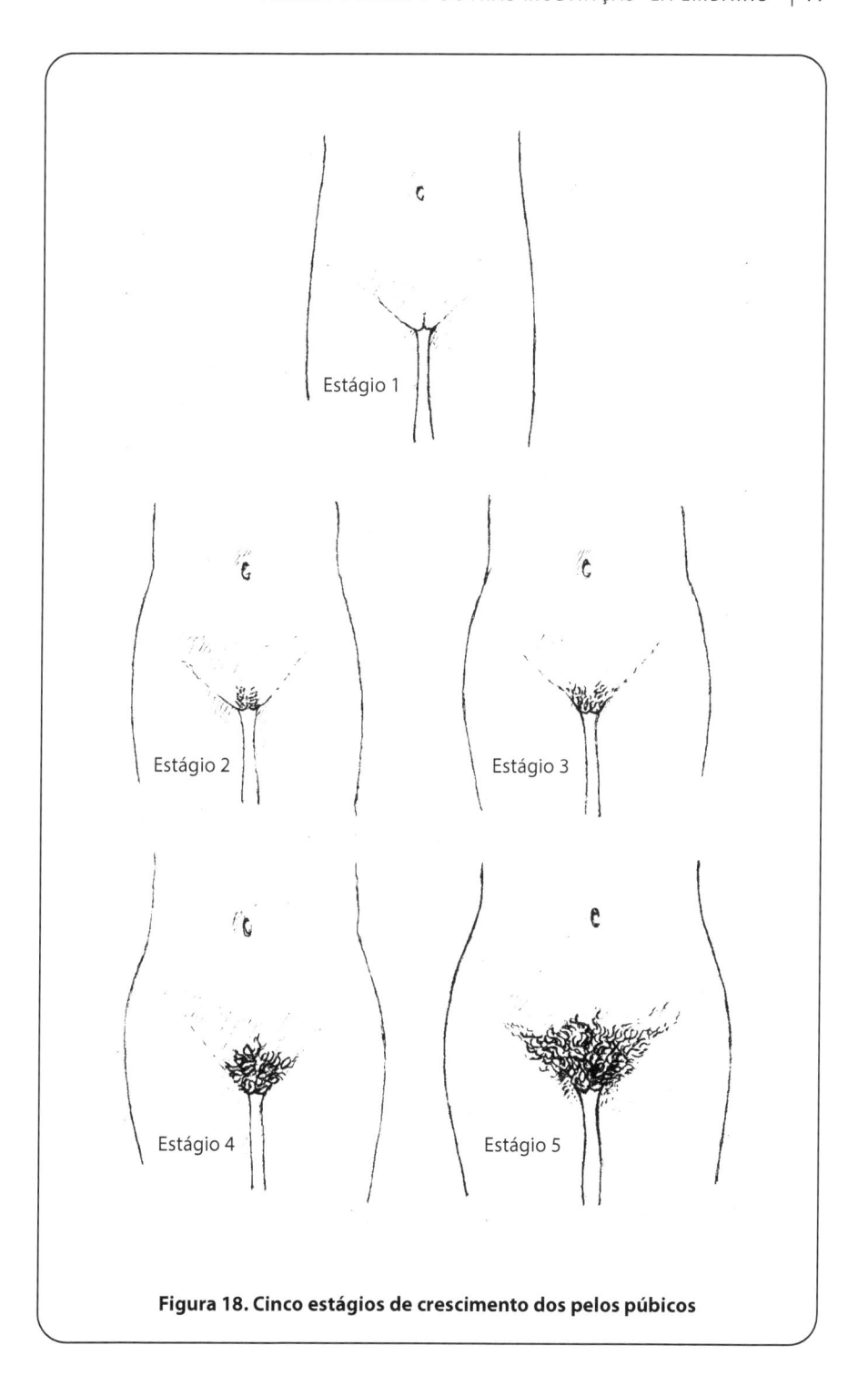

Estágio 1: Infância

É o estágio da fase infantil ou pré-puberdade. A menina ainda não tem pelos públicos. Você pode ter pelos na vulva nesse estágio. Se tiver, é do tipo claro, liso, que também pode ser visto na barriga e em outros lugares. Esse pelo infantil é curto, fino e quase não tem cor. Não é pelo púbico.

Estágio 2: Os primeiros pelos púbicos

Esse estágio começa quando surgem os primeiros pelos públicos, que costumam ser retos ou um pouco enrolados. Já têm alguma cor, mas não muita. São mais ásperos e mais longos que os pelos da infância, próprios do primeiro estágio. Esses primeiros pelos geralmente crescem nas bordas dos lábios externos. Podem ser muito poucos. Talvez você precise olhar com muita atenção para notá-los.

A maioria das meninas começa a ter pelos públicos no segundo estágio, entre 8 anos e meio e 11 anos de idade. No entanto, algumas são mais novas ou mais velhas quando entram nessa fase. O estágio 2 dura, em média, de nove a dezesseis meses.

Estágio 3: O crescimento se estende para o monte de Vênus

Nesse estágio, os pelos públicos crescem no monte de Vênus, assim como nos lábios externos; a maioria no centro do monte, acima dos lábios. A quantidade de pelos é maior que no segundo estágio, mas ainda não é muito grande. Os pelos são mais escuros e enrolados. O terceiro estágio pode durar poucos meses ou até dois anos ou mais.

Estágio 4: O crescimento continua

Há bem mais pelos públicos nesse estágio que no anterior. Eles cobrem uma parte maior do monte. Agora são mais escuros, enrolados e mais duros, como de mulheres adultas, mas não cobrem uma área tão vasta como acontecerá no estágio 5. Já dá para ver o começo da forma de triângulo de cabeça para baixo. Não está tão evidente quanto será no estágio adulto. Geralmente, o quarto estágio dura entre oito meses e dois anos ou mais.

Estágio 5: Adulto

No estágio adulto, os pelos públicos são mais duros e enrolados. Estendem-se até as virilhas e costumam crescer na forma de triângulo de cabeça para baixo. Em algumas mulheres, porém, os pelos crescem na direção do umbigo ou sobre as coxas.

Estágios dos pelos púbicos e a primeira menstruação

A maioria das meninas menstrua pela primeira vez no terceiro ou quarto estágio de desenvolvimento dos pelos púbicos. Algumas só começam a menstruar no estágio 5. Algumas garotas começam a menstruar enquanto ainda estão no segundo estágio dos pelos púbicos, embora seja raro.

Se você menstruar ou tiver algum sangramento antes de desenvolver os seios ou ter pelos púbicos, consulte um médico para ver se está tudo bem.

O INÍCIO DA PUBERDADE: IDADES E ESTÁGIOS

Os pelos púbicos podem ser o primeiro sinal externo de que uma menina está entrando na puberdade. Na verdade, os pelos púbicos ou os brotos mamários (ou ambos) são os primeiros sinais da puberdade, para a maioria das meninas. Quando a garota chega ao estágio 2 do crescimento dos pelos púbicos ou do desenvolvimento dos seios, ela está oficialmente na puberdade.

Mas lembre-se: a puberdade começa em idades diferentes para cada menina. Todas nós temos nossa programação pessoal de desenvolvimento.

Veja as garotas da Figura 19. Ambas são completamente saudáveis e normais, em todos os sentidos. A menina à direita tem só 10 anos. Já entrou na puberdade. Aliás, já está no terceiro estágio de desenvolvimento dos seios e no terceiro estágio de crescimento dos pelos púbicos. A menina à esquerda tem quase 12 anos. Ainda não começou a se desenvolver. Não entrou na puberdade.

Essas meninas têm programações diferentes e se encontram em estágios diferentes de desenvolvimento, mas ambas estão se desenvolvendo normalmente, na idade certa e no momento certo para seu corpo.

Começo adiantado/começo atrasado – Por quê?

Por que algumas garotas começam cedo, ainda muito novas, e outras só quando são mais velhas? Não sabemos a resposta completa a essa pergunta. O pouco que sabemos é surpreendente. Por exemplo, o *lugar onde* você mora pode afetar *o momento em que* começa a puberdade. Meninas que vivem em áreas altas nas montanhas começam a se desenvolver mais tarde que aquelas que moram perto do nível do mar. Alimentação e nutrição também podem

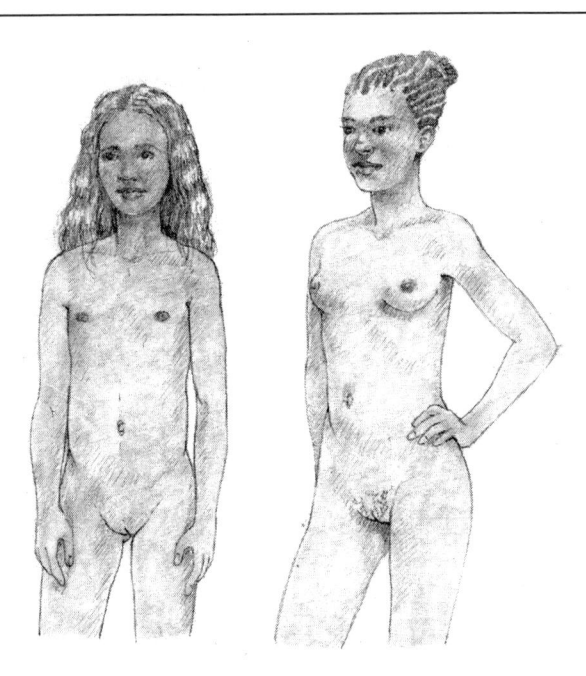

Figura 19. Duas garotas. A garota à esquerda tem quase 12 anos. Ainda não entrou na puberdade. A outra, à direita, tem 10 anos, mas já está no estágio 3 de desenvolvimento dos seios e crescimento dos pelos púbicos.

afetar a idade em que começará a puberdade. Meninas subnutridas tendem a se desenvolver mais tarde que garotas que seguem dietas apropriadas. Por outro lado, meninas acima do peso costumam se desenvolver antes das que têm peso normal.

Propensões familiares

As tendências naturais de sua família têm muito a ver com o momento em que você se desenvolverá. Geralmente, as meninas puxam aos parentes do sexo feminino. Por exemplo, se as mulheres de sua família entraram na puberdade cedo, possivelmente você também entrará. Se você vem de uma família em que as mulheres demoram a começar a se desenvolver, provavelmente só entrará na puberdade em idade um pouco mais avançada.

Isso, porém, não é uma regra infalível. Talvez você seja diferente de sua família. É possível, por exemplo, que uma menina cujas parentas demoraram a entrar na puberdade se desenvolva na média ou até antes. Além disso, as mulheres de sua família podem não ter um padrão regular. Podem ser uma mistura daquelas que entraram na puberdade cedo, na média ou tarde. Geralmente, porém, é assim que funciona entre as mulheres. Vale a pena perguntar a elas quando começaram a se desenvolver.

A puberdade começa mais cedo hoje em dia

A maioria das mulheres em sua família é mais de dez anos mais velha que você? Se for, talvez você entre na puberdade antes da idade que elas entraram. Hoje em dia, parece que as garotas estão desenvolvendo seios e pelos púbicos mais cedo do que dez ou vinte anos atrás.

No passado, em média, o desenvolvimento dos seios e dos pelos púbicos começava por volta dos 11 ou 12 anos de idade. Em 1997, porém, uma nova pesquisa indicou que as meninas se desenvolviam mais novas. Esse estudo foi realizado com mais de dezessete mil meninas americanas brancas e afrodescendentes, entre 3 e 12 anos. Em média, as meninas negras entravam na puberdade entre 8 e 9 anos, enquanto as brancas começavam mais tarde, por volta dos 10 anos de idade.

Havia também muitas meninas no estudo que começavam a se desenvolver ainda mais jovens. Vinte e sete por cento das meninas americanas afrodescendentes tinham começado a desenvolver seios ou pelos púbicos, ou ambos. Por volta de 7% das meninas brancas de 7 anos haviam começado a desenvolver os seios ou os pelos púbicos, ou ambos (*27% significa 27 em cada 100; 7% significa 7 em cada 100*).

Propensões raciais e étnicas

Diferentes grupos raciais e étnicos podem ter diferentes idades para o começo da puberdade. Em nosso país, há meninas de diversos grupos raciais e étnicos. Infelizmente, não existem estudos atualizados de todos esses grupos diferentes. A pesquisa mencionada acima, que compara meninas negras e brancas, é uma das poucas. Demonstrou, em média, que as garotas de descendência africana começam a se desenvolver um ano ou um ano e pouco antes das brancas. Não sabemos exatamente por que existem essas diferenças. Tampouco sabemos muito a respeito de outros grupos raciais ou étnicos. Mas podemos supor, com certo grau de precisão, que, na média, as meninas de outros grupos raciais e étnicos provavelmente entram na puberdade alguns meses antes das garotas brancas.

Lembre-se, porém, de que nem todas as pessoas estão na média. Algumas meninas desenvolvem seios e pelos púbicos muito antes, ou muito depois, da média de seu grupo. Além disso, há muitas garotas brancas que se desenvolvem *antes* de suas colegas de escola afrodescendentes. Por mais difícil que seja "ser diferente", lembre-se de que não existe uma idade "certa" para todos. Seu corpo está se desenvolvendo na idade certa para você.

Sou normal?

Parece que todo mundo faz essa pergunta em determinado momento durante a puberdade. A resposta é quase sempre "sim", mas, às vezes, algum problema médico pode atrasar ou adiantar a puberdade. Nem sempre é fácil saber quando é "muito cedo" ou "muito tarde". Por isso, nas páginas seguintes, daremos algumas orientações para você saber se é ou não necessário consultar um médico. Os médicos são capazes de tratar esses problemas.

Às vezes, as colegas de classe de uma menina já entraram na puberdade, mas ela ainda não mostrou o menor sinal. Geralmente, isso significa apenas que ela é do tipo que se desenvolverá mais tarde. De vez em quando, porém, uma garota pode ter algum problema que a impeça de entrar na puberdade. De modo geral, as meninas que ainda não desenvolveram nenhum sinal de puberdade até os 13 ou 14 anos devem consultar um médico. Em outras palavras, uma menina que ainda esteja no estágio 1 de desenvolvimento dos seios *e* no estágio 1 de crescimento dos pelos púbicos até os 14 anos deve ser examinada por um médico. No caso das garotas afrodescendentes, como se desenvolvem antes, devem usar os 13 anos como referência.

Meninas que começam cedo geralmente se preocupam tanto quanto as que demoram a se desenvolver. Na maioria dos casos, porém, o desenvolvimento prematuro não significa que há algo errado com a jovem. Significa apenas que ela está se desenvolvendo antes das outras garotas. Às vezes, no entanto, pode ser um sinal de problema médico. Meninas afrodescendentes que desenvolvem pelos púbicos ou seios antes dos 6 anos devem consultar um médico. As outras devem procurar o médico se começarem a se desenvolver antes dos 7.

Claro que você não precisa sempre seguir essas orientações à risca. Se sentir que alguma coisa não está bem com o desenvolvimento de seu corpo, consulte um médico, independentemente de sua idade. Caso tenha mesmo um problema, haverá tempo de tratar. Se não tiver problema algum, você se sentirá mais tranquila sabendo que está tudo bem.

A VULVA – UMA EXCURSÃO COM GUIA

Agora, de volta às mudanças na vulva. A Figura 20 mostra a vulva de uma menina que acabou de passar pela puberdade. Se você ainda não entrou na puberdade ou está entrando nela, sua vulva não será igual à de uma jovem plenamente desenvolvida. Durante a infância, os lábios externos são macios e sem pelos, e os lábios internos não são muito observáveis. As aberturas urinária e vaginal são minúsculas e difíceis de enxergar. Na puberdade, os pelos púbicos começam a crescer no monte de Vênus e nos lábios externos. Os lábios internos se tornam carnudos. O clitóris fica maior. As aberturas urinária e vaginal também são maiores e mais fáceis de discernir do que na infância. O *hímen*, um fino pedaço de tecido dentro da abertura vaginal, também é mais observável. (Falaremos mais do hímen no decorrer de nossa excursão.)

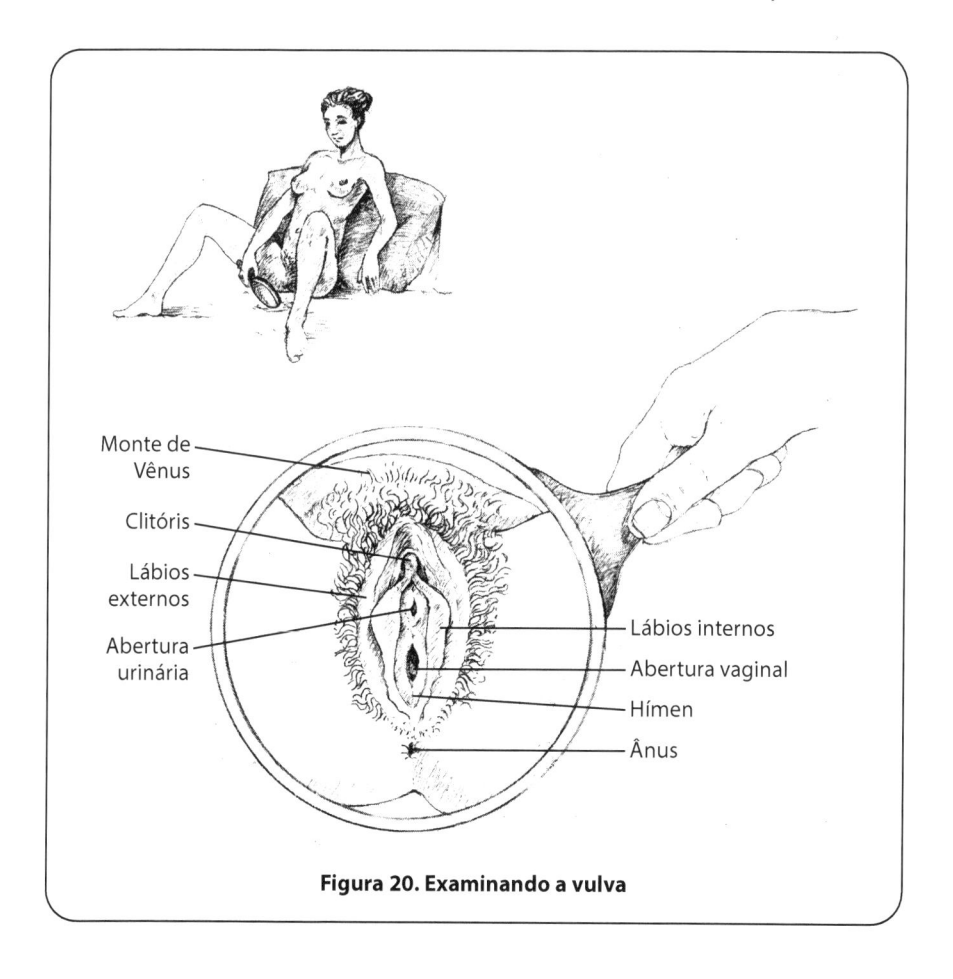

Figura 20. Examinando a vulva

Na garota madura vista na Figura 20, os pelos púbicos chegaram ao estágio 5. Os lábios internos e externos são volumosos. O clitóris, a abertura urinária e a abertura vaginal já têm um tamanho adulto.

A garota mostrada na parte de cima da figura está usando um espelho para observar a vulva. Com o espelho, é fácil ver as diferentes partes da vulva. Você pode aprender a respeito desses órgãos comparando seu corpo com esse desenho. Provavelmente, você não é *exatamente* igual ao desenho. Talvez não seja madura como a menina que está ali. O corpo de cada pessoa é um pouco diferente, assim como o rosto é. Mesmo assim, você pode comparar esse desenho com seu corpo e tentar discernir as partes da vulva. Com um pouco de prática, as características de sua vulva ficarão tão claras quanto o nariz em seu rosto.

Algumas meninas acham ótimo usar o espelho para aprender acerca de seu corpo. Uma jovem de nossa classe disse:

> Ah, já me olhei várias vezes. Minha mãe me deu um espelho, me explicou como me ver e me mostrou imagens para eu identificar como serei quando crescer. Ela me ensinou os nomes de tudo.
> – CARLA, 10

Algumas meninas não se sentem à vontade tocando ou olhando os próprios genitais. Outra menina, por exemplo, disse:

> Achei estranho pegar um espelho e me olhar lá, mas estava curiosa. Então, tranquei a porta de meu quarto e dei uma boa olhada. Ainda bem que fiz isso. Agora sinto que me conheço melhor, como se não fosse um grande mistério.
> – RUBY, 12

Outra ainda:

> Eca, é nojento. Eu jamais faria isso. É sujo lá embaixo.
> – CYNTHIA, 11

Algumas garotas aprendem que os genitais são "sujos" ou que é errado observá-los ou tocá-los. Mesmo que ninguém jamais tenha lhe dito isso, talvez você se sinta desconfortável olhando para seus órgãos genitais. As pessoas não falam muito dos órgãos sexuais. E, como todos sabem, quando um assunto não é muito comentado, então deve ser mesmo terrível!

Mas não há nada de terrível ou sujo a respeito da vulva. Algumas pessoas podem não se sentir à vontade com ela por ser uma parte sexual do corpo, e essas pessoas não se sentem à vontade com coisa alguma que tenha a ver com sexo. Outras acham que os genitais são sujos porque as aberturas pelas quais saem urina e fezes localizam-se nessa área. Mas a boca costuma ter mais germes que essa parte do corpo.

Nas páginas seguintes, faremos uma excursão especial pela vulva. Explicaremos como os genitais mudam durante a puberdade. Se você não se sentir à vontade tocando ou observando seus órgãos sexuais, tudo bem. Apenas leia e observe as ilustrações. Não queremos que você faça coisa alguma que lhe cause desconforto. Mas, se quiser, pode usar um espelho para se olhar enquanto lê o livro.

O monte de Vênus

Começaremos a excursão pela parte superior da vulva. É aqui que encontramos o *monte*, ou *monte de Vênus*. Trata-se de uma camada de tecido gorduroso acima do osso púbico. Se ficar em pé, lateralmente em relação ao espelho, verá o monte. É a pequena elevação na área genital. O monte de Vênus protege os ossos púbicos que se encontram abaixo dele. Pressione-o e sentirá esses ossos.

Como você sabe, os pelos púbicos crescem no monte de Vênus durante a puberdade. A camada de tecido gorduroso acima do osso púbico também engrossa. Com isso, o monte se destaca mais.

Os lábios externos

A parte inferior do monte de Vênus se divide em duas dobras de pele. São os *lábios externos*. Eles são um tanto planos e macios antes da puberdade. No decorrer desta, o tecido gorduroso os torna mais grossos. Na idade avançada, os lábios podem perder gordura e se tornar planos e macios de novo.

Nas crianças, os lábios externos geralmente não se tocam. Mas, quando ficam mais gordurosos na puberdade, frequentemente começam a se tocar. Em mulheres adultas, isso é comum. Após o parto ou na idade avançada, os lábios às vezes se separam novamente.

Os lados inferiores dos lábios não têm pelos. Nas crianças, eles são macios. Na puberdade, você poderá notar pequenas protuberâncias na pele nos lados inferiores dos lábios. São glândulas de óleo. Elas produzem uma pequena quantidade de óleo, que mantém a área úmida e a protege contra irritação. Há também glândulas especiais de suor nos lábios externos. Essas glândulas amadurecem na puberdade e podem causar uma mudança no cheiro do corpo. (Para mais informações, ver páginas 119-121).

Na puberdade, essa área pode ser de coloração rosa-clara, até vermelha ou preto-amarronzada. Depende do tom de sua pele. A cor costuma mudar durante a puberdade.

> **NOMES DIFERENTES PARA A MESMA COISA**
>
> *Monte* vem de *mons*, termo latino que significa "pequena colina ou monte". O nome científico é *mons veneris*. *Veneris* é outra palavra latina, que se refere a Vênus, a deusa do amor. Como vemos, o nome científico significa "monte de Vênus", ou "monte do amor".
>
> O monte de Vênus também é chamado de púbis porque protege o osso púbico. Outro nome da mesma raiz é *pubes*. *Pubes* refere-se aos pelos púbicos ou ossos púbicos.
>
> Os lábios internos e externos também se chamam *lábios vaginais*, ou *lábia*. *Lábia* vem do latim, *labia*, que significa lábios. *Majora* também é um termo latino, que significa "primeiro em importância ou tamanho". Os lábios externos vêm antes dos internos e costumam ser maiores. Por isso, o nome científico deles é *labia majora*. O nome médico dos lábios internos é *labia minora*. *Minora* vem da mesma raiz latina, e significa *menor(es)*.

Os lábios internos

Se você separar os lábios externos, verá dois *lábios internos*. Na puberdade, eles crescem e se tornam mais perceptíveis. Assim como os lábios externos, eles protegem a área no meio. Tendem a mudar de cor e ficar mais enrugados no decorrer da puberdade.

A Figura 21 mostra os lábios internos em várias mulheres. Na maioria delas, eles são menores que os lábios externos, mas em algumas eles se destacam mais que estes últimos. Os dois lábios internos geralmente têm o mesmo tamanho. Às vezes, porém, um é maior que o outro.

Os lábios internos não têm pelos, nem na menina nem na mulher adulta. Costumam ficar mais umedecidos na passagem pela puberdade. Eles também possuem glândulas que começam a produzir óleo durante a puberdade.

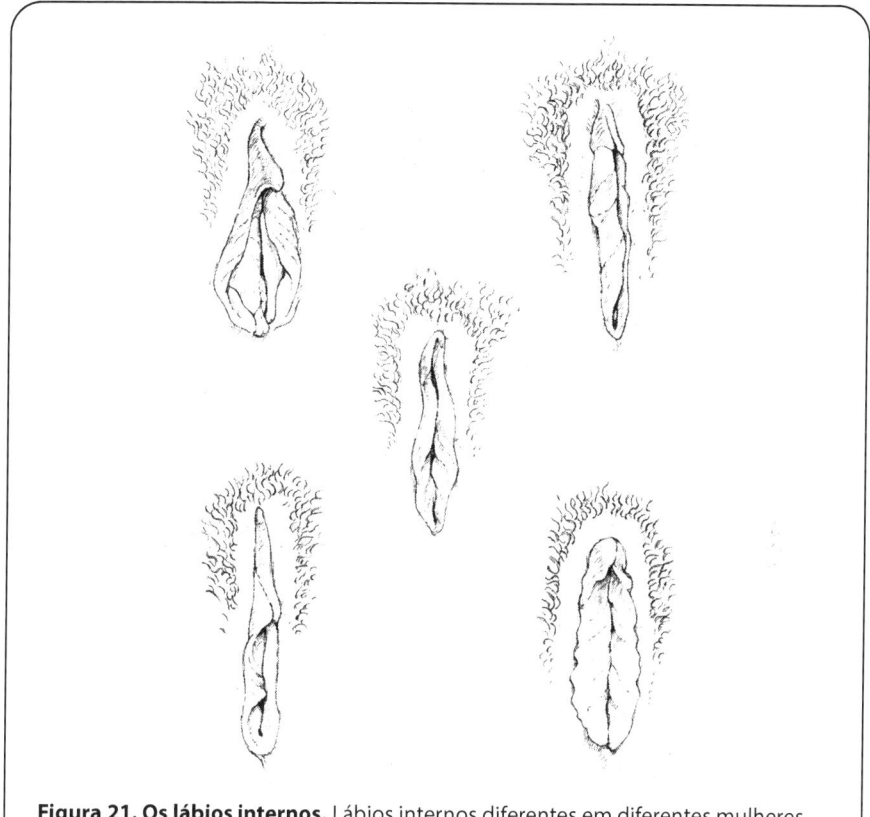

Figura 21. Os lábios internos. Lábios internos diferentes em diferentes mulheres.

O clitóris

Se você seguir os lábios internos caminho acima, em direção ao monte de Vênus, verá que eles se juntam. Na área em que se encontram está a ponta do *clitóris*. (Ver Figura 22.) O tamanho e a forma variam de uma mulher para outra, mas, em mulheres adultas, o clitóris geralmente tem o tamanho da borrachinha de um lápis.

Uma dobra de tecido acima da ponta do clitóris forma uma espécie de "capa", que pode cobrir parte da ponta ou toda ela. Talvez você precise puxá--la para ver o clitóris. Mesmo assim, verá apenas a ponta. O resto do clitóris fica debaixo da pele. Se pressionar a pele acima dele, poderá sentir um cordão com aspecto de borracha. É a haste do clitóris.

O clitóris tem muitas terminações nervosas. Por causa delas, ele e a área em volta são muitos sensíveis ao toque direto ou indireto, ou a pressões. O toque nessa área pode nos proporcionar sensações de excitação, cócegas. Na verdade, o clitóris é um órgão de prazer sexual para as mulheres. No fim deste capítulo, falaremos mais a respeito do prazer sexual. Por ora, continuemos com nossa excursão pela vulva.

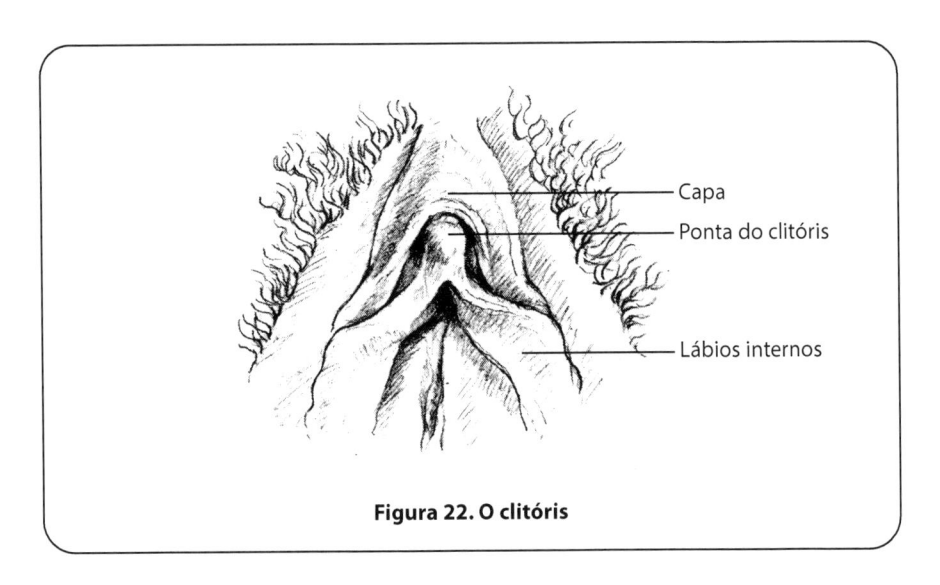

Figura 22. O clitóris

A abertura urinária

Descendo a partir do clitóris, você chega à *abertura urinária*. A urina sai do corpo através dessa abertura. Na puberdade, ela fica maior que na infância.

Talvez seja difícil você ver exatamente onde é essa abertura. Descendo do clitóris em linha reta, é a primeira área com covinhas. Às vezes, se parece com um V de cabeça para baixo. Em ambos os lados da abertura urinária se encontram fendas minúsculas. São aberturas para duas glândulas que produzem pequenas quantidades de fluido que mantêm a área úmida. Em algumas mulheres, as aberturas das glândulas são pequenas demais para discernir. Em outras, são maiores e podem ser confundidas com a abertura urinária.

A abertura vaginal

Depois de encontrar a abertura urinária, você verá facilmente a *abertura vaginal*. Desça a partir da abertura urinária em linha reta e a encontrará. (Lembre-se: a vagina propriamente dita fica dentro do corpo.)

Em meninas ainda novas, a abertura para a vagina não é muito grande. Na puberdade, a vagina começa a crescer e a abertura vaginal aumenta. Ilustrações feitas da abertura vaginal são muito confusas, às vezes. Mostram a abertura vaginal como um buraco preto. Não é.

A vagina é como um balão. Tanto a vagina quanto sua abertura podem expandir várias vezes seu tamanho original. Elas podem se esticar o suficiente para o pênis do homem entrar durante a relação sexual. Quando um bebê nasce, elas se expandem ainda mais. Na maior parte do tempo, a vagina não é esticada, e seus lados ficam murchos, encostando-se. É como um balão ainda vazio. Imagine o que você veria se olhasse através da abertura de um balão murcho. Não seria um buraco preto. Veria as superfícies internas do balão se encostando uma na outra. O mesmo acontece com a vagina. Se olhar por uma abertura vaginal, você não verá um buraco preto, e sim as paredes internas encostando-se uma na outra.

Se estiver usando um espelho para observar seu corpo, faça a experiência. Garantimos que você não verá um buraco preto. No entanto, não prometemos que enxergará as paredes internas da vagina. O hímen pode estar no caminho.

O hímen

O hímen é um pedaço fino de tecido dentro da abertura vaginal. Há vários tamanhos e formas de hímen. Alguns são apenas uma borda de tecido em volta da abertura vaginal; outros se estendem por toda a abertura vaginal, ou parte dela, e possuem uma ou mais aberturas. (Essas aberturas permitem que o fluxo menstrual saia do corpo.) A Figura 23 mostra alguns dos diversos tipos de hímen.

Mesmo com um espelho, talvez você não identifique o hímen. Antes da puberdade, ele é muito fino. Se você ainda não entrou na puberdade, talvez tenha dificuldade para localizá-lo. No decorrer da puberdade, o hímen engrossa. Pode ficar ondulado e com dobras. Com essas mudanças, ele fica mais fácil de ser visto, mas talvez você não perceba a diferença entre as dobras do hímen e as das paredes vaginais. Em mulheres que já tiveram relações sexuais, o hímen é diferente de todas as ilustrações na Figura 23. Quando uma mulher tem sua primeira relação sexual, o pênis ereto do homem entrando em sua vagina faz o hímen esticar, ou pode até rompê-lo. (Isso pode causar um leve sangramento e até desconforto ou dor, embora não perdure.) Em mulheres que já tiveram relações sexuais, o hímen pode ser nada mais que algumas pregas de tecido ou uma borda irregular.

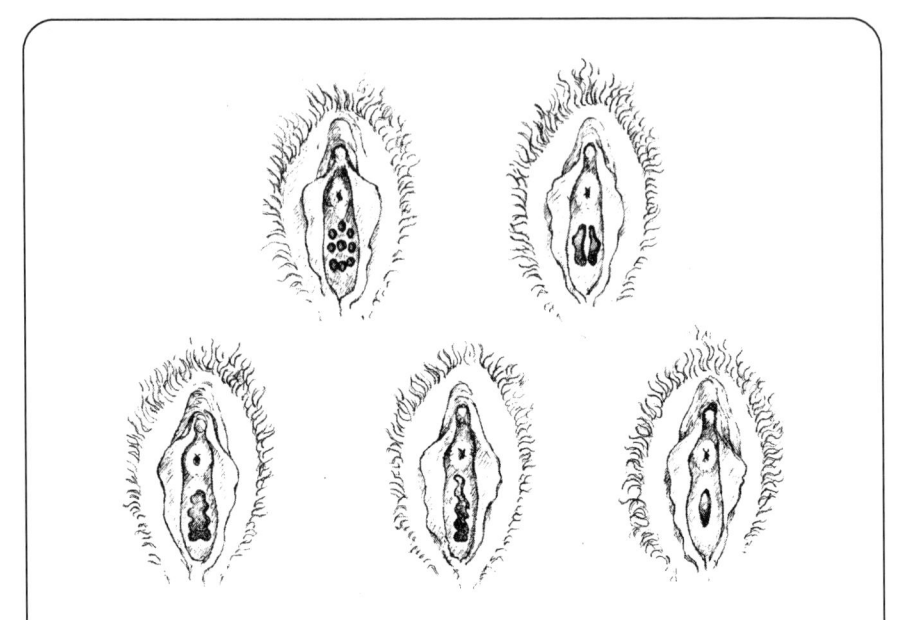

Figura 23. Diversos hímens. O hímen pode ter uma ou duas aberturas grandes, ou até várias pequenas.

O MÉDICO SABE?

Se um médico examinar seu hímen, ele pode saber se você já teve relação sexual?

As meninas fazem essa pergunta por diversos motivos. Algumas têm apenas curiosidade. Outras já tiveram relações sexuais e temem que o médico descubra. Outras foram vítimas de abuso sexual ou estupro (relação sexual forçada) e querem saber se a condição de seu hímen pode ser usada como evidência.

Um médico não pode saber com certeza se uma garota teve relações sexuais pela condição de seu hímen. O hímen que não parece esticado ou rompido pode *sugerir* que a menina não praticou sexo, mas não prova. Motivo: algumas meninas têm várias relações sexuais sem esticar ou romper o hímen. E o contrário também ocorre: embora um hímen aparentemente esticado ou rompido *sugira* que houve ato sexual, não prova isso. Algumas meninas têm hímen que parece esticado ou rompido apesar de não estar, e apesar de nunca ter tido relação sexual. Em casos de abuso sexual, um hímen esticado ou rompido pode ser usado para a acusação do crime, além de outras evidências. Mas a condição do hímen em si não é grande prova de atividade sexual.

A relação sexual é a maneira mais comum de esticar ou romper o hímen, mas acidentes ou ferimentos também podem causar isso. Entretanto, ferimentos que penetram a vagina e rompem o hímen são raros. Talvez você tenha ouvido dizer que atividades como montaria, ginástica e outros esportes podem romper ou esticar o hímen. Contudo, estudos recentes mostram que isso não é verdade.

O ânus

Descendo a partir da abertura vaginal, chega-se ao ânus. As fezes saem do corpo através dessa abertura. A pele em volta do ânus pode ser um pouco mais escura durante a puberdade. Os pelos púbicos também começam a crescer lá. O ânus, porém, não faz parte da vulva. Nós o mencionamos aqui somente porque ele se localiza na mesma área do corpo.

Com isso completamos nossa excursão pela vulva. Na puberdade, a vulva pode se tornar muito sensível a pensamentos e sentimentos sexuais. O clitóris e a área em volta são particularmente sensíveis. Essa área do corpo pode ser fonte de fortes sensações sexuais. Portanto, antes de encerrarmos o capítulo, falaremos a respeito da *masturbação* e da reação sexual feminina.

MASTURBAÇÃO

Tocar, esfregar e outras maneiras de estimular os órgãos genitais para o prazer sexual são o que chamamos de *masturbação*. As mulheres costumam se masturbar tocando, esfregando ou acariciando o clitóris ou outras partes da vulva.

Nem todas as pessoas se masturbam. A maioria, porém, sim. Pessoas de todas as idades e de ambos os sexos se masturbam. (Os homens se masturbam esfregando, tocando ou acariciando o pênis.) Algumas começam na infância e continuam pela vida toda. Outras começam na puberdade. Já outras só começam a se masturbar quando são mais velhas. E algumas nunca se masturbam. É tão normal se masturbar quanto não se masturbar.

Talvez você tenha ouvido tudo quanto é tipo de história estranha acerca da masturbação. Antigamente, as pessoas pensavam que a masturbação enlouquecia, cegava ou causava retardamento mental. Talvez alguém tenha lhe dito que a masturbação diminui seu prazer sexual com outra pessoa. Nada disso é verdade. Masturbar-se é um modo de praticar sua vida sexual adulta. Aprender a dar prazer a si própria pode ser o primeiro passo para o prazer sexual com o outro.

O excesso de masturbação pode machucar? A resposta é não. Nada de ruim acontecerá com seu corpo, independentemente de quanto você se masturbe. Ela não é fisicamente prejudicial de maneira alguma. (Seus genitais podem ficar um pouco doloridos se você os esfregar demais.)

Algumas pessoas se masturbam todos os dias. Algumas, várias vezes por dia. Outras raramente, enquanto outras nunca o fazem. Algumas pessoas gostam de imaginar coisas que as excitem enquanto estão se masturbando. Imaginar ou fingir que algo está acontecendo é o que chamamos de *fantasiar*. Fantasiamos toda espécie de coisas. Quase todo mundo tem fantasias a respeito do sexo. Elas podem nos ajudar a conhecer melhor nossa identidade sexual. Nosso conselho, portanto, é: relaxe e aproveite.

Fantasias sobre sexo e masturbação são contra as crenças religiosas e morais de alguns indivíduos. Pessoalmente, consideramos a masturbação uma coisa boa. E a maioria das pessoas acredita que ela é moralmente aceitável também. Mas se você pensa que é errado se masturbar, talvez resolva não fazer isso. De qualquer forma, saiba que a masturbação *não* causa dano físico algum. Na verdade, a maioria dos especialistas concorda que a masturbação é saudável, normal e benéfica.

Excitação sexual e orgasmo

Excitação sexual significa "estar sexualmente excitada". Quando uma mulher fica assim, ela percebe um aumento de umidade nos órgãos genitais. Como você verá no capítulo 6, a vagina normalmente é úmida. Entretanto, quando a mulher fica excitada, seu corpo produz fluidos que lubrificam a vagina, aumentando a sensação de umidade na vulva.

Se você se masturbar demoradamente, pode ter um orgasmo. (Outros termos para orgasmo são "clímax", "espasmo", "chegar...".) O orgasmo é a liberação de tensão e excitamento que se acumulam no corpo durante a excitação sexual. É um pouco difícil explicar exatamente a sensação do orgasmo. Mesmo porque um orgasmo pode variar de uma ocasião para outra. Alguns orgasmos são poderosíssimos e muito fortes. Outros são menos intensos. Um orgasmo menos intenso pode ser descrito como "um delicioso tremor". Já um poderoso pode parecer uma explosão, um espasmo de intenso prazer sexual que começa nos genitais e pulsa pelo corpo inteiro. A maioria das pessoas concorda que o orgasmo é uma sensação *muito* boa.

Talvez você não tenha um orgasmo sempre que se masturbar. Você pode, por exemplo, parar antes de chegar a ele. Além disso, ter um orgasmo significa descobrir aquilo que excita seu corpo. Talvez precise de um pouco de prática. É por isso que os especialistas dizem que a masturbação é um excelente meio de descobrir como o corpo reage e de praticar o sexo para a vida sexual adulta.

O PONTO G

Os homens geralmente ejaculam quando têm um orgasmo. (Se você se lembra, a ejaculação é a liberação de uma pequena quantidade de fluido cremoso pela ponta do pênis.) A mulher não ejacula como o homem. Algumas, porém, liberam um pouco de fluido no orgasmo. Os especialistas não têm certeza de onde esse fluido vem. Pode ser uma pequena quantidade de urina ou fluido das aberturas em forma de fenda das glândulas perto da abertura urinária.

Alguns especialistas afirmam que há um ponto específico dentro da vagina que, assim como o clitóris, é supersensível à estimulação sexual. Dizem também que esse ponto – que chamam de ponto G – causa a liberação de fluido no orgasmo. Outros não creem que exista um ponto G, embora concordem que haja áreas sensíveis dentro da vagina.

4
A PUBERDADE E O ESTIRÃO DE CRESCIMENTO

Os sapatos que você comprou no mês passado estão pequenos demais? Sua calça *jeans* novinha parece mal chegar aos tornozelos? Nesse caso, você provavelmente está passando pelo estirão de crescimento da puberdade.

Na puberdade, passamos por um período de crescimento muito rápido. Ganhamos peso e ficamos mais altas. Esse período de crescimento super-rápido é chamado de *estirão de crescimento da puberdade*. Tem início em idades diferentes para cada menina. É mais acentuado em algumas que em outras, mas todas crescem muito nessa fase. O estirão geralmente dura alguns anos, e de repente o índice de crescimento desacelera e para.

Neste capítulo, falaremos de vários aspectos desse estirão de crescimento. Dois deles são a altura e o peso, mas na puberdade, além de você ficar mais alta e pesada, algo mais acontece. Certas partes do corpo crescem mais que outras. Resultado: o rosto e o corpo podem parecer muito diferentes de antes da puberdade. Você começa a parecer mais adulta e menos criança!

Enquanto você estiver crescendo e se desenvolvendo em vários sentidos, alimentação equilibrada e exercício físico são de vital importância. Mas muitos jovens não fazem nem uma coisa nem outra. As dietas alimentares que seguem não têm as vitaminas e os minerais necessários e não se exercitam o suficiente. Esses problemas podem ter um efeito particularmente ruim nos ossos de um indivíduo jovem. Durante a puberdade, você desenvolve uma força óssea que perdurará pela vida toda. Se não desenvolver massa óssea suficiente nesses anos, poderá ter problemas mais tarde. Por isso, neste capítulo falaremos também da alimentação apropriada e do exercício durante os anos da puberdade.

A ALTURA

Antes de entrar na puberdade, a garota cresce em média cerca de seis centímetros por ano. Quando começa o estirão de crescimento, esse índice aumenta. A velocidade em que ela fica mais alta quase dobra; a menina fica quase dez centímetros mais alta num único ano. Em média, uma menina ganha mais ou menos vinte e três centímetros em altura durante o estirão de crescimento da puberdade. Claro que cada pessoa é diferente, portanto, é possível que você fique menos ou mais alta que esse índice.

O estirão de crescimento costuma durar de três a quatro anos. Quando você menstruar pela primeira vez, seu índice de crescimento já terá diminuído, e então sua taxa de crescimento vai se reduzir a apenas dois centímetros e meio ou cinco centímetros por ano. A maioria das meninas chega à altura adulta plena entre um a três anos após a primeira menstruação.

Os meninos também passam por um estirão de crescimento na puberdade, mas costumam ficar mais altos depois das meninas. Para elas, o estirão começa no início da puberdade. É uma das primeiras mudanças. Para os garotos, não é uma mudança inicial; ocorre mais adiante na puberdade. Em média, o estirão de crescimento dos meninos ocorre mais ou menos dois anos após o das meninas. É por isso que as meninas de 11-12 anos geralmente são mais altas que os meninos da mesma idade. Contudo, uns dois anos depois, eles começam a crescer. Chegam à altura delas e acabam ultrapassando-as. Claro que algumas meninas – as que são naturalmente altas – sempre serão mais altas que muitos garotos. Mas, de modo geral, uma menina de 11 ou 12 anos que seja mais alta que eles perceberá que eles chegaram à mesma altura dela com 13 ou 14 anos.

Serei alta?

Não se pode saber com certeza qual será a sua altura, mas podemos lhe dar algumas dicas.

Sua altura *antes* do estirão de crescimento é uma pista. Se você tem baixa estatura enquanto criança, provavelmente continuará sendo baixa como adulta. Do mesmo modo, as crianças altas tendem a se tornar adultos altos. Mas isso não é uma regra *definitiva*. Por exemplo, muitas meninas nos disseram que eram as mais baixinhas na classe antes da puberdade. De repente, começaram o estirão de crescimento e se tornaram as jovens mais altas entre as colegas.

Você pode ter uma ideia melhor de sua altura adulta se seguir os passos descritos a seguir. Antes, porém, precisa saber a altura de sua mãe e de seu pai. (Para esse exercício, outros responsáveis, tais como pais adotivos etc., não servem. Você precisa saber a altura de seus pais.)

1. Subtraia 12,5 centímetros da altura de seu pai.
2. Adicione a altura de sua mãe ao resultado no item 1.
3. Divida o resultado do item 2 por 2. O resultado é sua altura adulta estimada.

Exemplo: o pai de Harmony tem 1,80; a mãe tem 1,62 de altura. Primeiro, subtraia 12,5 cm da altura do pai. O resultado é 1,67 m. Agora adicione a altura da mãe (1,62 m). O resultado é 3,29 m. Divida o resultado por dois. A altura estimada de Harmony é 1,64 m. Ou seja, ela será dois centímetros mais alta que sua mãe.

Provavelmente seus pais não têm a mesma altura que os pais de Harmony. Por isso, você terá que fazer o cálculo com a altura correta de seus pais. Lembre-se, no entanto, de que o resultado no item 3 é apenas uma estimativa. Sua altura real pode ser superior ou inferior a ele.

Contos e histórias de altura

Na época de sua mãe e sua avó, as meninas achavam que ser muito alta era um problema. Hoje em dia, raramente ouvimos reclamações de alguma menina por ser "alta demais". Muitas mulheres altas são bem-sucedidas e admiradas em vários sentidos. As mulheres altas podem se dar bem não só em esportes como o basquete, mas também nos negócios e até no cinema. Por exemplo, Brooke Shields e Geena Davis têm 1,82 m. Muitas garotas se orgulham da própria altura. Veja o que disse uma delas:

> Sempre fui a mais alta da minha classe e gosto disso. Minha irmã mais velha era mais alta que eu quando tinha a minha idade. Ela é a menina mais bonita que já vi. O namorado dela é mais baixo que ela, mas nenhum dos dois se importa com isso.
>
> – MELINDA, 15

Hoje em dia, há mais reclamações de garotas de estatura inferior. Com frequência, as queixas não giram em torno de como elas *se sentem* por ter baixa estatura, mas da reação das outras pessoas. Admitamos: as pessoas acham bonitinhas as coisinhas pequenas. Os bebês são bonitinhos, cachorrinhos peludos dormindo em seu colo são bonitinhos. Frequentemente, as pessoas de baixa estatura são tratadas como coisinhas bonitinhas. Não são levadas a sério. Podem até ser tratadas como criancinhas. Nem sempre ganham o respeito que merecem. Veja a história de uma menina assim:

> Sou pequena e corro muito rápido. Minha prima me chamava de subnutrida, e me fazia chorar, mas eu ganhei todas as corridas este ano. Ninguém mais me chama de subnutrida.
>
> – Lizzie, 14

Na verdade, não há muito que se possa fazer quanto à sua altura, mas você *pode* aprender a lidar com isso. Você tem condições de ser tudo o que deseja ser. Não precisa ter 1,82 m de altura para ser uma boa amiga. Não existem requisitos para ser engraçada, esperta ou mesmo boa atleta. Talvez você não consiga mudar sua altura, mas mesmo assim será capaz de alcançar suas metas!

Os pés primeiro

Você fica mais alta porque o estirão de crescimento alonga os ossos em seu tronco e pernas. Alguns ossos começam o estirão de crescimento antes dos outros. Os ossos dos pés, por exemplo, começam a crescer antes. Os pés chegam ao tamanho adulto antes de você alcançar sua idade adulta. Muitas garotas se preocupam com isso. Mas não precisam. O resto do corpo acabará acompanhando o crescimento dos pés. Conforme explicou uma menina:

> Eu tinha um pouco mais de 1,52 m de altura com 11 anos, mas meu número de sapato era grande. Pensava: *Ah, não, se meus pés continuarem crescendo, ficarão gigantescos!* Estou com 16 anos. Minha altura é a mesma e o número de meus pés também.
>
> – Myra, 16

Nas palavras de outra garota, que também teve a experiência de Myra:

Fico feliz em ouvir isso. Meu número de sapato é 37. Tenho apenas 12 anos e 1,67 m de altura. As pessoas vivem "me tirando" por causa de meus pés grandes. Da última vez que comprei tênis, o vendedor fez uma piada: disse que se meus pés continuassem crescendo, ele teria que me vender caixas de sapato para calçar.

Fingi rir, mas fiquei com vergonha. Tinha medo que meus pés fossem ficar cada vez maiores.

– Lisa, 12

A MUDANÇA DE FORMA

Se o crescimento fosse apenas uma questão de aumentar o tamanho, os adultos pareceriam bebês gigantes. (Às vezes, agimos como bebês, mas os adultos não se parecem com bebês grandes.) Entretanto, algumas partes do corpo crescem mais que outras, de modo que as *proporções* em nosso corpo mudam. Em outras palavras, há uma mudança no tamanho de certas partes em relação a outras.

A ilustração da mulher adulta e do bebê gigante na Figura 24 mostra-os com a mesma altura. Com isso, fica mais fácil perceber como as proporções se modificam. Por exemplo, a cabeça do bebê é grande se comparada a outras partes do corpo. Corresponde a um quarto de seu tamanho total; mas a cabeça da mulher só corresponde a um oitavo de sua altura. Veja, também, como a cabeça é larga em comparação aos ombros. No bebê, a cabeça é quase da mesma largura dos ombros. Na mulher, não chega nem perto. As pernas da mulher também correspondem a quase metade de sua altura. As pernas do bebê são uma parte muito menor de seu tamanho total.

O estirão de crescimento também aumenta o tamanho dos ossos pélvicos. E o salto no peso deposita gordura em torno dos quadris. (Falaremos mais disso na seção seguinte.) Ambos deixam os quadris mais largos. O resultado é que a cintura parece mais estreita, em comparação. Isso, além do desenvolvimento dos seios, proporciona à menina uma figura mais curvilínea, feminina.

O estirão de crescimento altera até o rosto. A parte inferior do rosto fica mais longa e o queixo fica mais pronunciado. O contorno do couro cabeludo se estende mais para trás e a testa se alarga. Em consequência, o rosto fica mais estreito, mais longo e menos rechonchudo que o rosto de uma criança.

Figura 24. Mulher adulta e bebê gigante

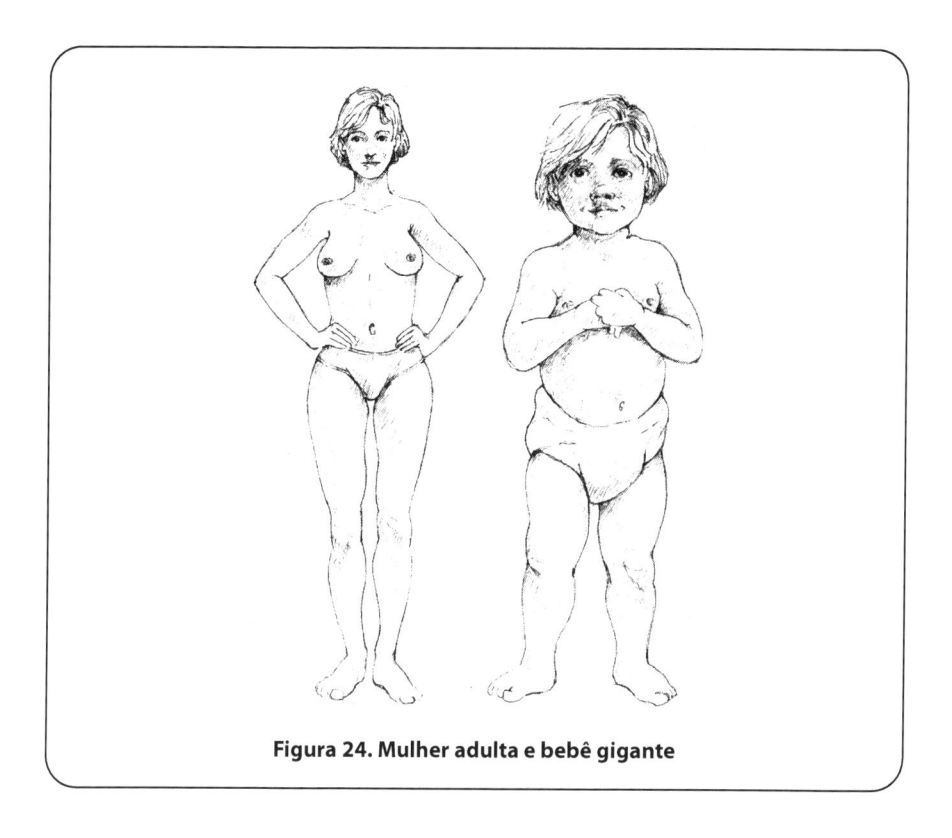

Como você se olha no espelho todos os dias, essas mudanças podem não lhe parecer óbvias, mas veja fotos suas de alguns anos atrás e perceberá a mudança. Claro que as mudanças no rosto são mais drásticas em algumas meninas que em outras.

O PESO

Durante o estirão de crescimento da puberdade, você ganha mais peso, além de ficar mais alta. Aliás, na puberdade as meninas costumam ter o maior aumento de peso na vida. Isso se deve, em parte, ao crescimento dos ossos, músculos e órgãos internos. O aumento de tecido gorduroso também contribui para aumentar o peso.

Assim como o salto na altura, o *salto no peso* dura aproximadamente três anos. Depois, o índice desacelera. Com o salto no peso, uma garota pode ganhar até quase sete quilos num único ano. No decorrer de todo o salto, o ganho médio de peso é de vinte quilos. Claro que são poucas as meninas que ficam

> **DORES DO CRESCIMENTO E ESCOLIOSE**
>
> As *dores do crescimento* são um grande incômodo! Não são severas, mas tampouco divertidas. São mais comuns entre os 10 e 11 anos de idade, mas meninas mais novas ou mais velhas às vezes também as têm.
> Essas dores não são constantes. Vêm e vão, e deixam uma sensação dolorida chata. São sentidas na parte de trás dos joelhos, nas coxas ou nas canelas. Também podem se manifestar nos braços, costas, virilhas, ombros ou tornozelos. Os médicos não têm certeza do que causa as dores do crescimento.
> Geralmente, não requerem tratamento. Acabam desaparecendo sozinhas. Enquanto isso não acontece, massagens, panos quentes e analgésicos (não aspirina) proporcionam certo alívio. Se a dor for forte e não diminuir, procure um médico – só para verificar se há uma causa mais séria.
> *Escoliose* é outro problema do "crescimento". É uma curva anormal na coluna – diferente da curva pronunciada, para a frente, própria da má postura. A escoliose é uma curva para a esquerda ou para a direita, e pode fazer com que um dos quadris ou ombros seja um pouco mais alto que o outro. Ou a curva pode ter a forma de um "S". Às vezes, uma das escápulas se destaca mais que a outra, ou o corpo tem certo desvio. Escoliose tende a ser um problema de família; mas, na maioria dos casos, a causa é desconhecida.
> Muitos casos são leves e não necessitam de nada além de alguns exercícios simples. Mesmo que os exercícios não corrijam a curvatura propriamente dita, podem ajudar a tirar a dor resultante do desequilíbrio do corpo, causado, por sua vez, pela curvatura. Em casos graves, o tratamento pode exigir cintas ou coletes. Hoje, esses coletes são leves e menos desconfortáveis que antigamente. Podem ser usados debaixo das roupas, sem serem notados.
> A escoliose é mais fácil de corrigir se for tratada logo. É melhor checar seus primeiros sinais, mesmo antes da puberdade. Um médico poderá ajudá-la com isso, examinando sua coluna vertebral.

exatamente na média; você pode ganhar menos ou mais peso, mas a maioria das jovens deverá ganhar entre dezesseis e vinte e cinco quilos durante o salto no peso.

"Gorda demais"

A maioria das meninas de sua idade não gosta do peso que tem. Isso significa que as meninas são, em sua maioria, obesas? A resposta é não. Apenas uma ou duas em cada dez está acima do peso; entretanto, oito em cada dez garotas se acham "gordas demais" e gostariam de perder peso.

Por que tantas meninas se acham acima do peso, quando na verdade não estão? Por um lado, esquecem-se do estirão de crescimento da puberdade. Quando subitamente ganham muito peso, acham que estão gordas. Mas na puberdade é *normal* ganhar peso. Além disso, às vezes as meninas se comparam com colegas de classe que estão em estágios diferentes de desenvolvimento. Se você estiver perto do fim do salto no peso, sabe que deve ser mais pesada que uma garota que ainda não entrou no salto.

O salto no peso e o salto na altura nem sempre ocorrem juntos. Geralmente acontecem em momentos próximos, mas não *exatamente* nos mesmos. É uma espécie de gangorra. Há momentos em que você ganha alguns quilos mais rápido do que ganha centímetros e vice-versa. O resultado é que pode haver períodos em que você estará mais rechonchuda ou mais magra que o normal.

Algumas meninas se desesperam quando se veem um pouco mais cheias. Resolvem fazer regime, temendo ficar gordas para sempre. Mas, como veremos mais adiante neste capítulo, o regime pode ser prejudicial para sua saúde. É particularmente perigoso durante a puberdade!

Tipos básicos de corpo

Muitas garotas acham que estão acima do peso porque não conhecem os tipos de corpo. Há três tipos básicos. (Ver Figura 25.)

- **Endomorfo:** o indivíduo que tem um corpo mais arredondado, com mais gordura e curvas mais suaves.
- **Ectomorfo:** aquele cujo corpo é esbelto, menos curvilíneo, e mais angular.
- **Mesomorfo:** tem o corpo mais musculoso, com ombros largos e quadris esbeltos.

Se você é do tipo endomorfo, é importante saber que seu corpo deve realmente ser mais arredondado. Talvez você esteja no peso ideal e apenas pareça ser mais pesada que suas amigas ou colegas que são ectomorfas. Além disso, as modelos magérrimas que se veem em revistas e televisão podem ter um corpo mais angular que o seu. Nesse caso, você nunca vai ter a aparência delas, ainda que perca muito peso. Portanto, antes de concluir que você é "gorda demais", leve em conta seu tipo básico de corpo.

Endomorfo **Ectomorfo** **Mesomorfo**

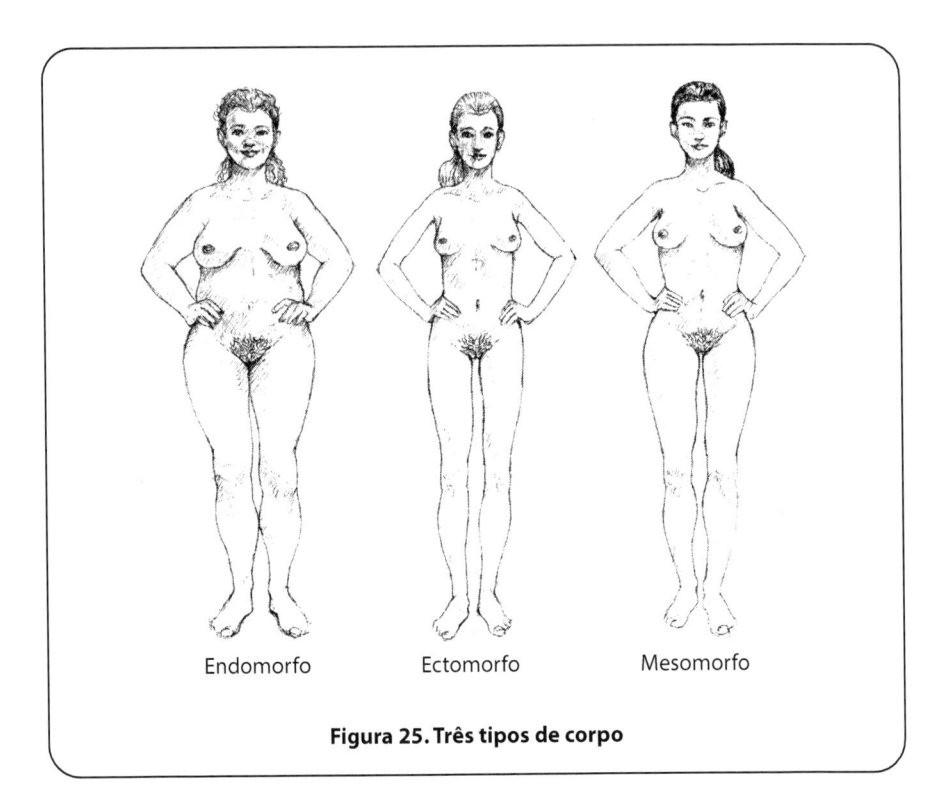

Figura 25. Três tipos de corpo

O culto à magreza

Todo mundo vê modelos magérrimas em revistas e atrizes superesbeltas na televisão e no cinema. Todas essas imagens de "magreza" nos influenciam. Podemos sonhar em ser parecidas com elas. Mas muitas modelos e atrizes que admiramos estão, na verdade, abaixo do peso normal. Apesar de aparentemente bonitas, elas podem ter nove quilos ou mais abaixo do peso saudável.

Nossa sociedade, porém, dá um valor exagerado à magreza. Isso gera em todas nós a pressão para perder peso. Para algumas jovens, essa pressão pode desencadear sérios transtornos alimentares. (Ver página 104.) Outras sentem uma ansiedade perturbadora quanto à sua aparência. Você pode sofrer de tal ansiedade mesmo que seu peso seja perfeitamente normal e saudável para seu tipo de corpo.

Regime pode ser perigoso à saúde

Com o intuito de perder peso, muitas garotas aderem a alguma dieta da moda. Essas dietas, ou regimes, prometem sempre a mesma coisa: faça alguma coisa estranha com sua alimentação e perderá peso rapidamente. Porém, no fim das contas, esses regimes de moda quase nunca dão certo. Você acaba ganhando de volta o peso que perdeu, ou até mais. Mais ou menos nove entre dez jovens que fazem regime acabam recuperando o peso perdido. Pior ainda: esses regimes não são saudáveis. Aliás, qualquer regime pode ser perigoso na puberdade. Nessa fase da vida, seu corpo está crescendo depressa; você precisa de nutrientes, como vitaminas, minerais e proteínas para ajudar nesse crescimento.

Você precisa de minerais, como *cálcio* e *zinco*, para fortalecer o crescimento dos ossos. Também precisa de vitaminas, como a vitamina D, para levar o cálcio aos ossos. Lembre-se de que esse é o momento em que seus ossos devem ficar mais longos, mais grossos e fortes. A falta de minerais e vitaminas suficientes pode enfraquecer permanentemente os ossos e comprometer seu crescimento.

O desenvolvimento de ossos fortes na puberdade é importante não só para o momento, mas também para o futuro. A massa óssea que você desenvolve deve durar o resto de sua vida. Por volta dos 25 anos de idade, a mulher começa a perder massa óssea. O processo se estende vagarosamente por muitos e muitos anos. Se você não desenvolver massa óssea suficiente na puberdade, seus ossos enfraquecerão, tornando-se mais frágeis com o passar do tempo. E você acabará tendo aquela doença chamada *osteoporose*. Talvez você já tenha visto mulheres idosas em uma postura curvada, ou com uma aparente "corcunda". Pode ser resultado da osteoporose. Essa doença pode causar fraturas ósseas dolorosas na coluna, nos quadris e em outras partes do corpo. Para uma pessoa idosa, uma fratura no quadril geralmente é fatal. O fortalecimento dos ossos na puberdade contribui para uma vida mais longa, mais saudável, livre de dor, quando você for mais velha.

O regime também pode diminuir o desenvolvimento da menina na puberdade. Jovens que seguem dietas extremas podem ter um atraso em seu desenvolvimento de até dois anos ou mais.

Regimes que consistem em restringir demais a quantidade de comida, ou comer apenas certos tipos de alimentos, não dão certo. Eles podem privar seu corpo de nutrientes essenciais e deixar você sempre com fome. Privada de alimento, provavelmente você vai comer demais quando sair do regime, e com isso ganhará de volta o peso perdido. Retomaremos o assunto, mais adiante.

Não nos surpreenderemos se esse processo de fazer regime, comer demais e voltar a fazer regime for algo conhecido para você. Acontece com muitas meninas e mulheres. É um processo insalubre e pode causar graves transtornos alimentares conhecidos como anorexia e bulimia. (Ver *box* abaixo.)

Há modos saudáveis de perder peso, mas nenhuma menina deve fazer regime durante a puberdade, a menos que consulte um médico. Ele pode aju-

---

ANOREXIA E BULIMIA

Anorexia e *bulimia* são transtornos alimentares. São condições que surgem a partir de uma preocupação anormal com magreza e controle de peso. Esses problemas costumam surgir entre os 10 e os 19 anos. Afetam mais meninas que rapazes.

Uma jovem com anorexia come tão pouco que acaba morrendo de fome. Fica extremamente abaixo do peso, e seu corpo não tem os nutrientes necessários para um crescimento normal. Uma pessoa com anorexia costuma se exercitar exageradamente para perder ainda mais peso. A anorexia é uma doença muito séria. Pode provocar graves problemas cardíacos e renais, culminando na morte.

Meninas que sofrem de bulimia têm peso normal ou ligeiramente acima da média. Elas comem por compulsão (grandes quantidades de comida em pouco tempo) e depois forçam o vômito para evitar o ganho de peso. Pessoas com bulimia costumam abusar de laxantes e diuréticos, numa tentativa de perder peso. Os laxantes movimentam os alimentos rapidamente através do corpo, por isso menos calorias são absorvidas. Os diuréticos, ou "pílulas de água", extraem água do corpo e fazem a pessoa urinar mais. Uma jovem com bulimia pode desenvolver problemas digestivos e dentários, úlceras e problemas cardíacos graves.

Quem sofre de transtorno alimentar precisa de cuidados profissionais. A maioria dos especialistas concorda que fatores psicológicos contribuem muito para a causa desses transtornos. O tratamento geralmente envolve terapia em grupo ou individual e até internação hospitalar.

Se você precisa de assistência por causa de um transtorno alimentar, converse com um adulto em quem você confia e busque ajuda médica especializada.

Se tiver uma amiga com transtorno alimentar mantido em segredo, o melhor que você pode fazer por ela é informar um adulto. Talvez tenha prometido não dizer nada, mas essa é uma daquelas ocasiões em que é preciso quebrar a promessa e buscar ajuda para sua amiga. Do contrário, estará permitindo que ela corra um sério perigo.

dá-la a decidir quanto peso precisa perder (se é que precisa) e como fazer isso sem correr riscos. Se estiver acima do peso, você e o médico poderão definir uma dieta equilibrada e um programa de exercícios que a ajudem a atingir o peso saudável.

CUIDADOS COM O CORPO

Comer bem e se exercitar

Para crescer, seu corpo precisa de uma quantidade suficiente de diversos nutrientes. Para isso, é necessário comer uma variedade de alimentos.

A Figura 26 mostra quantas porções de cada grupo de alimentos você deve ingerir diariamente. Já falamos da importância do cálcio para manter os ossos saudáveis. Estudos mostram que as meninas só ingerem metade, ou até menos, do cálcio necessário em sua alimentação. Certifique-se de que vai comer alimentos ricos em cálcio, tais como: leite desnatado fortificado com cálcio, leite de soja fortificado com cálcio, iogurte, queijo, outros laticínios, cereais e suco de laranja fortificados com cálcio, brócolis, couve, vagem e tofu. Adolescentes devem ingerir no mínimo 1.300 miligramas de cálcio por dia. Um copo com aproximadamente 230 gramas de leite desnatado fortificado contém cerca de trezentos miligramas. O suco de laranja fortificado geralmente proporciona a mesma quantidade de cálcio que o leite desnatado fortificado. (É fácil saber quais alimentos são fortificados com cálcio porque isso vem escrito nas embalagens – geralmente com letras grandes.) Se você não pode ou não gosta de tomar leite, peça ao médico um suplemento, para ter certeza de que tomará a quantidade certa de cálcio.

Além de comer bem, todas as pessoas precisam de exercícios regulares. Como o coração e os pulmões aumentam durante a puberdade, o corpo aguenta mais exercícios. E *precisa* deles. O exercício ajuda você a alcançar seu melhor peso. Na verdade, a falta de exercício pode ser o fato mais marcante para o aumento de peso. É mais determinante, inclusive, que o excesso de comida, embora as duas coisas contribuam.

O exercício físico, porém, é mais que uma mera ferramenta para ajudar você a manter um abdômen plano e diminuir de peso. A atividade física fortalece o coração, aumenta o nível de energia e envia mais oxigênio a todas as partes do corpo. Também ajudam a depositar cálcio nos ossos. Isso é particularmente importante para os adolescentes. A adolescência é a fase em que você desenvolve a massa óssea que a sustentará pela vida toda.

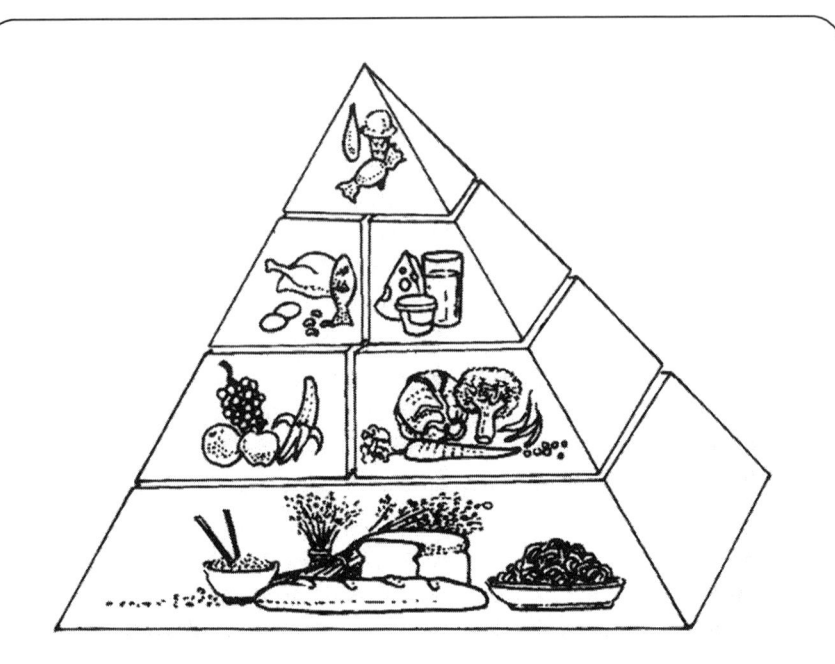

Figura 26. A pirâmide alimentar. A pirâmide alimentar é um guia para a escolha de uma dieta alimentar saudável. O *box* na página seguinte sugere o número de porções adequadas para cada um dos seis grupos de alimentos. Varie sua dieta, escolhendo comidas diferentes de cada grupo. Isso contribui para um equilíbrio correto de vitaminas, minerais e outros nutrientes benéficos. Nos diferentes grupos de alimentos, há uma margem para o número de porções – como 6-11 para o grupo de pães, cereais, arroz e massas. O número menor é para uma dieta de 1.600 calorias por dia, e o maior, para uma dieta de 2.800 calorias diárias. Em média, o adolescente precisa de 2.200 a 2.500 calorias por dia, devendo consumir entre o número médio e o nível máximo de porções.

Após ler a respeito de todos esses benefícios, talvez você ache que deva sair e praticar esportes doze horas por dia; no entanto, o excesso de exercícios não é bom. A combinação de exercícios excessivos e uma dieta desequilibrada é particularmente prejudicial. (Ver *box* "Síndrome atlética feminina".)

Fumo, álcool e outras drogas

Seu corpo não pode ser saudável, se você usa drogas, álcool ou fumo. Você já deve ter aprendido na escola a respeito dos perigos dessas substâncias. É especialmente importante evitá-las durante a puberdade, quando seu corpo está crescendo. O álcool, por exemplo, tira do corpo o zinco necessário para o desenvolvimento de ossos fortes.

UMA PORÇÃO EQUIVALE A QUANTO?

Grupo dos pães, cereais, arroz e massas (6-11 porções)
- Uma fatia de pão
- Aproximadamente 30 g de cereais prontos para consumo (uma a duas xícaras, veja na embalagem)
- Meia xícara de cereais cozidos, arroz ou massa
- Meio pão de hambúrguer, baguete ou bolo
- Três ou quatro bolachas salgadas (pequenas)

Grupo dos legumes e vegetais (3-5 porções)
- Uma xícara de folhas verdes cruas
- Meia xícara de outros legumes, cozidos ou picados crus
- Três quartos de xícara de suco à base de soja

Grupo das frutas (2-4 porções)
- Uma maçã média, banana, laranja, nectarina ou pêssego
- Meia xícara de fruta picada, cozida ou em compota
- Três quartos de xícara de suco de frutas

Grupo dos laticínios – leite, iogurte e queijo (2-3 porções)
- Uma xícara de leite ou iogurte
- Aproximadamente 45 g de queijo natural
- Aproximadamente 60 g de queijo processado

Grupo das carnes, aves, peixes, feijões secos, ovos e nozes (2-3 porções)
- Aproximadamente 60 a 90 g de carne magra cozida, ave ou peixe (meia xícara de feijões cozidos, um ovo ou duas colheres de sopa de pasta de amendoim equivalem a aproximadamente 30 g de carne magra)

Grupo das gorduras, óleos e doces (consumir com moderação)
- Não existe uma recomendação especial para este grupo porque a ideia é usar açúcar e óleo com moderação e evitar carnes gordurosas, bem como outros alimentos ricos em gordura. Entretanto, um pouco de óleo ou gordura é necessário para uma boa saúde. Eles fornecem energia e ácidos graxos essenciais, além de proporcionarem a absorção de vitaminas solúveis em gordura.

> ## SÍNDROME ATLÉTICA FEMININA
>
> A *síndrome atlética feminina* (SAF) também é conhecida como *tríade atlética feminina*. Refere-se a um grupo de problemas que podem afetar meninas atletas. Costuma atingir garotas que participam de atividades como ginástica, corrida ou balé. Para vencer nesses esportes ou para se tornar bailarinas, as jovens precisam ter corpo esbelto e treinar muito. Com o intuito de controlar o peso, muitas delas fazem regimes radicais, usam pílulas para emagrecer, laxantes ou diuréticos, e vomitam após comer. Algumas desenvolvem transtornos como os descritos no *box* na página 104.
>
> A falta de peso, combinada com longas horas de exercício, pode atrasar a puberdade. As meninas que já entraram na puberdade e que menstruaram pela primeira vez podem parar de menstruar. Geralmente, a menstruação volta quando elas ganham um pouco de peso e param de treinar. Entretanto, o efeito sobre os ossos pode ser permanente. A combinação de transtornos alimentares e puberdade atrasada, bem como a interrupção da menstruação, causa problemas ósseos. Como resultado disso, a menina pode jamais chegar a uma altura adulta. Seus ossos podem ficar tão fracos a ponto de se quebrarem facilmente. Algumas meninas acabam tendo osteoporose, a doença dos "ossos fracos", que geralmente só afeta mulheres idosas.
>
> Se você é atleta, precisa estar ciente da SAF. Se não estiver comendo bem por medo de ganhar peso, está correndo o risco de desenvolver um transtorno alimentar. Converse com seu treinador e o médico a respeito do problema. Se já começou a menstruar, mas a menstruação atrasou mais de três vezes seguidas, consulte um médico especializado em tratar atletas. Peça uma indicação do treinador. Se ainda não começou a desenvolver os seios nem os pelos púbicos, nem menstruou pela primeira vez entre as idades esperadas, consulte o médico.
>
> O American College of Sports Medicine recomenda os seguintes procedimentos para tratar a SAF: redução entre 5% e 15% de treino; aumento de 5% a 20% de ingestão de calorias; e ganho de peso entre um quilo e 4,5 quilos.

Talvez você sinta muita pressão dos pares (colegas) para fumar, usar drogas ou beber. Além dessa pressão, ainda precisa resistir aos apelos da propaganda, que forçam você a beber e a fumar. Provavelmente, você sabe que o cigarro vicia. Depois que se começa a fumar, é muito difícil parar. Talvez você também saiba que a maioria dos fumantes começa a fumar na adolescência. Do ponto de vista das empresas desses tipos de produtos, os anos da adolescência são importantes. Trata-se do período em que essas empresas têm a melhor chance de fisgar o futuro fumante inveterado. Estudos mostram que as pessoas que seguem um estilo de vida saudável na adolescência tendem a permanecer em boa forma a vida toda. Não consumir bebidas alcoólicas, não fumar nem usar drogas, comer bem e se exercitar regularmente são os ingredientes desse estilo de vida saudável.

COMO GOSTAR DA PRÓPRIA APARÊNCIA

Um corpo saudável é um corpo bom. Seria ótimo se todas nós pudéssemos olhar para o espelho e dizer: "Puxa, eu gosto de minha aparência!" Acontece que vivemos numa sociedade em que a competição é um modo de vida. As pessoas competem, as empresas competem, até os países competem. Estamos sempre nos comparando e competindo para ver quem é o melhor. Mas quem decide quem é o melhor?

Em relação ao corpo feminino, a maioria de nós se baseia no corpo das supermodelos e atrizes como aqueles "mais atraentes" e "melhores". Vemos essas mulheres "perfeitas" em todos os lugares – nas revistas, nos *outdoors*, nos filmes, na tevê. Os dentes, os cabelos e os olhos delas reluzem, cintilam. Geralmente são altas e sempre muito magras. Na maior parte das vezes, são loiras, têm olhos azuis e a pele branca. Não têm barriga proeminente, têm cintura fina e pernas longas. A pele é macia e cheia de vida. Não têm sardas nem espinhas, nem pelos nas axilas ou pernas, e nenhuma espécie de marca ou verruga.

Como você deve ter notado, poucas de nós somos assim. Para começar, não somos todas magras, não temos cintura fina, barriga lisinha e coxas firmes. Nosso cabelo não está sempre impecável, fica embaraçado e às vezes não brilha nem nos melhores dias. Nossas roupas amarrotam e ficam enrugadas; nosso rosto, também. E nem todas nós temos pele branca, cabelos loiros e olhos azuis.

Entretanto, por toda parte vemos mulheres "perfeitas". Percorremos a cidade, tomamos ônibus, vamos a um *show*, e lá estão elas – glamourosas, olhando-nos de *outdoors* e de telas de cinema. Folheie uma revista, e lá estão elas de novo, retratos de perfeição. Ligue a televisão, e, mais uma vez, com seus corpos perfeitos, vivem uma vida cheia de *glamour*, aparentemente sem problemas.

Quando uma menina entra na puberdade, quantas imagens de perfeição já lhe passaram diante dos olhos? Contando todos os livros, revistas, filmes e programas de televisão que ela já viu, talvez algo em torno de um milhão, dez milhões? Quem sabe ainda mais?

Não é à toa que tantas mulheres começam a sentir que há algo errado com sua forma ou rosto, pele ou cabelo. Nosso corpo real não tem a aparência daqueles corpos perfeitos, por isso ficamos infelizes com nossa aparência. É justamente isso que as pessoas que investem tanto dinheiro para criar essas imagens querem de nós. Querem que as mulheres gastem enormes somas de dinheiro por ano para "melhorar" a aparência. E nós gastamos. Compramos tintura para cabelo, maquiagem, produtos para dieta, produtos que removem pelos das pernas e axilas, modeladores de barriga, seios e cintura, e assim por diante. Algumas chegam a fazer cirurgias para reduzir o estômago, endireitar o nariz ou mudar o tamanho dos seios.

Você às vezes se sente infeliz com sua aparência? Caso se sinta, lembre-se de que esses corpos perfeitos só parecem melhores porque estão na moda. A

Figura 27. A beleza está nos olhos de quem vê. Em sentido horário, a partir da ilustração à esquerda: uma *flapper* (moça considerada ousada, avançada para a época, nos anos 20), uma mulher do século XVI e uma polinésia.

moda depende da cultura específica e do momento em questão. As ilustrações na Figura 27 mostram corpos que estavam na moda em outras épocas e culturas. A primeira mostra uma *flapper* norte-americana na década de 20. Naquela época, corpos curvilíneos e seios grandes não estavam na moda. Na verdade, uma mulher que tivesse seios muito grandes apertava-os bem para que não se destacassem. O segundo desenho mostra uma mulher europeia, no século XVI. Hoje em dia, ela seria considerada um pouco gorducha, mas, naquela época, aquele tipo de corpo era perfeito. O terceiro desenho mostra uma mulher polinésia. Não combina com o padrão de beleza de nossa cultura, mas, na dela, seria considerada belíssima. Seu corpo arredondado seria o melhor e o mais atraente de todos.

Aprender a gostar de si mesma e a amar seu corpo, independentemente de estar na moda, é um grande passo para você se tornar adulta. Também é um importante passo para ser mais atraente, porque, se você começa a gostar de sua aparência, outras pessoas também gostarão. Não importa nem um pouco se você tem o dito tipo melhor ou perfeito de corpo. Pode acreditar.

5
PELOS NO CORPO, SUOR, ESPINHAS E OUTRAS MUDANÇAS

Durante a puberdade, os pelos começam a crescer em locais onde não existiam antes. Você terá pelos púbicos e pelos nas axilas. Nos braços e nas pernas, os pelinhos podem ficar mais escuros. A puberdade também afeta nossas glândulas sudoríparas e sebáceas. Transpiramos mais e desenvolvemos um cheiro de corpo adulto. As glândulas sebáceas no couro cabeludo se tornam mais ativas; produzem mais óleo, deixando o cabelo mais oleoso. Também na pele as glândulas sebáceas trabalham mais. Às vezes, o excesso de óleo se acumula, resultando em um rosto cheio de espinhas.

Vamos admitir: algumas mudanças que mencionamos neste capítulo não são lá muito divertidas. Com o passar dos anos, vemos muitas garotas animadas em passar pela puberdade. Mal podem esperar para desenvolver seios e menstruar pela primeira vez. Mas nunca vimos uma menina que "mal possa esperar" pela primeira espinha.

Espinhas, cravos e mudanças no cheiro do corpo não são partes muito agradáveis da puberdade. Não precisamos fingir. Não tentaremos, aqui, disfarçar a situação, dizendo que tudo é maravilhoso porque você está "se tornando mulher". O que faremos é expor os fatos para que você saiba o que virá pela frente. Mas não vamos parar por aí. Também lhe daremos dicas sobre tratamentos para *acne* e sobre como lidar com as mudanças no cheiro do corpo e com os pelos indesejáveis.

PELOS NAS AXILAS E NO CORPO

Os pelos nas axilas podem aparecer a qualquer momento durante a puberdade. Para algumas meninas, eles surgem quando estas já entraram na puberdade há algum tempo. Para outras, começam a nascer mais ou menos na mesma época em que aparecem os pelos púbicos ou se desenvolvem os seios. Para algumas garotas, os pelos nas axilas são o primeiro sinal externo da puberdade. Em média, começam a surgir um ano ou dois depois do aparecimento dos pelos púbicos.

Uma quantidade maior de pelos pode crescer em seus braços e pernas enquanto você estiver na puberdade. Eles costumam ser mais escuros do que quando você era mais nova, mas algumas meninas nos disseram que mais tarde clarearam de novo.

Uma questão cabeluda

Em alguns países, as pessoas acham que pelos nas axilas ou nas pernas deixam a mulher *sexy*. Aqui acontece o oposto, pelo menos na cabeça das pessoas. As mulheres bonitas, glamourosas, que vemos nas revistas, na tevê e no cinema têm pernas e axilas lisas, sem pelos. Isso não quer dizer que elas são diferentes de nós e não possuem pelos nessas áreas. Apenas aparentam não os ter porque se depilam ou removem todos os pelos de alguma outra maneira.

Os garotos geralmente ficam orgulhosos quando começam a ter pelos. É um sinal de passagem da infância para a idade adulta. Nos homens, os pelos são atraentes e másculos. Nas mulheres, são considerados feios e nem um pouco femininos. Vai entender...

Você terá de decidir se vai querer ou não remover os pelos de suas pernas e axilas. Nem sempre é uma decisão fácil. Suas amigas poderão pressioná-la, como no caso desta jovem:

> Eu não pretendia depilar as pernas. Mas minhas amigas começaram a dizer: "Credo, olha só quanto pelo você tem nas pernas. Por que não raspa?" Então, comecei a raspar, embora não quisesse.
> – Patricia, 15

Outras meninas querem depilar as pernas, mas as mães não as deixam. Se esse for o seu problema, você e sua mãe devem chegar a um acordo. Tente explicar por que você quer se depilar. Melhor ainda: escreva os motivos numa carta para sua mãe. Geralmente esse é o melhor meio de expressar sua posição.

Além de remover pelos das axilas e das pernas, as mulheres também tiram pelos indesejáveis que surgem no buço, em outras partes do rosto, ou na "linha do biquíni". Nas páginas a seguir, você aprenderá os diversos modos de remover pelos indesejáveis.

DEPILAÇÃO E OUTRAS FORMAS DE LIDAR COM OS PELOS INDESEJÁVEIS

A depilação é o método mais popular de remover os pelos indesejáveis. É barata, fácil e relativamente segura, embora você se corte um bocado até aprender o jeito certo. A depilação funciona bem nas pernas, nas axilas e na linha do biquíni. Há, porém, um inconveniente. Os pelos crescem de volta, rapidamente. Para a área continuar lisa, é preciso depilar a cada dois ou três dias.

Nas páginas 116-117, você encontrará uma lista com outros métodos de lidar com os pelos indesejáveis. Entretanto, não depile nem use nenhum desses métodos se:

- tiver cortes, urticárias, calombos ou rachaduras na pele;
- a pele estiver queimada de sol;
- você quiser nadar ou usar bloqueador solar nas próximas 24 horas.

Lâminas: guia da compradora

Você pode escolher entre lâminas ou depiladores elétricos. Algumas mulheres preferem os depiladores elétricos, principalmente os úmidos/secos, que podem ser usados no banho. A probabilidade de você se cortar com um depilador elétrico é menor; mas esses depiladores não são baratos. E a depilação não fica tão rente quanto a feita por meio de uma lâmina.

A maioria das mulheres prefere depiladores com lâmina. Os tipos mais populares são aqueles descartáveis e os que têm cartucho. No primeiro caso, você joga fora todo o depilador quando a lâmina perde o fio. No segundo, joga apenas o cartucho e guarda o resto do depilador para usar com outro cartucho.

Pode escolher também entre lâminas únicas, duplas ou até triplas. Possivelmente, você vai preferir uma depilação rente com lâminas duplas ou triplas, mas uma lâmina única oferece menos riscos de você se cortar. As duplas ou triplas são mais propensas a deixar pelos encravados. Se você tem essa tendência, use uma lâmina única.

Há também lâminas feitas especialmente para mulheres e outras com cabeça giratória e outros detalhes; contudo, esses detalhes não fizeram muita diferença para as mulheres em testes realizados com consumidoras. Já as lâminas que vêm com um fluido lubrificante são mais apreciadas.

> **FICA MAIS GROSSO E MAIS ESCURO MESMO?**
>
> Não, a depilação não deixa os pelos mais grossos e mais escuros, embora pareça que sim.
>
> Os pelos se afinam nas pontas. A haste de um pelo é mais fina na ponta que no meio ou na raiz. A depilação corta o pelo em sua parte mais grossa. (Ver Figura 28.)
>
> Se você nunca se depilou, boa parte do que se vê acima da superfície da pele é a parte mais fina de cada haste de pelo. Quando você raspa os pelos, as pontas finas se vão. Só se vê, então, a parte mais grossa. Na verdade, os pelos não estão mais grossos – mas que parecem estar, parecem!

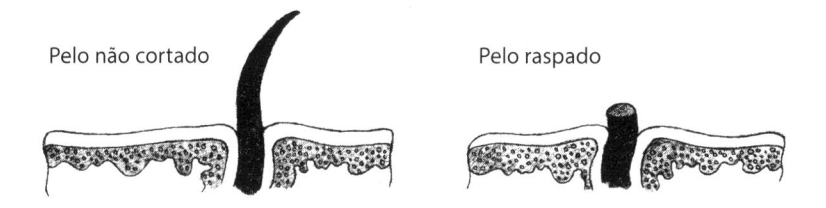

Pelo não cortado   Pelo raspado

Figura 28. Os pelos parecem mais grossos. Antes da depilação, os pelos não cortados se afinam nas pontas. Na depilação, eles são cortados na parte mais grossa, aparentando estar mais grossos.

Dicas de depilação com lâmina

Essas dicas contribuirão para uma depilação suave e segura.

- **Verifique se as lâminas estão limpas, afiadas e inteiras.** Troque de lâmina a cada quatro ou cinco depilações. Uma lâmina cega puxa e arranha a pele. Isso provoca um vermelhão dolorido chamado de queimadura de navalha. Se o depilador cair, a lâmina pode quebrar. Nesse caso, jogue fora!

OUTRAS MANEIRAS DE REMOVER PELOS

Leia e siga as instruções que vêm com esses produtos. Não os use mais vezes ou por mais tempo que o recomendado. Se o produto contiver substâncias químicas, faça sempre um teste de pele antes. Espere 24 horas pelo resultado. Não use produtos no rosto, nas axilas ou na área genital, a menos que as instruções digam especificamente que podem ser usados. Essas áreas são mais sensíveis que as demais.

Descoloração: Clareia os pelos tornando-os menos visíveis; dura até quatro semanas; usada no buço, braços e pernas.
Problema: Não é boa para a espessura dos pelos; na verdade, não os remove.
Para evitar o problema: Nunca use descolorante caseiro ou qualquer outro produto que não seja feito especificamente para os pelos da área que você quer clarear.

Pinças: Arrancam os pelos até a raiz; esse tipo de depilação dura semanas; usado em sobrancelhas e pelos isolados no rosto ou seios.
Problema: Doloroso demais para buço e seios; não serve para áreas grandes ou de crescimento espesso.
Para evitar o problema: Primeiro, amoleça a pele com um hidratante; use as pinças na direção do crescimento dos pelos; após arrancar alguns, umedeça a área com um tônico sem álcool.

Epilador: Parece um depilador elétrico; funciona como um conjunto de minúsculas pinças; esse tipo de depilação dura várias semanas; bom para áreas grandes, como as pernas.
Problema: Geralmente é dolorido; o epilador é um produto caro; há risco de os pelos ficarem encravados, principalmente no rosto, onde não deve ser usado.
Para evitar o problema: Use uma esponja esfoliante ou algo semelhante antes e depois de aplicá-lo.

Depilação: Uso de cremes, loções ou gel para dissolver os pelos; os *depilatórios* são aplicados na direção do crescimento dos pelos e lavados ou enxaguados depois de um tempo específico; essa depilação dura mais que a feita com lâminas ou com depilador; os depiladores são usados no buço, nas pernas ou na "linha do biquíni".
Problema: Podem causar irritação e infecção; muito irritantes para algumas mulheres.

Para evitar o problema: Não use durante uma semana após ter utilizado esponja esfoliante ou qualquer outro produto que remova células mortas da superfície da pele.

Depilação com cera: Feita em salão de beleza ou em casa: tiras de cera fria são pressionadas sobre a pele na direção do crescimento dos pelos – ou se espalha cera quente; a cera é puxada (como um *band-aid*), arrancando os pelos presos nela; dura várias semanas; usada nas pernas, na linha do biquíni, no buço, nas axilas e sobrancelhas; mais segura se for feita num salão.

Problema: Dolorosa; os pelos devem ter no mínimo sessenta centímetros de comprimento. Entre um tratamento e outro, ficam restolhos. Pode causar irritação, infecção ou pelos encravados; pode descolorir a pele por vários meses; o calor irregular da cera em micro-ondas pode causar queimaduras na pele.

Para evitar o problema: Aplicar compressa fria na área tratada; não use a cera em cima de verrugas e veias varicosas; não use esse método se você tem propensão a infecções, diabete ou problemas circulatórios.

Eletrólise: Usa corrente elétrica para destruir as raízes dos pelos; um método permanente, embora alguns pelos possam crescer de volta; geralmente requer o manejo de um operador qualificado, apesar de atualmente existirem *kits* de eletrólise com pinça para uso doméstico; o autotratamento não é recomendado para áreas que só podem ser vistas com espelho.

Problema: O tratamento é caro e demorado; pode ser dolorido; pode provocar infecção ou cicatriz se não for benfeito.

Para evitar o problema: Verifique se o operador do método está usando agulhas esterilizadas e luvas descartáveis; antes de efetuar o procedimento, a pele precisa ser limpa com antisséptico. Peça a um médico que indique um profissional qualificado para esse trabalho. Se optar pelo autotratamento, antes de qualquer coisa, peça a um profissional que lhe mostre como o método funciona.

- **Primeiro, molhe os pelos.** Deixe os pelos mergulhados em água pelo menos por três minutos. A água morna expande e amolece os pelos, facilitando o corte e reduzindo o puxão da lâmina. Não os molhe por mais de quinze minutos, pois a pele infla. O risco de se cortar é maior e a depilação não será tão rente.
- **Use creme ou gel; o uso de sabonete não é recomendável.** Cremes e gel reduzem o puxão da lâmina na pele. Além disso, amolecem os pelos. O sabonete cega as lâminas e endurece os pelos, tornando a depilação mais difícil.

- **Vá devagar e enxágue com frequência.** Não force o depilador contra a pele. Faça movimentos suaves. Tente não raspar várias vezes a mesma área. Enxágue sempre o depilador para tirar os pelos da lâmina.
- **Raspe sempre na mesma direção.** Raspar em direção contrária à do crescimento dos pelos proporciona um corte mais rente. Contudo, a raspagem na direção do crescimento é mais suave para a pele. Nas pernas, você pode depilar para cima, contra a direção do crescimento dos pelos. Mas, nas axilas e em outras áreas sensíveis, raspe na direção deles.
- **Enxágue com água fria e seque batendo de leve.** O enxágue com água fria fecha os poros e suaviza a pele. Em vez de esfregar, dê umas batidinhas leves para secar. Você pode usar loções suavizantes. Experimente *Aloe vera*. Não use loções com perfume ou álcool. Não use desodorante logo após depilar as axilas.
- **Nunca use depilador emprestado nem empreste o seu.** Se fizer isso, correrá risco de infecção.

REMOVENDO PELOS DA "LINHA DO BIQUÍNI"

Meninas que usam biquíni ou maiô decotado não querem que os pelos púbicos fiquem visíveis, mas a remoção deles pode causar problemas se não for benfeita. Aqui vão algumas informações para a remoção de pelos na linha do biquíni.

Arrancar os pelos pode causar pequenos calombos e irritação na pele. Isso funciona com alguns pelos isolados, mas, mais do que isso, o procedimento é muito doloroso e demorado.

Alguns cremes podem ser usados na área do biquíni, desde que você siga as instruções com cuidado. Faça sempre um teste de pele antes. Espere 24 horas pelo resultado.

Você pode raspar a linha do biquíni com lâmina, mas vá devagar. Use bastante creme. Raspe sempre para baixo, na direção do crescimento dos pelos. Tente não raspar várias vezes a mesma área. Mesmo com bastante cuidado, talvez a depilação deixe alguns pequenos calombos vermelhos e a pele irritada. Esse problema é muito comum em mulheres afrodescendentes. (Ver *box* na página 125.) Faça um teste antes, depilando uma área pequena. Espere pelo menos 24 horas para ver como a pele ficou.

Há também *kits* com cera para usar na linha do biquíni. Use uma cera com selo de segurança. Ainda assim, é possível que fiquem marcas vermelhas um ou dois dias após a depilação com cera.

O SUOR E O CHEIRO DO CORPO

Você sobe e desce as escadas dez vezes seguidas, ou talvez seja um dia quentíssimo de verão. O que acontece? Vem o suor, claro. Quando a temperatura sobe, ou quando você se exercita, suas glândulas sudoríparas entram em ação. Elas secretam suor. (Estresse, medo e outras emoções fortes também podem ativar essas glândulas.)

Você possui milhões de glândulas sudoríparas. Elas se encontram em quase todos os centímetros de pele em seu corpo, impedindo que você fique superaquecida, graças à secreção de suor. O suor é composto por 99% de água, com uma pequena quantidade de sal na mistura. A água evapora rapidamente, permitindo que você esfrie, e o sal ajuda a extrair mais água do corpo.

Na puberdade, a produção das glândulas sudoríparas aumenta; e as glândulas especiais nas axilas e na área genital se ativam pela primeira vez. Isso significa que você sua mais e em mais lugares. O suor poderá ser notado na testa, na região acima do lábio superior, no pescoço e no peito, quando você se exercita. O medo e a preocupação, por sua vez, costumam provocar suor nas axilas, palmas das mãos e plantas dos pés. Mesmo que você não esteja com medo nem preocupada, provavelmente suará mais nessas áreas. O motivo: essas áreas possuem mais glândulas sudoríparas que outras partes do corpo.

O cheiro do seu corpo também muda durante a puberdade. O suor em si não causa odores desagradáveis. Aliás, é quase inodoro. Mas as bactérias que vivem na pele humana decompõem o suor – é isso que causa odor. Essas bactérias gostam particularmente do suor daquelas glândulas especiais nas axilas e na área genital que são ativadas na puberdade.

A maior parte do que chamamos de cheiro do corpo vem das axilas. Nelas existem certas glândulas especiais que as bactérias apreciam, além das condições úmidas e quentes, perfeitas para sua proliferação. E o suor fica muito malcheiroso quando as bactérias têm a oportunidade de trabalhar.

Como lidar com o suor e o cheiro do corpo

As mudanças da puberdade no cheiro do corpo e no suor são naturais e saudáveis. Fazem parte do crescimento. Entretanto, alguns jovens se preocupam com os odores e o suor. Não é nenhuma surpresa. Há empresas que gastam enormes somas de dinheiro em comerciais de televisão e em revistas para que nos preocupemos com o cheiro do corpo e com a secura da pele.

Não deixe que essas empresas façam você se preocupar com seu corpo! O suor é bom. Impede que você se frite! É um modo pelo qual o corpo se livra de substâncias indesejáveis. No entanto, você não precisa cheirar mal, mesmo que sue bastante. É fácil manter um odor limpo e agradável. Aqui vão algumas dicas.

- **Tome banho regularmente (ducha ou banheira).** Lavar-se diariamente elimina bactérias que causam odor. É importante, sobretudo, lavar as axilas e a vulva.
- **Use sabonete antibacteriano debaixo dos braços.** Estudos mostram que esse tipo de sabonete pode controlar as bactérias por até dezesseis horas.
- **Use roupas recém-lavadas.** As bactérias que causam odor podem ficar nas roupas. Mantenha as roupas sempre limpas.
- **Use roupas que "respirem".** Se você transpira muito, tente usar roupas íntimas feitas de puro algodão. O algodão absorve mais e permite que o ar circule, mantendo você seca.

Desodorantes e antitranspirantes

Se o odor ou a quantidade de suor nas axilas a incomoda, você pode usar um *desodorante* ou um *antitranspirante*. Muitos desodorantes cobrem o cheiro do corpo com um perfume próprio. Alguns também combatem as bactérias que causam odor. Os antitranspirantes deixam você seca, diminuindo a quantidade de suor. A maioria dos desodorantes também contém um antitranspirante.

Esses produtos vêm em *spray*, bastão, gel, creme, loção e *roll-on*. Alguns têm perfume, outros não. Alguns são anunciados especificamente para mulheres, mas, na verdade, não existe muita diferença entre o desodorante "para homens" e o desodorante "para mulheres".

Os antitranspirantes contêm alguma forma de *alumínio*. Alguns especialistas consideram que mesmo a menor quantidade de alumínio que entra no corpo é prejudicial. Outros dizem o contrário. Se você se preocupa com isso, use um desodorante que não contenha alumínio na fórmula. Ou, se sentir necessidade de um antitranspirante, use algum com *sulfato* de alumínio, que não é tão facilmente absorvido além das camadas externas da pele.

Qualquer produto que você resolver usar, leia as instruções. Alguns deles devem ser aplicados logo após o banho, enquanto o corpo ainda está molhado. A umidade ativa os ingredientes que combatem as bactérias. Outros produtos funcionam melhor quando usados na hora de dormir, e não logo de manhã. Se você transpira muito, experimente usar um antitranspirante antes de ir para a cama e antes de se vestir de manhã.

> ### *SPRAY* HIGIÊNICO FEMININO
>
> Os *sprays* higiênicos femininos são feitos para uso na vulva. Não recomendamos seu uso, pois podem causar irritação. Além disso, a menos que você tenha uma infecção, a área da vulva não costuma ter cheiro desagradável. Não é difícil garantir-lhe um cheiro de limpeza. A lavagem diária com sabonete e água e o uso de roupas íntimas de algodão são suficientes.
>
> Se sua vulva apresenta mau cheiro, talvez você tenha uma infecção. Consulte um médico, em vez de cobrir os odores com desodorante *spray*.

ESPINHAS, ACNE E OUTROS PROBLEMAS DE PELE

Espinhas e coisas do gênero são inevitáveis para a maioria das meninas na puberdade. As glândulas sebáceas contidas na pele se tornam ativas – até demais. Os médicos chamam de *acne* esses problemas de pele, que começam com essas glândulas e com os poros obstruídos.

Temos glândulas sebáceas no corpo todo. São mais comuns no rosto, no pescoço, no peito e nas costas. São justamente as áreas em que a acne é mais propensa a surgir.

A Figura 29 mostra um folículo capilar e uma glândula sebácea. Os folículos ficam sob a superfície da pele. Todos os pelos em seu corpo têm folículos próprios. Na parte inferior de cada folículo há uma glândula sebácea. Essas glândulas produzem um óleo chamado *sebo*. O sebo flui da glândula e percorre a haste do pelo, saindo pelos poros para a superfície da pele. Quando o sebo sai, traz consigo células mortas da pele, que vieram das paredes do folículo capilar.

A puberdade afeta os folículos capilares e as glândulas sebáceas em vários sentidos. As glândulas produzem muito mais sebo que antes. Mais células mortas se desprendem das paredes dos folículos capilares. Essas células mortas também costumam grudar umas nas outras, mais do que faziam antes da puberdade, e acabam formando uma espécie de coágulo que obstrui o poro.

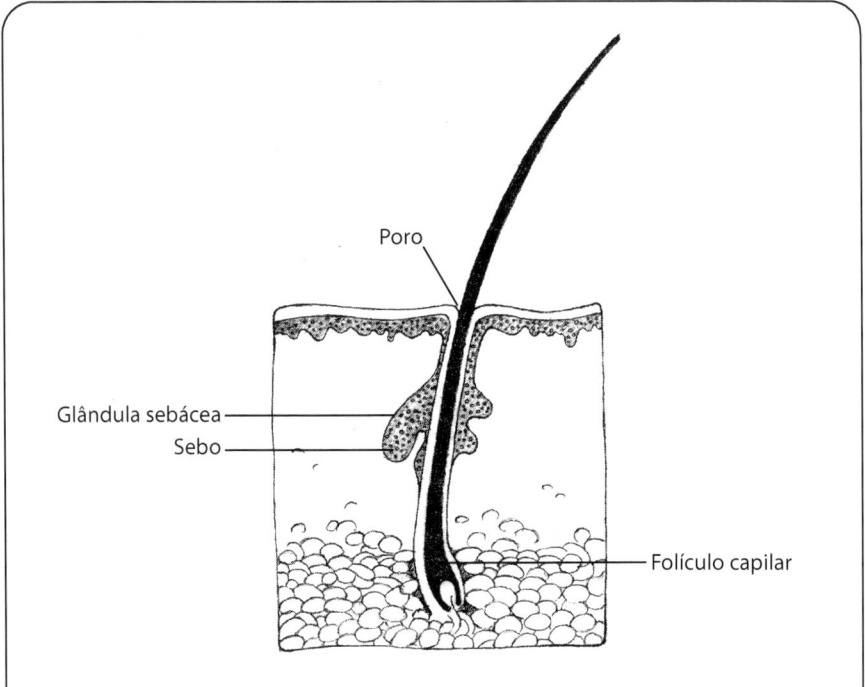

Figura 29. Folículo e glândula sebácea. Uma glândula no interior do folículo capilar produz um óleo chamado sebo. Normalmente, o poro do folículo encontra-se desobstruído, permitindo que o sebo flua lentamente para fora e lubrifique a pele.

Apesar de o coágulo se encontrar obstruído, a glândula sebácea continua produzindo sebo. Mas este não é mais capaz de sair do folículo. Acumula-se atrás do coágulo e faz inchar o folículo capilar. Isso se manifesta como uma pequena protuberância branca abaixo da superfície da pele, que chamamos de cravo branco.

Às vezes, a pressão do sebo preso força o coágulo para fora, acima da superfície. Quando isso acontece, dizemos que há um cravo preto. A cor preta não tem a ver com sujeira presa no coágulo. É uma reação química na superfície da pele que causa essa cor.

Cravos brancos e pretos são formas mais brandas de acne. As espinhas são mais graves. Ocorrem quando as bactérias infectam o sebo que se encontra acumulado. Inofensivas quando vivem na superfície, essas bactérias causam a infecção. Quando entram no sebo acumulado atrás de um poro obstruído, essas "inofensivas" bactérias começam a se multiplicar. Isso resulta em vermelhidão e inchaço, que chamamos de espinha. (Ver Figura 30.)

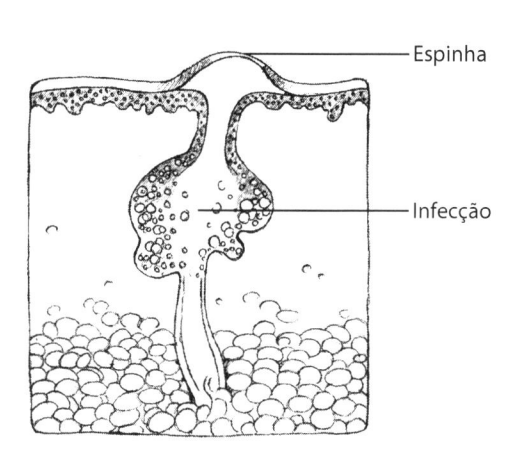

Figura 30. Uma espinha. Se o poro e a parte superior do folículo capilar ficarem obstruídos, o sebo não pode fluir para fora através do poro. Isso pode causar uma infecção que resulta no inchaço e no vermelhão que chamamos de espinha.

Às vezes, as paredes no interior de um folículo capilar se rompem. A infecção se espalha sob a pele. É o tipo mais sério de acne. Causa protuberâncias grandes, vermelhas e doloridas.

Tratamento

Cravos brancos, pretos, espinhas e casos graves de acne não são nada divertidos, tampouco atraentes. Pior ainda: esses casos mais graves de acne podem causar marcas ou cicatrizes permanentes na pele. A boa notícia é que o problema pode ser tratado. Na verdade, há várias coisas que você pode fazer. Tudo dependerá do tipo de acne e da gravidade do caso.

Algumas pessoas acham que a acne é causada por falta de higiene. Pensam que se lavarem mais a área o problema desaparecerá. Isso não é verdade. Lavar o rosto duas vezes por dia é suficiente. Mesmo que o lave mais que isso, não poderá impedir nem curar a acne.

Às vezes, a oleosidade do cabelo pode provocar erupção de acne na testa. Nesses casos, a lavagem frequente do cabelo, penteando-o para trás – longe da testa –, pode ajudar. Se você tem acne, não use cosméticos à base de óleo. Veja na embalagem se aparecem estas palavras: *não comedogênico* ou *não acnegênico*.

Os adultos podem lhe dizer que você não deve espremer as espinhas. E eles têm razão. Isso pode aprofundar a infecção na pele e deixar cicatrizes.

TRATAMENTOS SEM RECEITA MÉDICA

Há produtos que você pode comprar para tratamento de acne que não precisam de receita médica. Se você for usar um desses produtos, é bom saber o seguinte, antes de comprá-lo:

- **Peróxido de benzoíla.** O *peróxido de benzoíla* é o principal ingrediente de muitos medicamentos para tratar acne vendidos sem receita. Ele ataca as bactérias que causam espinhas. Também ajuda a desobstruir os poros dos folículos capilares. Se você pretende usar um desses produtos, vá devagar no começo. Antes de aplicá-lo, teste-o em uma área pequena da pele para ter certeza de que não provoca alergia.

  Quando usar um produto pela primeira vez, aplique-o somente na área infectada a cada dois dias. Depois de cerca de duas semanas, pode usá-lo diariamente. Tome cuidado para não espirrar peróxido de benzoíla nas roupas. Ele é um alvejante poderoso, que pode deixar marcas permanentes na roupa.
- **Ácido salicílico.** O *ácido salicílico* também é eficaz no tratamento da acne. Está presente em vários produtos vendidos sem receita. Tira cravos brancos e pretos e ajuda a impedir que voltem. Os produtos com ácido salicílico podem ser usados com outros tratamentos. Siga as instruções da embalagem.
- **Sabonetes abrasivos.** Esses produtos só pioram a acne. Não os use se tiver muitas espinhas, ou se forem de um tipo mais grave. Adolescentes afrodescendentes devem sempre evitar sabonete ou qualquer outro produto abrasivo. (Ver *box* na página 125.)

Lembre-se: qualquer medicamento para acne vendido sem receita pode irritar a pele. Siga sempre as instruções da embalagem com muita atenção. Os resultados aparecerão após seis a oito semanas de uso.

ACNE E ALIMENTAÇÃO

Antigamente, as pessoas acreditavam que certos tipos de alimentos podiam causar acne. O chocolate e comidas como batatas fritas eram os principais vilões. Os médicos nunca comprovaram qualquer ligação entre a dieta alimentar e a acne. Mesmo assim, se você perceber que certos alimentos lhe causam espinhas, é melhor evitá-los. Pode ter certeza de que comer menos fritura e chocolate não lhe fará mal!

PROBLEMAS DE PELE ESPECÍFICOS PARA MULHERES AFRODESCENDENTES

As mulheres afrodescendentes e com outras pigmentações de pele precisam tomar cuidados especiais com o uso de produtos dermatológicos ou para a remoção de pelos.

- **Sabonetes abrasivos.** Podem causar marcas permanentes em pele mais clara ou mais escura. Não use esses produtos.
- **Pelos encravados.** A mulher de pele negra que se depila é mais propensa a ter pelos encravados, principalmente na linha do biquíni. A depilação de pelos púbicos faz cortes angulares, deixando uma ponta aguda. Após a depilação, os pelos enrolados podem puxar a pele por baixo da superfície ou crescer de volta. (Ver Figura 31.) Isso pode provocar protuberâncias feias, inflamadas, na superfície da pele. Não há problema em liberar a ponta de um pelo encravado. Mas não o puxe. Se o puxar, poderá haver uma grave reação quando o pelo crescer de novo.
- **Removedores químicos de pelos.** Tome cuidado especial quando usar qualquer um desses produtos. Eles podem causar irritação. Faça sempre um teste em uma pequena área na pele antes de aplicá-los em áreas maiores. Não tome sol e não vá nadar por 24 horas após o uso.
- **Queloides.** A pele de pessoas afrodescendentes é mais propensa a formar cicatrizes anormais, conhecidas como queloides. Se você tem essa tendência, mesmo os menores cortes, ou até uma espinha que você espremeu, podem deixar uma cicatriz bem visível. Converse com um médico antes de usar qualquer método de remoção de pelos.

TRATAMENTO MÉDICO

Algumas pessoas dizem: "Deixe a acne sumir sozinha; não faça nada". Mas o tratamento médico pode ajudar. Além disso, casos graves podem causar cicatrizes permanentes se não forem tratados. Se o seu caso não é apenas leve, talvez seja bom consultar um médico. As orientações a seguir ajudarão você a decidir. Consulte o médico se você tem acne ou se alguma das situações citadas abaixo se aplica ao seu caso.

- Se você está usando produtos vendidos sem receita há dois meses ou mais e sua pele não melhorou quase nada.

Figura 31. Pelo encravado

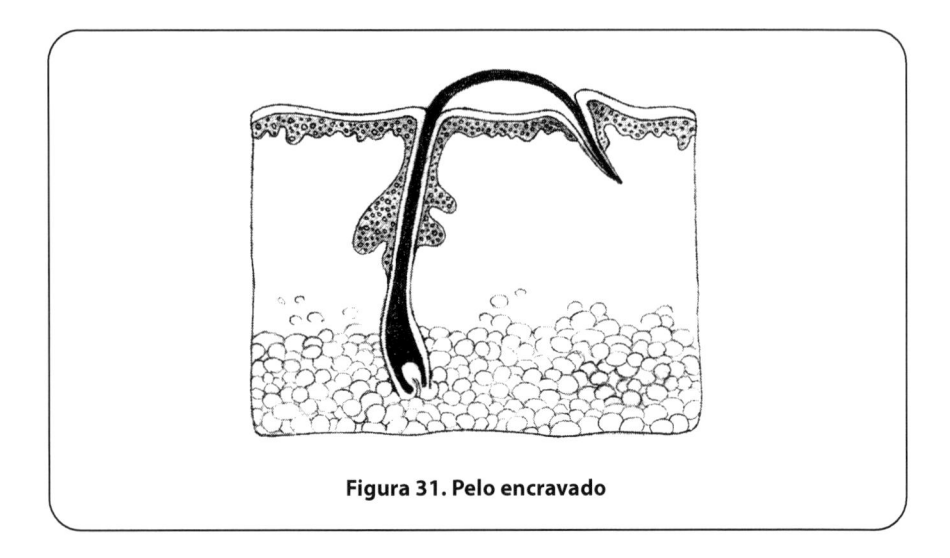

- Se suas espinhas não a deixam aproveitar a vida como deveria.
- Se seu caso de acne produz protuberâncias grandes, vermelhas e doloridas.
- Se sua pele é escura e você notou que a acne está causando manchas escuras nela.
- Se há casos severos de acne em sua família.
- Se você tem só 9 ou 10 anos e já tem acne.

Um médico pode receitar um tratamento adequado ao seu problema. Pode prescrever remédios que não são vendidos sem receita. Siga sempre as instruções que ele lhe der. Informe-o de quaisquer produtos comprados sem receita que você tenha usado ou ainda use. Alguns podem causar má interação com o remédio prescrito por ele. Talvez o tratamento demore uns dois meses ou mais até surtir algum efeito. Em alguns casos, o médico pode lhe indicar um *dermatologista*, especialista em problemas de pele.

ESTRIAS

Algumas jovens desenvolvem estrias durante a puberdade. Estrias são linhas roxas ou brancas na pele. Não são muito comuns, mas podem acontecer se o estirão de crescimento esticar demais a pele. Geralmente essas marcas diminuem bastante com a idade. Além de esperar que elas sumam, não há muito o que fazer.

Estrias, pelos púbicos, pelos nas axilas, suor e acne são algumas das mudanças que ocorrem durante a puberdade. No capítulo seguinte, falaremos de outras.

O LADO BOM DA PUBERDADE

A puberdade não é só transpiração e espinhas. Parece isso, depois de tantas aulas (ou depois de um capítulo inteiro neste livro) apresentando essas coisas ruins. Por isso, no fim das aulas, lembramos os jovens que há um lado bom na puberdade mostrando-lhes uma lista de coisas que podem acontecer ao longo dela. Veja uma lista desse tipo. O que você acrescentaria a ela?

ter mais privilégios	tomar as próprias decisões (às vezes)
ter permissão para dormir tarde	tirar o aparelho dos dentes
ser mais dono do próprio nariz	arrumar um emprego
dirigir	namorar
assistir a filmes proibidos para menores	estudar numa escola nova
ter um corpo mais curvilíneo (meninas)	fazer novos amigos
ser mais respeitado	ir a festas
ganhar uma mesada maior	ter o próprio dinheiro
entrar para o time da escola	entrar na faculdade

6
OS ÓRGÃOS REPRODUTORES E O CICLO MENSTRUAL

No capítulo 3, falamos dos órgãos sexuais no lado externo do corpo. Temos também órgãos sexuais dentro do corpo. São chamados de *órgãos reprodutores*. Por quê? Porque possibilitam nossa reprodução – ter bebês. Neste capítulo, abordaremos esses órgãos e a mudança pela qual eles passam na puberdade.

Um resultado dessas mudanças é que a menina tem sua primeira menstruação. Outro é a primeira ovulação. (Vimos no capítulo 1 que o *óvulo* é a célula reprodutora feminina. Os óvulos são armazenados nos ovários. *Ovulação* é a liberação de um óvulo do ovário.)

A mulher madura ovula mais ou menos uma vez por mês. Cerca de duas semanas após ovular, ela costuma menstruar. Esse ciclo de ovulação e menstruação é repetido todos os meses durante boa parte de sua vida adulta. (A exceção é a gravidez. Mulheres grávidas não ovulam.)

Esse ciclo tem o nome de *ciclo menstrual*. Garotas ainda novas geralmente menstruam sem ovular. Demora um pouco até entrarem em um ciclo regular de ovulação e menstruação.

Neste capítulo, você vai aprender como seus ovários produzem um óvulo maduro. Explicaremos o que acontece dentro do seu corpo quando você menstrua. Você vai descobrir como é o ciclo menstrual. Também lhe daremos dicas que a ajudarão a saber o que é normal ou não no ciclo menstrual. Por fim, você vai aprender sobre a síndrome de tensão pré-menstrual, ou TPM, e algumas outras mudanças pré-menstruais que você pode ter.

A HISTÓRIA INTERIOR: OS ÓRGÃOS REPRODUTORES

Os órgãos sexuais dentro do corpo feminino nos permitem reproduzir. Esses órgãos são listados a seguir. Leia a lista. Depois, veja se consegue identificar os órgãos na Figura 32.

OS ÓRGÃOS REPRODUTORES

- **Ovários:** Local onde as células reprodutoras femininas – óvulos – são armazenadas.
- **Tubas uterinas:** Tubos pelos quais passam os óvulos a caminho do útero (também chamadas de tubos dos óvulos, trompas de Falópio, ou simplesmente trompas).
- **Útero:** Local onde o bebê se desenvolve durante os nove meses de gravidez (também chamado de ventre).
- **Paredes do útero (revestimento do útero):** Membrana grossa, com sangue, que se desprende do útero na menstruação (também chamadas de *endométrio*, ou *revestimento endometrial*).
- **Cérvice (ou colo do útero):** Parte inferior do útero, que se destaca na parte superior da vagina.
- **Canal cervical:** Túnel estreito no centro da *cérvice*; o *canal cervical* vai da vagina ao útero.
- **Vagina:** Tubo muscular dentro do corpo, que vai da vulva à cérvice.

O salto do crescimento interno

Não são apenas seus ossos que passam por um salto de crescimento na puberdade. Os órgãos reprodutores também. A vagina quase dobra de comprimento. Na mulher adulta, mede aproximadamente de 7,5 a 12,5cm. Os ovários e trompas também aumentam. Na mulher adulta, eles ficam mais ou menos do tamanho e da forma de uma amêndoa grande (ainda na casca). As trompas passam a ter entre 7,5 e 10 cm de comprimento, e a espessura aproximada de um espaguete.

O útero, incluindo a cérvice, também cresce. No decorrer desse crescimento, muda de forma e posição. Na criança, o útero tem formato de tubo. Na mulher adulta, ele tem o tamanho e o formato aproximados de uma pera de cabeça para baixo.

A Figura 33 mostra os órgãos reprodutores em uma menina e em uma mulher adulta. Como você pode ver, o útero é reto antes da puberdade. Nas mulheres adultas, ele se inclina para a frente; mas isso nem sempre ocorre. Em algumas mulheres, aliás, ele se inclina para trás. Essas posições são perfeitamente normais.

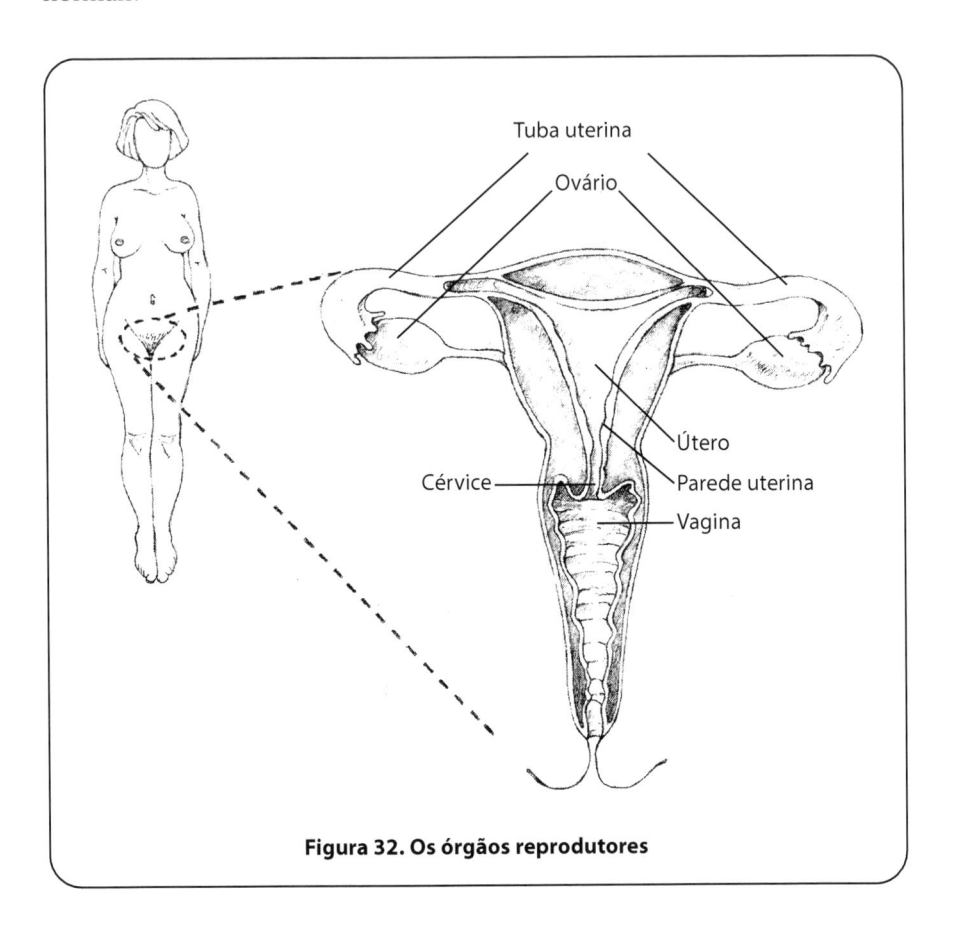

Figura 32. Os órgãos reprodutores

NÃO ACREDITE EM TUDO QUE VOCÊ VÊ

As ilustrações geralmente dão a ideia de que a vagina é oca, com um espaço vazio por dentro. Mas não é! Já explicamos que a vagina é como um balão murcho. Não há espaços vazios dentro dela. Você pode compará-la também com a manga de um casaco. Se o casaco não estiver sendo usado e não tiver nada na manga, não haverá ali um espaço vazio. Em vez disso, as laterais da manga se encontram. Também na vagina é assim. Normalmente, as paredes internas da vagina – assim como as da manga – se tocam.

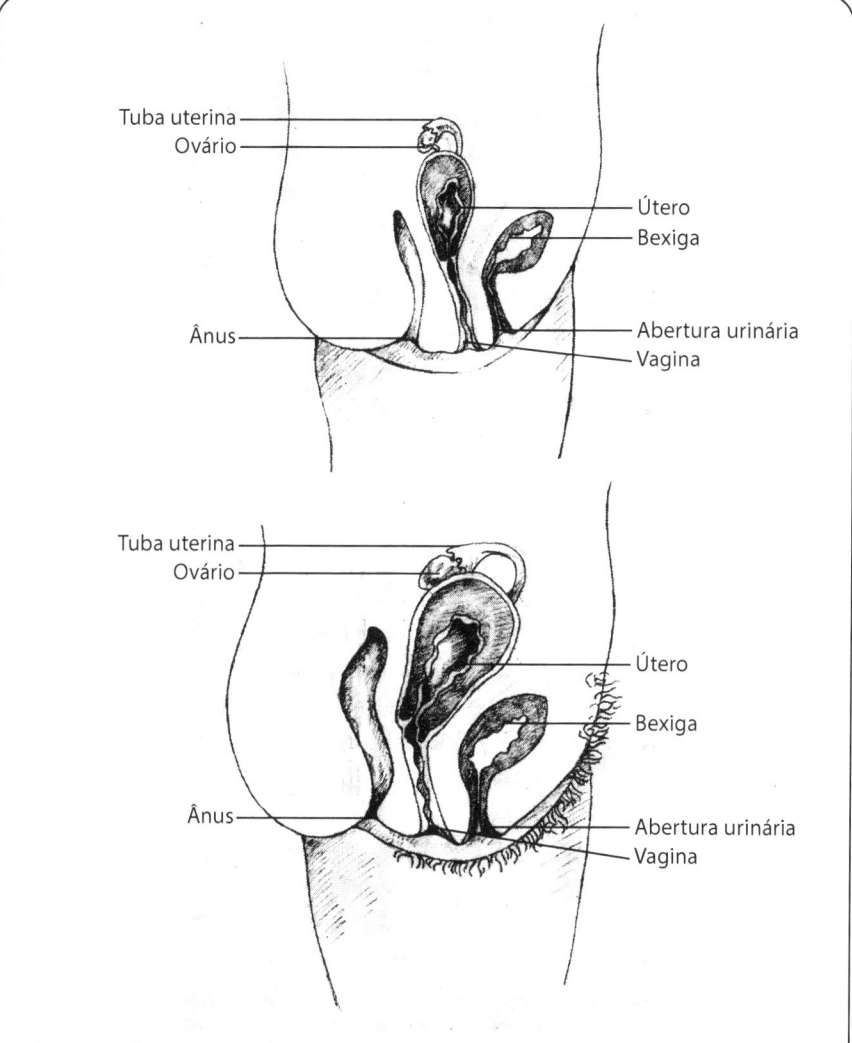

Figura 33. Órgãos reprodutores, antes e depois da puberdade. Nossos órgãos reprodutores mudam com a idade. Ficam maiores e mudam de posição. Observe que o útero é quase vertical na menina, mas geralmente se inclina para a frente na mulher adulta.

SECREÇÃO VAGINAL

Você não consegue ver o salto de crescimento no interior de seu corpo. Mas pode notar uma secreção aquosa da vagina. É o que chamamos de *secreção vaginal*. Ela acontece cerca de uma vez por ano antes da primeira menstruação.

A secreção vaginal pode ser transparente ou branca. Quando ela seca na calcinha, pode ser ligeiramente amarela. É perfeitamente normal – mais um sinal de que você está crescendo.

A secreção vaginal é uma maneira de o corpo manter a vagina limpa e saudável. Você sabia que a pele dentro de seu corpo está sempre eliminando células mortas? Bem, as paredes da vagina fazem a mesma coisa. Na puberdade, a vagina elimina células mortas com maior rapidez. Seu corpo produz pequenas quantidades de fluido para expelir essas células. A secreção vaginal é uma mistura de células mortas e fluidos que as expelem.

Talvez a secreção seja maior em alguns dias que em outros. A cor e a textura também podem variar. Às vezes, a secreção é transparente e escorregadia. Outras, é branca e cremosa, ou grossa e pastosa. Essas mudanças são todas normais.

Uma infecção pode causar secreções anormais. Esses problemas não são comuns em meninas na puberdade. Entretanto, se sua secreção vaginal ficar verde ou amarela, com odor forte, causando coceira ou vermelhidão – ou se for anormalmente grossa –, consulte um médico. A maior parte das infecções em garotas da sua idade não é grave, se for devidamente tratada. Procure o médico e faça um exame.

HORMÔNIOS

Os *hormônios* causam o salto de crescimento em seus órgãos reprodutores. São eles que provocam também a secreção vaginal. Na verdade, estão presentes em quase todas as mudanças na puberdade. Seios, pelos púbicos, espinhas, cheiro do corpo e estirão de crescimento – tudo! Os hormônios estão envolvidos em todas essas mudanças. Bem, afinal, o que são os hormônios?

São substâncias químicas produzidas em certas partes do corpo. Percorrem a corrente sanguínea até vários órgãos, levando a eles mensagens de como devem se desenvolver e funcionar corretamente. Seu corpo produz muitos hormônios diferentes. Falaremos aqui apenas daqueles que causam mudanças na puberdade e direcionam o ciclo menstrual. Esses hormônios são produzidos na *glândula pituitária* (ou *hipófise*), situada na base do cérebro, e nos ovários.

A puberdade começa no cérebro, na glândula pituitária. Muito antes de você notar sinais externos da puberdade, essa glândula começa a produzir um hormônio que se desloca na corrente sanguínea até os ovários, impelindo-os a produzir outro hormônio chamado *estrógeno*.

OS ÓRGÃOS REPRODUTORES E O CICLO MENSTRUAL | 133

O estrógeno percorre o corpo e causa muitas das mudanças que você percebe no começo da puberdade. Por exemplo, o desenvolvimento de tecido gorduroso em torno dos quadris. Também incita o crescimento e o desenvolvimento dos seios. (Ver Figura 34.)

A glândula pituitária está localizada na base do cérebro

Hormônios da glândula pituitária dirigem-se ao ovário e dão início ao desenvolvimento do óvulo

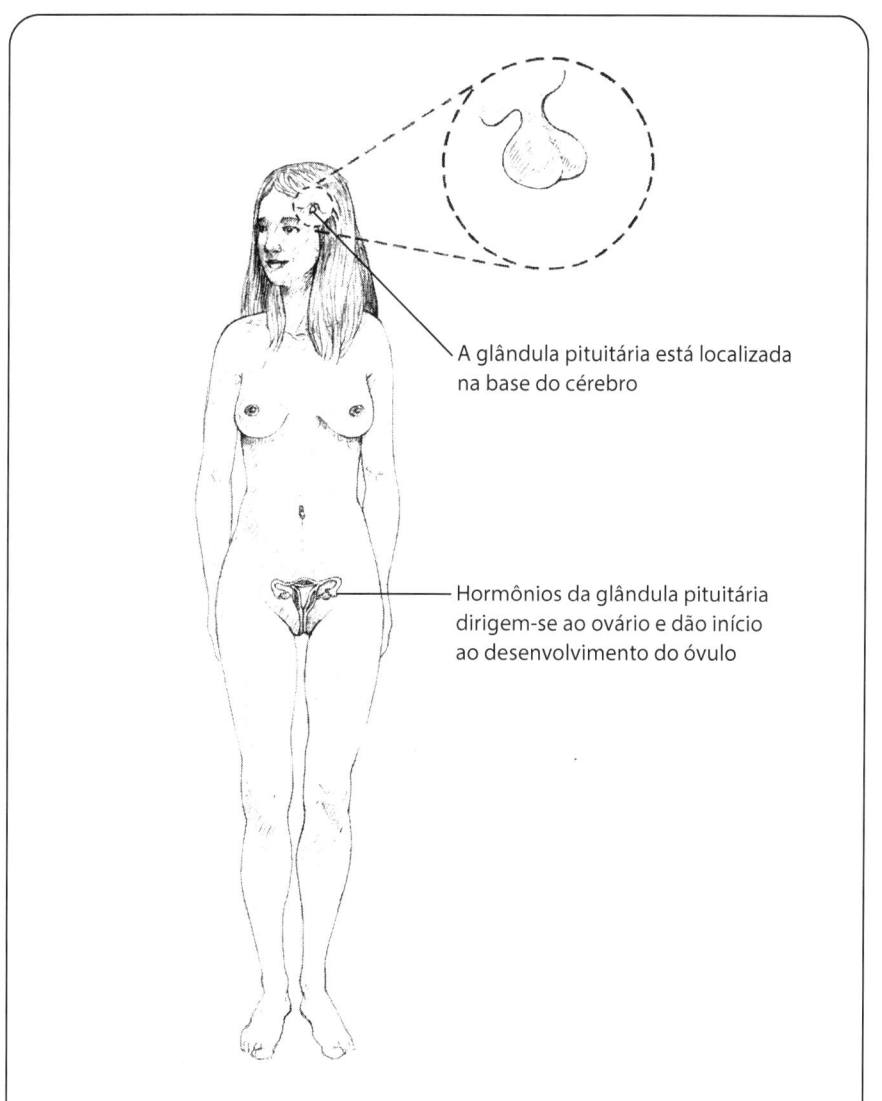

Figura 34. Hormônios. Estimulados por hormônios da glândula pituitária, os ovários produzem quantidades maiores do hormônio feminino chamado estrógeno. O estrógeno percorre o corpo da jovem, causando muitas mudanças, tais como inchaço dos seios e desenvolvimento de tecido gorduroso em torno dos quadris.

O estrógeno e o ciclo menstrual

O estrógeno não é apenas um traço da puberdade. É um hormônio que afeta a mulher não só nessa fase, mas em boa parte da vida. Por exemplo, quando uma menina começa a menstruar, o estrógeno ajuda a controlar o ciclo menstrual. Veja como ele funciona.

No começo da cada ciclo menstrual, a glândula pituitária envia um hormônio aos ovários. Esse hormônio leva uma mensagem aos óvulos armazenados lá. Há milhares de óvulos em cada ovário. Cada óvulo fica dentro de um minúsculo invólucro. Os óvulos armazenados nos ovários de uma garota ainda jovem não estão plenamente maduros. Não podem amadurecer sozinhos. Precisam esperar pelo hormônio da pituitária. No início de cada ciclo menstrual, o hormônio pituitário chega ao ovário e faz com que cerca de vinte óvulos cresçam e se desenvolvam.

No decorrer do desenvolvimento dos óvulos, as células nas paredes dos invólucros que os protegem produzem cada vez mais estrógeno. O resultado é um aumento do nível de estrógeno na corrente sanguínea. Isso provoca mudanças no útero. Novos vasos sanguíneos se desenvolvem na parede deste. Assim, essa parede fica mais grossa rapidamente – cinco vezes mais, na verdade! (Quando uma mulher engravida, essa parede ajuda a nutrir o bebê no ventre da mãe.)

Ovulação

Nesse meio-tempo, no ovário, um dos óvulos em desenvolvimento cresce bem mais que os outros e produz também muito mais estrógeno. Esse é o óvulo que será liberado durante a ovulação. Normalmente, só um óvulo é liberado quando a mulher *ovula*. Não se sabe com clareza como e por que um óvulo em particular é "escolhido" para amadurecer totalmente; mas, de qualquer forma, os outros óvulos param de crescer e encolhem.

O óvulo escolhido, aninhado em seu invólucro próprio, cresce tanto que pressiona a parede externa do ovário. E a pressão é tão forte que forma uma pequenina bolha na superfície do ovário.

Nessa altura do processo, o nível de estrógeno chega ao ponto máximo. Esse alto nível de estrógeno envia uma mensagem de volta à glândula pituitária. Em resposta, a pituitária produz um jato de outro hormônio. Assim como o hormônio que inicia o desenvolvimento dos óvulos, este também se desloca até o ovário. Faz com que se rompa a bolha na superfície do ovário, liberando o óvulo. Como dissemos, essa liberação do óvulo maduro se chama ovulação. (Ver Figura 35.)

> **DOR NA OVULAÇÃO**
>
> A maioria de nós não sente nada quando a bolha no ovário se rompe liberando o óvulo. Nem percebemos isso acontecer; contudo, algumas mulheres sentem dor quando estão perto de ovular. Essa dor se chama *Mittelschmerz*. (Nem se dê ao trabalho de tentar pronunciar essa palavra alemã!) Geralmente, ela se manifesta como uma cólica em um dos lados do estômago e costuma durar no máximo algumas horas. Para algumas mulheres, porém, a dor leva um ou dois dias para passar.

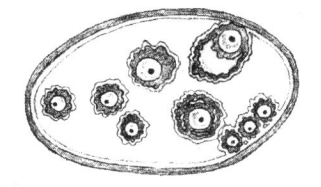

Óvulos começam a se desenvolver

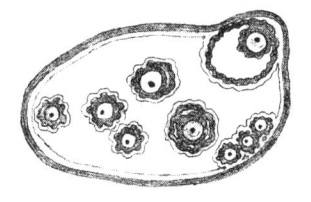

Óvulo chega à superfície

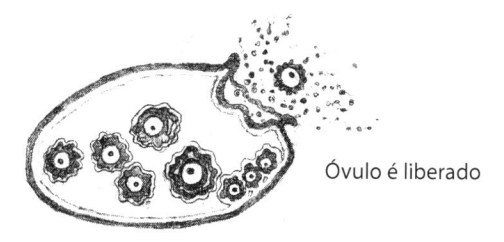

Óvulo é liberado

Figura 35. Ovulação

Fertilização

Quando o óvulo deixa o ovário, as extremidades da tuba uterina mais próxima se estendem como dedos, envolvendo o óvulo e trazendo-o para a tuba. Esta é revestida de minúsculos pelos ondulantes. Lentamente, no decorrer dos próximos dias, eles ajudarão o óvulo a passar pela tuba em direção ao útero.

O óvulo pode encontrar um espermatozoide dentro da tuba. (Se você se lembra do capítulo 1, um homem pode ejacular esperma – constituído por espermatozoides – na vagina de sua parceira durante a relação sexual. Alguns espermatozoides podem "nadar" até o útero e subir pelas tubas.)

Se um casal teve relações perto da época da ovulação, há uma boa chance de o óvulo se encontrar com um espermatozoide na tuba. Nesse caso, um dos espermatozoides pode entrar no óvulo. Essa junção de óvulo e espermatozoide é chamada de *fertilização*. Do ovo fertilizado, pode se desenvolver um bebê.

O óvulo só pode ser fertilizado nas primeiras 24 horas após sair do ovário, mas o espermatozoide pode permanecer vivo no corpo da mulher por até cinco dias. Portanto, um espermatozoide oriundo do ato sexual ocorrido dias antes da ovulação pode permanecer no corpo feminino. Quando o óvulo maduro entra na tuba, é possível que o espermatozoide ainda esteja lá, esperando uma chance de fertilizá-lo. Isso significa que uma mulher pode engravidar se teve relação sexual *em qualquer momento durante os cinco dias antes da ovulação ou nas 24 horas depois*. Há também uma pequena possibilidade de engravidar se tiver tido relação mais de cinco dias *antes* ou mais de um dia *depois* da ovulação.

Fertilizado ou não, o óvulo continua se movendo em direção ao útero. Chega lá entre cinco e sete dias após deixar o ovário. (Ver Figura 36.)

Enquanto isso, na superfície do ovário, os vestígios da bolha que antes segurava o óvulo maduro começam a produzir outro hormônio. Esse hormônio é chamado de *progesterona*. Faz com que a parede uterina produza fluidos especiais que ajudam a nutrir um óvulo fertilizado nos estágios iniciais da gravidez. Quando o óvulo chega ao útero, a parede – ou revestimento – está muito grossa. Se fertilizado, o óvulo se planta nela dali a alguns dias. Esse processo envia uma mensagem ao ovário, que força os restos da bolha estourada a continuar produzindo hormônios. Esses hormônios fazem a parede uterina engrossar para poder, assim, nutrir o óvulo. Nos próximos meses, o óvulo fertilizado cresce até formar um bebê.

Menstruação

Se o óvulo não estiver fertilizado, ele não se planta na parede uterina, mas simplesmente se dissolve. Portanto, não é enviada nenhuma mensagem ao ovário, e os restos da bolha estourada param de produzir progesterona.

Quando o nível de progesterona na corrente sanguínea cai, a parede do útero se decompõe. Tecidos esponjosos escorrem da parede e se liquefazem. Esse líquido, junto com sangue da parede uterina, se acumula no fundo do útero. (Olhe novamente a Figura 11 no capítulo 1, p. 49.) A partir de lá, o sangue e os tecidos escorrem até a vagina e saem pela abertura vaginal. Esse sangue e esses tecidos são conhecidos como fluxo menstrual. O fluxo geralmente continua por dois a sete dias antes de parar. Como dissemos, esses dias de sangramento são chamados de menstruação, ou período menstrual.

O CICLO MENSTRUAL

É a queda de produção de hormônios no ovário que provoca a decomposição da parede uterina e dá início à menstruação. Essa queda tem outro efeito, também. Quando os hormônios diminuem abaixo de determinado nível, a glândula pituitária entra em ação novamente. Mais uma vez, ela envia um hormônio ao ovário, causando o desenvolvimento de outro grupo de vinte e poucos óvulos. Enquanto se desenvolvem, esses óvulos começam a produzir quantidades cada vez maiores de estrógeno. E mais uma vez, os níveis crescentes de estrógeno fazem engrossar a parede uterina. Quando o nível de estrógeno chega ao pico, o óvulo maduro é liberado do ovário. Se não estiver fertilizado, de novo a parede uterina começa a se decompor e ocorre a menstruação.

Assim funciona o ciclo menstrual: repete-se continuamente. Cada ciclo repetido é chamado de *um ciclo menstrual*. (Ver Figura 36.)

MENOPAUSA

Os ciclos menstruais não duram para sempre. Quando uma mulher chega a determinada idade, geralmente entre 45 e 55 anos, seus ciclos param. Os ovários param de produzir um óvulo maduro a cada mês. Ela não menstrua mais todos os meses e não pode mais engravidar.

Há um nome especial para a fase da vida da garota que começa a menstruar e ovular: *puberdade*. Há outro nome para o momento na vida da mulher em que ela para de menstruar e ovular: *menopausa*.

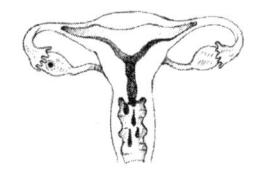

Dias 1-5: Nos cinco primeiros dias, a parede uterina está se decompondo e a menina começa a menstruar. Ao mesmo tempo, os óvulos começam a amadurecer.

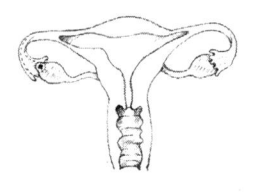

Dias 6-13: No decorrer desses dias, os óvulos continuam amadurecendo. Além disso, a parede do útero começa a engrossar e a ficar rica em nutrientes.

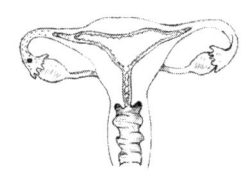

Dia 14: No décimo quarto dia do típico ciclo menstrual de 28 dias, ocorre a ovulação. Geralmente só um óvulo é liberado.

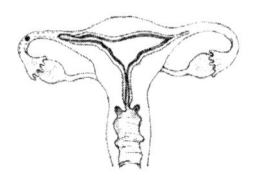

Dias 14-19: No decorrer desses dias, o óvulo passa pela tuba uterina em direção ao útero. A parede uterina continua a engrossar.

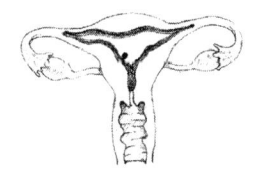

Dia 20: O óvulo chega ao útero mais ou menos no vigésimo dia do ciclo típico.

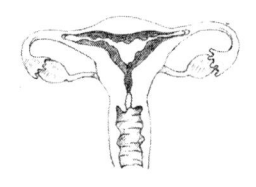

Dias 21-28: Se não estiver fertilizado, o óvulo se dissolve e a parede uterina se decompõe. Começa o sangramento novamente no vigésimo nono dia, que é o dia 1 do ciclo seguinte.

Figura 36. Um ciclo menstrual típico. Dura 28 dias. No entanto, a duração de um ciclo menstrual pode ser bem mais longa ou mais curta que isso. Moças que começaram a menstruar ainda jovens são particularmente propensas a ter ciclos menstruais irregulares.

Duração do ciclo

O primeiro dia da menstruação é chamado dia 1 do ciclo menstrual. O ciclo continua com dia 2, dia 3, e assim por diante, até o início do próximo período menstrual. O dia do início desse período seguinte é o dia 1 do próximo ciclo menstrual. Um ciclo completo vai do primeiro dia de um período até o primeiro do período seguinte.

A duração do ciclo é o número de dias entre os períodos menstruais (ver Figura 36) e varia de uma mulher para outra. Também varia na mesma mulher, de um ciclo até o próximo. Em mulheres adultas, um ciclo menstrual dura entre 21 e 35 dias. A média é 28 dias, mas são pouquíssimas as mulheres que realmente têm ciclos de 28 dias exatos.

Em um mês, o ciclo pode durar 27 dias, enquanto no próximo, 29. O ciclo seguinte pode ser de 30 dias. Cada uma de nós tem um padrão próprio. Algumas são mais regulares que outras. De modo geral, os ciclos menstruais tendem a ser mais regulares em mulheres entre 20 e 40 anos de idade. Mas não é sempre assim, como relata esta mulher:

> Minha menstruação era muito regular quando eu era mais jovem. Podia contar os dias, e sempre dava certo – 26. Depois, aos 30 anos, fiquei com o ciclo bastante irregular – a cada 22 dias, ou 26, ou até 30. Agora, está tudo regular novamente.
>
> – Tricia, 37

Os médicos nem sempre sabem dizer por que algumas mulheres são regulares e outras não, ou por que os padrões podem mudar. Sabemos que viagens, oscilações emocionais, estresse e doenças podem afetar a duração do ciclo. Além disso, mulheres que passam muito tempo perto uma da outra às vezes têm ciclos de mesma duração e menstruam na mesma época. Uma mulher nos disse:

> Sempre menstruei na mesma época que outras mulheres próximas a mim. Quando morava com minha família, minhas irmãs e eu sempre menstruávamos juntas... Quando fui para a faculdade, percebi que meus períodos menstruais mudaram. Comecei a menstruar mais ou menos no meio do mês, assim como minhas colegas de quarto.
>
> – Terry, 24

Ciclos irregulares em mulheres jovens

As mulheres jovens que começam a menstruar são propensas a irregularidades. Demora um pouco até o corpo se acostumar à menstruação e ovular. Na verdade, as garotas geralmente começam a menstruar, mas ainda não ovulam. É comum levar dois ou três anos até uma garota ter padrões regulares de ovulação e menstruação. Os primeiros ciclos são relativamente irregulares. Mesmo assim, porém, costumam durar entre 21 e 44 dias.

Antigamente, os médicos não se preocupavam muito se uma jovem tinha ciclos mais longos ou mais curtos. Achavam que tudo isso fazia parte dos ciclos irregulares. No entanto, muitos médicos mudaram de opinião. Recomendam que a menina consulte um especialista se tiver repetidos ciclos mais curtos que 21 dias ou mais longos que 44. Ter ciclos mais longos ou mais curtos que o normal nem sempre significa que a menina tem um problema médico, mas, como existe a *possibilidade* de haver um problema, muitos médicos acham bom verificar.

Duração

Seu período menstrual pode durar de dois a sete dias. A média é cinco. A duração do período pode variar de um ciclo para outro. Por exemplo, em um ciclo, você pode sangrar por três dias e no próximo por seis. Quando o tempo entre os períodos se torna mais regular, a duração dos períodos geralmente fica mais regular também. Quando a mulher se aproxima da menopausa, a duração dos períodos pode voltar a variar de um período a outro.

A qualquer momento de sua vida, um sangramento além de sete dias é considerado anormal. Se isso costuma acontecer com você, consulte um médico. Geralmente, não é sinal de um problema sério, mas períodos longos, principalmente com bastante sangramento, podem causar anemia e cansaço geral, daí a importância do exame.

Quantidade e padrão do fluxo menstrual

Embora o sangue menstrual pareça excessivo, na verdade não é tanto assim. Do começo ao fim de seu período, o fluxo menstrual não costuma passar de um quarto a um terço de xícara.

Em alguns meses, a menstruação pode ser mais intensa do que em outros. Isso é normal, mas às vezes o sangramento é muito forte. Consulte o médico se você estiver encharcando absorventes de hora em hora, em um dia inteiro. (Absorventes internos e externos são usados para absorver o fluxo menstrual.

Ver capítulo 7.) Quando falamos em encharcar, queremos dizer literalmente ensopar o absorvente de sangue.

Na mulher adulta, o fluxo costuma ser mais intenso nos primeiros dois ou três dias do período. Durante os primeiros dois ou três anos após a primeira menstruação, a menina pode ter padrões erráticos de sangramento. O padrão pode variar de um ciclo para outro.

DUCHA VAGINAL

A *ducha vaginal* lava a vagina com água pura ou misturada com vinagre ou algum pó especial para isso. Hoje em dia, essas duchas vêm em frascos plásticos. O frasco tem um chuveirinho em uma das extremidades. A mulher se deita numa banheira vazia, insere o chuveirinho na vagina e aperta o frasco. Com isso, o líquido entra e lava a vagina.

Esse dispositivo não é muito bom. Além do mais, não é necessário, pois, como você deve se lembrar, vimos no início deste capítulo que os fluidos da cérvice e das paredes vaginais enxáguam a vagina e a mantêm limpa naturalmente. Esses fluidos impedem doenças. A ducha vaginal pode até ser prejudicial, porque pode mudar o equilíbrio químico natural na vagina e provocar infecções, podendo espalhá-las até o útero. Por todas essas razões, evite-a.

Os coágulos e a cor do fluxo

O fluxo menstrual pode ter o que chamamos de coágulos de sangue. Você pode notar esses coágulos principalmente se estiver sentada ou deitada por algum tempo e, de repente, mudar de posição. Os coágulos se formam quando o sangue "fica empoçado" na parte superior da vagina enquanto você está sentada ou deitada. São mais prováveis de se formar de manhã, quando você se levanta. Enquanto a quantidade de fluxo for normal, os coágulos não são motivo de preocupação.

O fluxo menstrual pode ser rosa, vermelho berrante, vermelho escuro, marrom ou qualquer cor parecida com essas. A cor também varia de um período menstrual para outro, ou até de um dia para outro. Isso também é perfeitamente normal.

O sangue costuma ficar marrom quando entra em contato com o ar. Se seu fluxo menstrual demora a sair do corpo, pode adquirir uma coloração marrom. É mais propenso a ser amarronzado no fim do período.

Atrasos ou ausência de menstruação

Às vezes, você pode não menstruar em um mês, ou parar de menstruar. Para as mulheres que têm relações sexuais, a causa mais comum disso é a gravidez. Portanto, se você teve uma relação e a menstruação não veio, consulte o médico ou dirija-se a uma clínica imediatamente. Talvez você esteja grávida.

Há outras causas para o atraso ou a ausência de menstruação. Isso é particularmente comum em garotas que começaram a menstruar. Mesmo as mulheres que menstruam regularmente há vários anos podem, às vezes, ter a menstruação atrasada ou não menstruar.

Isso é normal, mas, se você menstrua regularmente e de repente para de menstruar, é possível que esteja com algum problema. Se você não tiver vida sexualmente ativa e, portanto, não estiver grávida, consulte um médico caso isso tenha acontecido três vezes seguidas. Alguns especialistas recomendam que a menina seja examinada se a menstruação não ocorre em dois meses seguidos.

Sangramento entre períodos menstruais

O sangramento entre períodos menstruais pode se constituir de apenas algumas gotículas ou de um sangramento muito leve durante um ou dois dias. Isso não é incomum durante um ou dois dias perto da época da ovulação. Você pode calcular se o sangramento está relacionado com a ovulação. Registre sempre seus ciclos menstruais. Observe as datas em que ocorre o sangramento entre os períodos e as datas do início dos períodos. Se esse tipo de sangramento ocorrer cerca de duas semanas antes do início da menstruação, provavelmente está relacionado com a ovulação. Não precisa se preocupar com ele. Se o sangramento entre os períodos ocorrer em outros momentos e continuar por mais de três ciclos, consulte o médico.

Meras orientações

Nestas últimas páginas, tentamos lhe dar uma ideia do que é ou não normal no ciclo menstrual e no período menstrual. Lembre-se, porém, de que as informações neste capítulo são meras orientações. Se você sentir que alguma coisa não vai bem em seu ciclo menstrual, consulte um médico. Se tiver um problema, poderá detectá-lo ainda no começo. Se não tiver, não precisará mais se preocupar.

OUTRAS MUDANÇAS MENSTRUAIS

As mulheres notam mudanças no corpo ou nas emoções em certos momentos do ciclo menstrual. Conheço uma mulher que fica bastante agitada durante a menstruação. Geralmente, entra em um "pique" de limpar a casa (o que é bom, pois, na maior parte do tempo, ela não se interessa por trabalhos domésticos). Uma semana a dez dias antes de começar a menstruar, os seios de algumas mulheres ficam meio encaroçados, inchados e sensíveis. Uma mulher me disse algo sobre a sensação de "vagina de chumbo". Nos primeiros dias de seu período menstrual, ela sente um peso na vagina e na vulva, como se "fossem feitas de chumbo". Muitas mulheres têm fortes impulsos sexuais quando estão perto de ovular.

A maioria das meninas e mulheres com quem conversamos nota algumas mudanças emocionais ou físicas relacionadas ao ciclo menstrual. A maioria dessas mudanças acontece durante o período menstrual ou na semana que o antecede. Aqui estão algumas:

mais energia
falta de energia ou cansaço
mudanças súbitas de humor
tensão ou ansiedade
depressão
sensações de bem-estar
rompantes de criatividade
vontade louca de comer doce
espinhas e outros problemas de pele
coloração clara ou rosada na pele
impulsos sexuais mais fortes
dores de cabeça
distúrbios na visão
diarreia
constipação
inchaço nos tornozelos, punhos, mãos
 ou pés
inchaço e sensibilidade nos seios

inchaço no abdômen
sensação de estar estufada
aumento temporário de peso (geralmente cerca de um quilo e meio a
 dois quilos)
diminuição da concentração
aumento da concentração
aumento do apetite
aumento da sede
cólica
necessidade de urinar mais vezes
infecções urinárias
mudança na secreção vaginal
náusea
coriza
feridas na boca
dor nas costas

Em algumas mulheres, as mudanças são muito perceptíveis. Em outras, não. Há mulheres que não sentem nenhuma mudança.

SÍNDROME DE TENSÃO PRÉ-MENSTRUAL

Se uma mulher tiver uma ou mais das mudanças negativas listadas acima durante os sete e os dez dias que antecedem o período menstrual, talvez ela sofra de síndrome de tensão pré-menstrual, ou *TPM*. Ninguém sabe com certeza o que causa a TPM. Alguns médicos acham que se trata de uma deficiência de vitaminas e nutrientes. Outros creem que ela seja causada por um desequilíbrio hormonal.

Formas mais brandas de TPM são muito comuns. Muitas de nós têm sintomas de TPM em um momento ou outro na vida. Uma sensação de estar estufada, o aparecimento de espinhas ou o inchaço dos seios são alguns dos sintomas mais comuns.

Se você tem alguns leves sintomas de TPM, pode fazer algo para remediar. Corte o açúcar, o café e o chocolate. Faça refeições equilibradas, com alimentos ricos em vitamina B6 e magnésio (presentes em legumes verdes, grãos integrais, nozes, sementes). Tome um suplemento vitamínico que inclua vitaminas do complexo B. Alguns médicos usam hormônios para tratar a TPM, mas outros não têm certeza se esse tipo de tratamento funciona de fato.

Se você acha que sofre de TPM, consulte um médico e saiba mais sobre essa síndrome.

ACOMPANHANDO O CICLO MENSTRUAL

Uma boa ideia é manter um registro de seus ciclos menstruais, assim você poderá saber quais mudanças – tais como sangramento perto da ovulação – acontecem durante o ciclo. Isso também é útil para que você saiba qual é o seu padrão e quando poderá esperar o próximo período menstrual. (Lembre-se, porém, de que talvez você não seja regular, no começo.)

Para isso, precisará de um calendário ou uma folhinha. No primeiro dia do período menstrual, marque um X no calendário. Marque com um X cada dia em que continuar o sangramento. Quando começar o próximo período, marque outro X. Conte o número de dias entre os períodos, assim começará a ter uma noção de quanto tempo seu ciclo menstrual costuma durar. (Ver Figura 37.)

Se quiser, registre também quando ocorrem cólicas, dores de ovulação ou quaisquer outras mudanças menstruais que notar; por exemplo, caso se sinta tensa e mal-humorada, ou seus seios fiquem sensíveis, anote esses eventos no

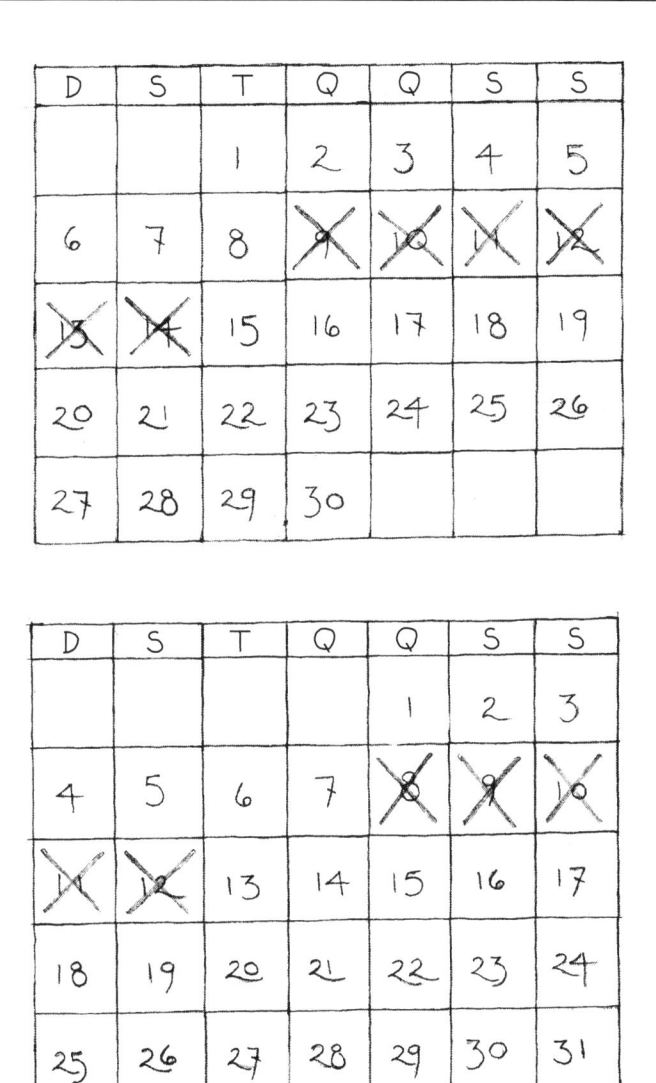

Figura 37. Registro dos períodos menstruais. Para manter esse registro, use um calendário como este. O primeiro dia dessa menina foi dia 9, e ela menstruou por mais cinco dias, marcando todos com um X. O ciclo seguinte começou no oitavo dia do mês seguinte e o período menstrual durou cinco dias, todos marcados com X. Contando o número de dias entre os Xs (23 dias no caso dessa menina) e somando o número de dias em que ela ficou menstruada no primeiro período (seis dias, no caso), você pode determinar a duração do ciclo menstrual dela. Como 23 + 6 = 29, o ciclo da garota durou 29 dias.

calendário para saber se essas mudanças ocorrem sempre ao mesmo tempo no decorrer de cada ciclo menstrual.

Quando você começar a ovular num ciclo regular, notará também mudanças de secreção vaginal no decorrer do ciclo.

Cada mulher tem um padrão próprio de secreção vaginal. Em algumas, essas mudanças são mais perceptíveis que em outras. Há, contudo, um padrão geral para secreção vaginal que funciona mais ou menos assim: nos dias imediatamente após o período menstrual de uma mulher, a secreção vaginal é menor. A vagina e os lábios vaginais parecem mais secos. Alguns dias depois, a quantidade de secreção vaginal aumenta. A vagina e os lábios vaginais ficam perceptivelmente mais úmidos. A secreção nesses dias pode ser transparente, branca ou amarelada. Pode ser fina e aquosa ou grossa e pegajosa.

Na época da ovulação, a quantidade de secreção aumenta ainda mais. Ela tende a ser transparente e muito escorregadia, podendo se estender em fios longos e brilhantes. Esse tipo de muco se chama *muco fértil*, porque aparece no fim do mês, quando a mulher é quase fértil e mais propensa a engravidar. O muco fértil tem uma composição química que ajuda o espermatozoide em seu caminho até o óvulo, aumentando as chances de a mulher engravidar.

Entre um a três dias após a ovulação, o muco fértil desaparece. Algumas mulheres não têm muita secreção a partir desse ponto até o período seguinte. A vagina e os lábios vaginais parecem secos novamente. Outras mulheres continuam tendo alguma secreção e uma sensação de molhado, mas o muco é bem diferente do muco fértil. Geralmente, é mais pegajoso. Outras mulheres ainda oscilam entre dias molhados e secos.

É sempre bom você registrar as mudanças da secreção vaginal. Marque-as no calendário, também.

Tudo isso vai ajudá-la a compreender melhor o padrão de seu corpo.

Neste capítulo, abordamos as coisas que acontecem durante o ciclo menstrual e vimos o que é normal quando você menstrua. No próximo, veremos detalhes práticos da menstruação, incluindo as opções que você tem para se proteger "naqueles dias".

7
TUDO SOBRE MENSTRUAÇÃO

Quando vou menstruar pela primeira vez?

Essa pergunta é muito comum. Gostaríamos de ter uma resposta, mas não temos. Ninguém pode saber com certeza e de antemão quando será a primeira menstruação de uma garota, mas este capítulo tem algumas informações que a ajudarão a ter um bom palpite. Também lhe daremos alguns conselhos quanto ao que fazer caso menstrue na escola. Você vai ver o que dizem algumas jovens e mulheres em nossas aulas e *workshops* a respeito da primeira menstruação.

Este capítulo não é só para meninas que ainda não começaram a menstruar. Há também aqui muitas informações para as que já começaram. Abordaremos temas como absorventes internos e externos, bem como os novos produtos existentes no mercado e a segurança de alguns deles. As cólicas são outro assunto que será tratado aqui, assim como as maneiras mais eficazes de lidar com elas.

A PRIMEIRA VEZ

A idade em que a menina começa a menstruar varia um pouco entre diferentes grupos étnicos e raciais. Por exemplo, para as jovens brancas norte-americanas, a idade média para a primeira menstruação é 12 anos e 10 meses e meio. Já para as garotas afrodescendentes, é 12 anos e 2 meses. Outros grupos raciais e étnicos não foram estudados, mas em todos eles a idade média é provavelmente algo entre 12 e 13 anos.

Lembre-se, porém, de que a média varia. (Provavelmente você está cansada de ler isso aqui, mas é verdade.) Assim como outras mudanças da puberdade, a primeira menstruação acontece dentro de um espectro variado de idades. Uma menina pode menstruar pela primeira vez a qualquer momento entre 9 e 15 anos e meio de idade.

Há, inclusive, algumas garotas normais, perfeitamente saudáveis, que começam mais cedo ou mais tarde. Entretanto, aquelas que começam a menstruar antes dos 9 anos ou as garotas que não menstruaram até os 15 anos e meio devem consultar um médico. Embora isso não signifique que elas tenham algo errado, pode ser um sinal de um problema que necessita de tratamento. Por isso, vá ao médico e faça os exames.

Estágios dos seios e a primeira menstruação

O estágio em que você está no desenvolvimento dos seios é uma pista muito melhor de quando será sua primeira menstruação. A maioria das meninas menstrua pela primeira vez perto do fim do terceiro estágio ou no começo do quarto. Não se trata de uma regra rígida. Apesar de raro, uma garota pode começar a menstruar no segundo estágio. Além disso, as garotas às vezes só menstruam pela primeira vez no quinto estágio. De qualquer forma, se você está há algum tempo no terceiro estágio ou acabou de entrar no quarto, a primeira menstruação deve estar por vir.

Propensões familiares e a primeira menstruação

Outra pista: as filhas costumam menstruar pela primeira vez mais ou menos na mesma idade em que suas mães. Irmãs mais novas também tendem a começar dentro de um ou dois meses após as irmãs mais velhas. Mais uma vez, é bom explicar que estas não são regras definitivas, embora se apliquem a muitos casos. É importante você saber quando sua mãe e suas irmãs mais velhas menstruaram pela primeira vez.

No capítulo 3, você aprendeu que hoje as meninas parecem entrar na puberdade antes que as garotas de gerações passadas. As meninas desenvolvem pelos e seios mais cedo que dez ou vinte anos atrás. Será que também começam a menstruar antes? De modo geral, a resposta parece ser "não".

Na escola

A sua primeira menstruação pode ocorrer a qualquer momento – de noite ou de dia. E também em qualquer lugar – em casa ou não. Não há como saber. "O que eu faço se acontecer quando estiver na escola?", perguntam as garotas em nossas aulas e *workshops*. Felizmente, há muitas especialistas (meninas que já começaram a menstruar) com conselhos úteis. Essas jovens contam suas histórias às outras. Veja o que nos disse uma menina:

> Minha primeira menstruação foi durante uma aula de história. Eu não tinha certeza se estava acontecendo, mas sabia mais ou menos. Por isso, levantei a mão e disse que precisava ir ao banheiro. E era mesmo: havia sangue na minha calcinha. Felizmente tinha outra na bolsa para trocar; peguei um absorvente e o prendi à calcinha. Só então voltei à aula.
>
> – Toni, 13

Como ela mesma disse, a menina teve sorte. Havia absorventes no banheiro feminino e ela carregava outra calcinha na bolsa. Outra menina não teve a mesma sorte, mas acabou dando tudo certo também.

> Minha primeira menstruação foi na escola também. Percebi na hora o que estava acontecendo. Fui ao banheiro para verificar. Não havia absorventes lá. Improvisei com uns pedaços de papel higiênico e fui à secretaria. A secretária foi muito simpática e me deu uma calcinha limpa e um absorvente.
>
> – Rose, 13

Muitas garotas usaram lenço de papel ou papel higiênico até conseguirem um absorvente. Algumas pediram um absorvente para alguém da escola – por exemplo, para a professora de educação física. Outras vezes, quem as ajudou foi outra professora ou uma secretária. Se a calcinha estava manchada de sangue, às vezes alguém tinha outra para lhes dar. Outras meninas simplesmente ignoraram o sangue ou enxaguaram a calcinha com água fria. Outras, ainda, ligaram para a mãe, que lhes levou uma calcinha limpa e absorventes. Uma aluna nos contou como se preparara para a primeira menstruação.

> Eu sabia que já estava na idade. No começo da sétima série, coloquei um absorvente na bolsa – num daqueles porta-absorventes. Deixava-o sempre lá. Eu não queria ir à secretaria e dizer que estava menstruando pela primeira vez. Havia muita gente lá o tempo todo. Ficaria com muita vergonha.
>
> – Sandy, 14

A clássica história do horror menstrual é mais ou menos assim: o fluxo menstrual de uma jovem vaza através da calcinha, aparece na roupa e a garota nem percebe. Ela caminha pela escola (ou por algum outro lugar público), sem saber da grande mancha vermelha na saia, nos *shorts* ou na calça, sempre brancas.

Se você observar, a menina está quase sempre usando alguma coisa branca, nessas histórias. E elas são quase sempre contadas por alguém que conhecia alguém que conhecia alguém com quem isso aconteceu. Certa vez, porém, ouvimos a história em primeira mão.

Vinha carregando um absorvente na bolsa fazia quase um ano. Achava-me muito esperta – preparada para o que desse e viesse. Pois lá estava eu, um dia, andando pelo corredor, e minha amiga me disse: "Ei, tem sangue na sua saia". Quase morri. "Fique atrás de mim", eu disse. Ela andou no corredor bem atrás de mim para ninguém ver. Peguei o casaco em meu armário, vesti e fui à secretaria. Disse à secretária que estava me sentindo mal e que tinha de ir para casa.

– Heather, 13

Não temos dúvida de que Heather contou a verdade, mas esse tipo de coisa não acontece com tanta frequência. A maioria das meninas tem uma sensação de algo estar molhado, antes de ficar com a calcinha e as roupas ensopadas de sangue.

DIZER QUE MENSTRUOU QUANDO NÃO É VERDADE

Todas as suas colegas e amigas já menstruaram... menos você! Suas amigas estão falando disso e, de repente, todas olham para você, que virou o centro das atenções. Não seria de surpreender se dissesse: "Já menstruei também".

Será que agora você deve se sentir mal porque mentiu? Achamos que não, pois esse não é o tipo de mentira que a assombrará para sempre. Cedo ou tarde isso *vai* acontecer.

Até lá, lembre-se de que você é especial. Sua menstruação *virá*. Seu corpo está fazendo exatamente o que é certo para você. O importante é se sentir bem consigo mesma.

Pense nisso. Quantas vezes você já viu uma menina andando em público com a roupa manchada de sangue menstrual? Não muitas, temos certeza. Talvez nunca. Não acontece assim tão facilmente.

Se você tem medo de menstruar pela primeira vez, converse com sua mãe, com sua irmã mais velha ou com alguém em quem confia. Essas pessoas podem lhe dar dicas úteis. O mero ato de falar de suas preocupações ajuda muito.

É comum as meninas quererem saber como é a primeira menstruação. Você vai ler muitas respostas diferentes de garotas e mulheres nas páginas seguintes. Muitas meninas se sentem molhadas ou têm dor de estômago ou cólica quando menstruam pela primeira vez. Outras não sentem nada, só percebem que começaram a menstruar quando notam sangue na calcinha ou no pijama.

Mais histórias sobre a primeira menstruação

Estava visitando minha avó na casa dela. Estávamos conversando e jogando, uma tarde. Notei que minhas calcinhas pareciam cada vez mais molhadas. Estava também com uma leve dor de estômago. Mais ou menos uma hora depois, a sensação de molhado pareceu aumentar, e fui ao banheiro ver o que estava acontecendo. Havia uma pequena mancha de sangue na calcinha. O "molhado" e a dor de estômago foram o primeiro alerta. Não senti nenhuma cólica.

– Cherry, 30

Achava que sangraria muito. Preocupava-me muito com isso. Achava que seria uma verdadeira inundação, caindo no chão e tudo mais. Mas foi apenas uma mancha, alguns pingos... Não tinha ideia que seria assim. Fui ao banheiro e então vi a mancha.

– Tina, 14

Minha primeira vez foi na escola. Tinha ido ao banheiro e notei umas manchinhas marrons na calcinha. Voltei à aula, falei com minha melhor amiga e descrevi as manchas a ela. Ela disse que era menstruação, e ambas ficamos muito animadas.

– Laura, 36

Muitas meninas – principalmente as que começam a menstruar depois das amigas – sentem-se aliviadas após a primeira vez.

Quando menstruei pela primeira vez, tinha 16 anos. Estava no ginásio de esportes, trocando de roupa para voltar à aula. Usei um absorvente interno e fiquei na escola. Quando cheguei em casa, contei à minha mãe. Fiquei muito aliviada porque achava que meu corpo tinha algum problema. Era embaraçoso, porque todas as minhas amigas e minha irmã haviam menstruado antes. De modo geral, naquele momento eu me senti diferente em relação a mim mesma. Senti, "Bem, agora eu sou normal".

– AMY, 18

Na verdade, eu estava muito incomodada por não ter menstruado. Todas as minhas amigas haviam começado aos 12 anos. Não só isso, mas eu quase não tinha seios. Havia perguntado à minha mãe se na verdade eu não seria um menino. Ela me garantiu que eu era normal. Não acreditei nela... Finalmente, finalmente, menstruei!

– YOLANDA, 36

Ainda não tinha menstruado e vivia preocupada. Insisti com minha mãe para que me levasse a um médico. Na semana seguinte, comecei a menstruar. Fiquei aliviada, mas achei que não devia ter perdido tempo indo ao médico.

– SALLY, 35

Menstruei pela primeira vez... Fiquei muito feliz porque senti que *finalmente* era uma mulher. Todas as minhas amigas já tinham menstruado. Minha irmã era mais nova também quando menstruou pela primeira vez. Quando finalmente aconteceu comigo, contei à minha mãe... Antes de menstruar, sentia que havia alguma coisa errada. Minhas amigas já tinham tido a primeira vez delas aos 12 ou 13 anos. Faltava alguma coisa em mim. Falava com a minha mãe a respeito e ela dizia: "Cada uma de nós é diferente". Ela me apoiava muito.

– EVA, 26

No começo, algumas meninas têm pavor de menstruar. Muitas sentem vergonha quando menstruam pela primeira vez, ou temem o que os outros vão dizer.

Eu tinha 12 anos. Estava dormindo e, quando acordei, tive que ir ao banheiro. Fui meio que pingando pelo caminho. Foi uma experiência assustadora. Minha mãe me falara a respeito disso, mas eu não estava interessada. Quando aconteceu, havia esquecido tudo. Não disse nada. Naquela noite, lavei meus lençóis. Tive que lavar o tapete. Fiquei arrasada. Acho que só contei à minha mãe dois dias depois.
Até então, sentia vergonha porque achava que era jovem demais para menstruar. Minha mãe, porém, estava muito animada, disse ao meu pai imediatamente e depois ao restante da família, na hora do jantar.

– Marina, 16

Menstruei pela primeira vez aos 10 anos de idade. Estava na aula de natação. Sabia o que estava acontecendo, mas fiquei com vergonha. Minha mãe contou à minha avó quando chegamos em casa, e fiquei envergonhada... com toda a experiência. Senti-me chocada, surpresa; entendi que estava crescendo.

– Shana, 15

Nasci em 20 de junho de 1937. Minha primeira menstruação foi em 5 de maio de 1949... Lembro-me da data porque Liz Taylor estava se casando pela primeira vez naquele dia – era com Nicky Hilton. Eu era uma ávida leitora de revistas na época.
Estava passando o fim de semana na casa de minha colega Dixie, no setor dos oficiais da base naval. Estávamos nadando na piscina da base, e foi lá que começou. Fui até o vestiário, mas ainda me lembro de ter olhado em volta, vendo todos aqueles marinheiros, e me perguntando se eles estavam percebendo alguma coisa. É uma lembrança delicada para mim.
Quando cheguei em casa, minha mãe me mostrou como usar absorvente. Fiquei surpresa. Já tinha visto aquilo no banheiro dela; tinha até usado como bandagem, mas era a primeira vez que ela mencionava a palavra menstruação para mim. Depois, peguei minha bicicleta e fui até a casa de minha amiga Pam para lhe dar a grande notícia.

– Francine, 70

As reações emocionais à primeira menstruação são tão diferentes quanto as próprias meninas e mulheres com quem conversamos. Muitas descrevem uma sensação de "pânico". Outras ficaram indiferentes ou, pelo menos, não "tão assustadas".

> Tinha 14 anos e estava na escola. Eu me senti molhada, fui ao banheiro e me apavorei. "Ai, é aquela coisa!" Totalmente envergonhada, em pânico, queria falar com minha irmã, a única pessoa que podia ver naquele momento, no mundo inteiro. Peguei papel higiênico e improvisei um absorvente. Depois, voltei para a sala de estudos e agi como se nada tivesse acontecido. Após a aula na sala de estudos, procurei minha irmã e não me lembro exatamente o que aconteceu, mas ficou tudo bem.
> – Amanda, 50

> Tinha 12 anos. Aconteceu na escola. Quando fui ao banheiro, senti que estava chegando, porque com muitas de minhas amigas já estava acontecendo. Fui ao banheiro e, sem dúvida, havia sangue em minha calcinha. Dobrei um pedaço grande de papel higiênico. Ainda teria mais uma hora e pouco de aula. Achei melhor ficar lá e depois pegar o ônibus escolar para casa, normalmente. Quando cheguei em casa, liguei para minha mãe no trabalho e lhe contei. Pedi a ela que trouxesse absorvente. Agi com grande indiferença.
> – Leona, 15

> Comecei a menstruar quando tinha 11 anos... Não estava preparada para usar absorventes internos nem externos, nada. Foi no verão, entre a sexta e a sétima séries. Estava em casa. Depois, fui procurar minha mãe. Ela só disse: "Vamos sair agora e comprar absorventes". Senti que estava crescendo. Estou me tornando adulta. Não fiquei tão assustada.
> – Toya, 16

> Não fiquei sem graça, nem com vergonha de meu corpo. Foi uma experiência positiva, apesar da dificuldade, das cólicas fortes e do sangramento intenso. Quando percebi que não era tão ruim assim, me perguntei por que tinha ficado tão ansiosa.
> – Shirlee, 36

A maioria das histórias sobre "primeira menstruação" que ouvimos foi positiva. As únicas histórias negativas foram as de garotas cujas mães não as tinham preparado para a primeira vez.

> Eu tinha 11 anos quando menstruei pela primeira vez. Tinha ido ao banheiro e vi sangue escorrendo de mim. Achei que estava morrendo. Entrei em pânico e comecei a gritar. Saí correndo do banheiro e fui até a sala de estar, onde todos riram de mim. Ninguém jamais me dissera coisa alguma a respeito de menstruação, e agora riam de minha reação. Senti-me aterrorizada e estúpida.
>
> – JOAN, 46

> Eu tinha 11 anos e meio. Estava em casa e senti dor de estômago. Achei que era cólica intestinal ou diarreia. Fui ao banheiro e, quando me sentei, vi uma coisa vermelho-amarronzada saindo de mim. Em minhas aulas da sexta série, eles tinham mostrado filmes sobre menstruação, por isso eu sabia o que era. Minha mãe não tinha conversado comigo sobre o assunto. Fui criada num lar rigidamente cristão. Saí correndo do banheiro, animada para contar à minha mãe: "Já sou mulher!" Quando lhe contei o que tinha acontecido, toda feliz, ela franziu a testa e me disse onde estavam os absorventes no banheiro. Parecia que não queria que eu menstruasse. Dali a uma semana, meus pais me levaram a um médico e pediram que ele me receitasse uma forma de contraceptivos. (Eu ainda era virgem.) Eu me senti envergonhada e humilhada por ter menstruado. Liguei para minha melhor amiga. Quando lhe contei, ela ficou feliz e me deu os parabéns, e a mãe dela também. Fiquei tão confusa que não sabia como agir. Então, resolvi não comentar com mais ninguém.
>
> – CRISTINA, 30

A história de Cristina foi a única que ouvimos na qual a mãe não ficou feliz e animada, como a filha, com a notícia. Na verdade, às vezes os pais parecem mais animados que as próprias filhas. De modo geral, as mães e filhas com quem conversamos ficaram muito felizes quando a menina menstruou pela primeira vez.

> Fiquei muito animada quando aconteceu. Pensei: *Agora finalmente vou ter seios grandes!*
>
> – Maxine, 12

> Finalmente menstruei aos 16 anos. Estava na casa de Bonnie e Betty – as gêmeas que eram minhas amigas íntimas, além das duas Nancys e Judy. Era o nosso grupo. Fazíamos tudo juntas. Fui ao banheiro e eis que havia sangue... Contei a todas as meninas. Elas gritaram, animadas. Ficaram tão felizes quanto eu.
>
> – Naomi, 25

Contar aos pais

A primeira menstruação é uma coisa. Contar aos pais sobre ela é outra. Pelo menos para algumas meninas. Veja o que três leitoras nos escreveram:

> Minha mãe nunca falou comigo sobre menstruação. Tenho medo de dizer a ela quando menstruar pela primeira vez.

> Socorro! Menstruei de novo (três vezes até agora). Ainda não contei à minha mãe que já estou menstruando.

> Minha mãe morreu quando eu era pequena. Tenho vergonha de falar disso com meu pai. Não sei o que vou fazer quando começar a menstruar.

Você já passou por isso? Nesse caso, esperamos que os conselhos a seguir a ajudem a dar a notícia.

Se você já começou a menstruar, que tal tentar uma abordagem direta? Diga apenas: "Adivinhem uma coisa: menstruei!"

Se isso for direto demais, que tal assim: compre um cartão de "parabéns". Não parabéns pelo aniversário, mas por alguma coisa indefinida. Escreva nele algo do tipo, "Parabéns, agora vocês são pais de uma menina que já menstrua".

Se for mais fácil dizer à sua mãe que ao seu pai, tudo bem. Muitas meninas se sentem assim. Nem todas elas, porém, moram com a mãe. Se você mora apenas com seu pai, peça a alguma parente ou amiga da família que a ajude a falar com ele. Mas não o deixe por fora só porque ele é homem. Os homens também conhecem esse assunto. A primeira vez que um pai solteiro matriculou sua filha e a si próprio em nossas aulas de puberdade, algumas mães ficaram preocupadas por tê-lo como colega, mas ele se tornou o maior sucesso no *workshop*. Depois, cada vez mais pais começaram a aparecer nos *workshops*, e é sempre muito bom contar com a presença deles.

Se você ainda não menstruou e acha que seus pais podem não se sentir à vontade para falar do assunto com você, ainda há tempo para prepará-los para o grande evento. Assim será mais fácil dizer a eles, quando acontecer. Você pode quebrar o gelo, mencionando o assunto de maneira casual. Pode perguntar à sua mãe quantos anos ela tinha quando menstruou pela primeira vez, como ela falou à mãe dela, ou como se sentiu quando aconteceu. Pode também perguntar à sua mãe ou ao seu pai se eles tinham aulas de educação sexual na escola, ou se acham que hoje em dia as meninas começam a menstruar mais cedo que na época deles.

Outra maneira de incitar essa conversa com eles é pedir que a ajudem a inventar um rito da puberdade. Os ritos da puberdade feminina são cerimônias que marcam o primeiro período menstrual de uma menina. Existem em culturas do mundo todo e sempre ocorreram na história da humanidade. Alguns ritos surgiram a partir de crenças primitivas, permeadas de medo acerca da menstruação, e eram horríveis; outros, porém, eram verdadeiras celebrações. Em algumas partes da Índia, por exemplo, o rito começava com um grande

---

TUDO BEM SE...?

Há muitos boatos sobre o que você deve fazer ou não quando estiver menstruada. As meninas nos perguntam se podem tomar banho, lavar o cabelo, montar a cavalo, ter relações sexuais, tomar bebida gelada, e assim por diante. A resposta a todas essas perguntas é "sim". Se você pode fazer essas coisas quando não está menstruada, também pode fazê-las durante os períodos menstruais.

Não acredite em todas as bobagens que ouve por aí. Nem comida ou bebida gelada nem exercício pesado provocam fluxo mais intenso, mais longo ou dolorido. E com certeza você deve tomar banho quando está menstruada! Como o sangue pode deixar certo odor depois de algum tempo, o banho diário é indispensável.

Você pode fazer qualquer coisa que faria em qualquer outro período do mês. Claro que, se quiser nadar, terá de usar absorvente interno, e não externo. (Ver páginas 163-169.)

banquete. Terminava com a menina sentando-se num trono, enquanto suas amigas, vizinhas e parentes colocavam presentes aos seus pés!

Dificilmente você convencerá seus pais a lhe dar um trono e presentes, mas por que não inventar um rito moderno de puberdade? Você pode inventar uma cerimônia especial ao luar, fazer uma festa do pijama com todas as suas amigas, ganhar um anel ou algum presentinho especial a ser passado para a geração seguinte, ou qualquer coisa assim. Conhecemos um pai que prometeu dar à filha uma viagem para o lugar que ela escolhesse. Quando o grande dia da primeira menstruação chegou, os dois se mandaram para Las Vegas! Seja o que for, o simples fato de ter planos já facilita a conversa com seus pais quando você menstruar pela primeira vez.

PROTEÇÃO MENSTRUAL

Com o passar do tempo, as mulheres têm usado de tudo, desde grama, esponjas do mar ou pedaços de pano, para conter o fluxo menstrual. Atualmente, temos muitas opções.

Há vários produtos diferentes no mercado. São chamados de produtos para proteção menstrual. (Parece que você vai ser atacada pela menstruação, não parece?) Esses produtos não protegem você da menstruação, como o nome parece indicar. Eles protegem suas roupas da mancha do sangue menstrual. O termo não é correto, mas é melhor que *produtos de higiene feminina*, outro nome usado.

A maioria das mulheres usa absorventes internos, externos ou ambos, quando do menstrua. O material macio desses produtos absorve o fluxo menstrual. A diferença está no modo como são usados. Os absorventes internos são inseridos na vagina; os externos são usados fora do corpo.

Nas páginas seguintes, nós lhe mostraremos o que existe por aí e os detalhes acerca do uso desses produtos. Sua mãe ou outra pessoa de confiança também pode lhe dar conselhos úteis, explicando o que usa e por quê.

Absorvente interno seguro e a síndrome do choque tóxico

A síndrome do choque tóxico (SCT) é uma condição rara, porém muito séria. Pode afetar pessoas de qualquer idade ou sexo. A maioria dos casos de SCT tem relação com o uso de absorvente interno. A SCT é causada por uma bactéria comum que vive na superfície da pele e na vagina. Normalmente, essas bactérias não causam problema algum, mas em algumas mulheres provocam o problema. A síndrome pode causar graves efeitos colaterais e, em pouquíssimos casos, levar à morte.

A SCT geralmente começa com febre súbita, vômitos e diarreia. Às vezes, ocorrem também dores de cabeça, inflamação na garganta e dor muscular. Em 48 horas, a pessoa pode ficar muito fraca e atordoada. Pode haver também vermelhidão, que faz a pele descascar como se estivesse queimada de sol. Quando a SCT tem relação com o uso de absorventes internos, os sintomas podem aparecer durante a menstruação ou nos primeiros dias depois dela.

Sempre há meios de reduzir o risco da síndrome. Como o sangue é um terreno fértil para as bactérias, a permanência prolongada do absorvente interno permite que elas se multipliquem. A mulher que usa esse tipo de absorvente costuma trocá-lo com menor frequência. Por causa disso, ela se torna mais propensa a infecções. Use o tipo de absorvente com menor poder de absorção e troque-o no intervalo de quatro a oito horas. (Para mais informações, leia "A escolha da melhor absorção", páginas 165-166.)

Dúvidas sobre a dioxina

Recentemente têm surgido dúvidas e novas questões quanto à segurança dos produtos de proteção menstrual. Algumas pessoas se preocupam com a possível presença de uma substância química chamada dioxina nos absorventes internos e, em menor quantidade, nos externos também. A dioxina é uma substância muito tóxica. Os médicos acham que ela pode causar câncer. Em pequenas quantidades, pode entrar no corpo de diversas maneiras. Como ela demora para sair, a exposição repetida à dioxina faz aumentar seu nível no corpo. O resultado é que quaisquer efeitos da dioxina podem demorar a se manifestar.

Vários anos atrás, a Food and Drug Administration (FDA) determinou que os fabricantes de absorventes internos testassem seus produtos quanto à presença de dioxina. O resultado mostrou níveis não detectáveis ou muito baixos dessa substância. Muitos creem, inclusive a própria FDA, que em níveis assim tão baixos a dioxina não representa risco para a saúde. Entretanto, ninguém sabe exatamente qual nível dessa substância é prejudicial. Enfim, a polêmica continua, mas são poucos os especialistas que acham que mesmo o baixíssimo nível de dioxina encontrado nos absorventes internos oferece riscos.

Na época do teste requisitado pela FDA, as fibras de *rayon* ou de algodão nos absorventes internos e externos costumavam ser branqueadas com *cloro*.

Esse branqueamento à base de cloro era uma fonte de dioxina. Hoje, porém, no esforço de remover toda dioxina do meio ambiente, nenhum fabricante de absorventes usa *rayon* ou algodão branqueados com cloro. Atualmente, segundo a FDA, os absorventes não estão contaminados com dioxina.

Absorventes

Os absorventes externos são feitos de camadas de material macio, absorvente. A maioria contém um núcleo interior superabsorvente que ajuda a impedir que o sangue vaze. Os absorventes se prendem à calcinha. O tipo mais popular fica preso por meio de adesivos no lado de baixo. Você puxa o papel liso de cima e aperta o lado adesivo para baixo, grudando-o na calcinha. (Ver Figura 38.)

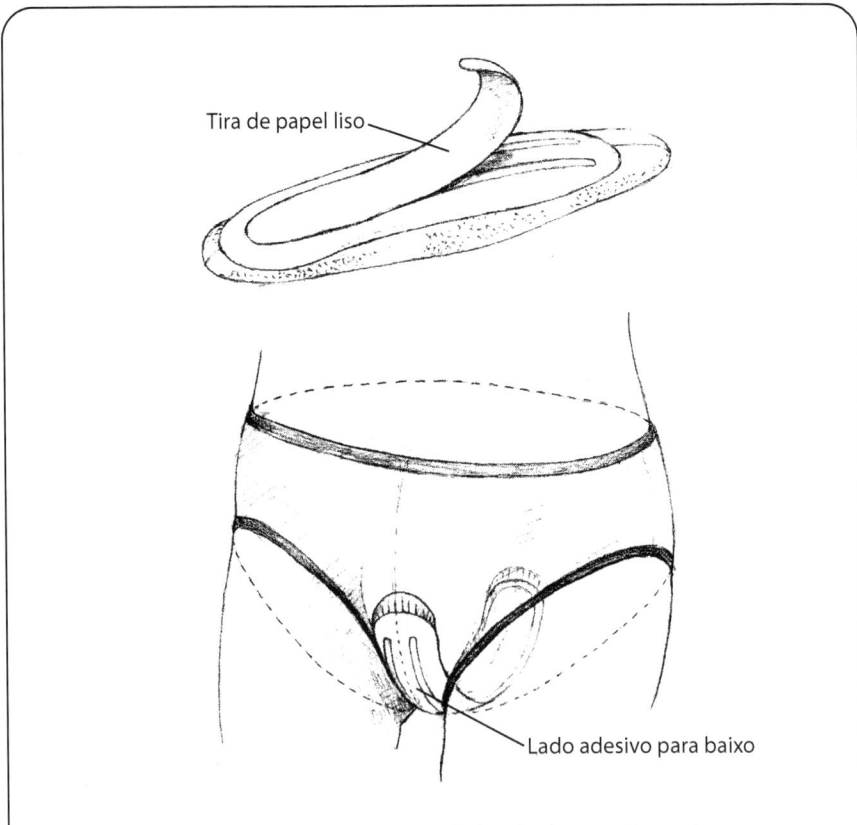

Figura 38. Absorventes. Para usar o tipo adesivo de absorvente, você remove o papel liso de cima e coloca a parte adesiva para baixo, no lado interno da calcinha.

GUIA DO ABSORVENTE

Miniabsorvente, absorvente para adolescentes (*teen*), fino, regular, super, com abas... Confusa com tantos nomes? Você não é a única. Mas não se preocupe. Nós a ajudaremos a escolher. São quatro os tipos básicos. Os absorventes diferem em forma, largura, comprimento e espessura. (Ver Figura 39.)

- **Forma:** Alguns absorventes são planos, com lados retos. Outros têm formato de ampulheta. Alguns são curvos em vez de planos. Há também absorventes com laterais chamadas de "abas". As abas se prendem nos lados da calcinha e aderem por baixo. Qual é o melhor? É só uma questão de escolha pessoal.
- **Largura:** Algumas empresas fabricam absorventes para adolescentes (*teens*), ou absorventes finos e ultrafinos para meninas e mulheres pequenas. Eles não são tão largos quanto os outros. Se seu absorvente amassa ou fica retorcido, experimente esses absorventes estreitos.
- **Comprimento:** Os absorventes podem "subir" ou enrolar para trás, ir muito para a frente ou muito para trás. Resultado: o sangue vai parar na calcinha em vez de no absorvente. Já passou por isso? Então, veja se na embalagem aparece a palavra "noturno". Esses absorventes são mais compridos que os demais.
- **Espessura:** A maioria das marcas tem três espessuras – regular, fino e ultrafino. Algumas empresas também fazem os do tipo "protetor diário", que são os mais finos de todos, e os absorventes muito espessos, recomendados para uso noturno. Os "protetores diários" não têm grande poder de absorção. Mesmo em seus dias mais tranquilos, talvez eles não sejam adequados. Mas algumas meninas gostam de usá-los com um absorvente interno, como garantia, para não vazar.

Absorventes regulares, finos e ultrafinos podem absorver bastante fluido. De modo geral, porém, os ultrafinos absorvem com mais lentidão. Isso pode ser um problema se você tiver um sangramento repentino, que pode acontecer quando você tosse, espirra, muda de posição depois de ter passado algum tempo sentada na mesma posição e em outras ocasiões também.

O USO DOS ABSORVENTES

Usar absorvente pode parecer estranho no começo. Pode dar a sensação de estar com uma toalha de praia enfiada na calcinha. Parece que todo mundo

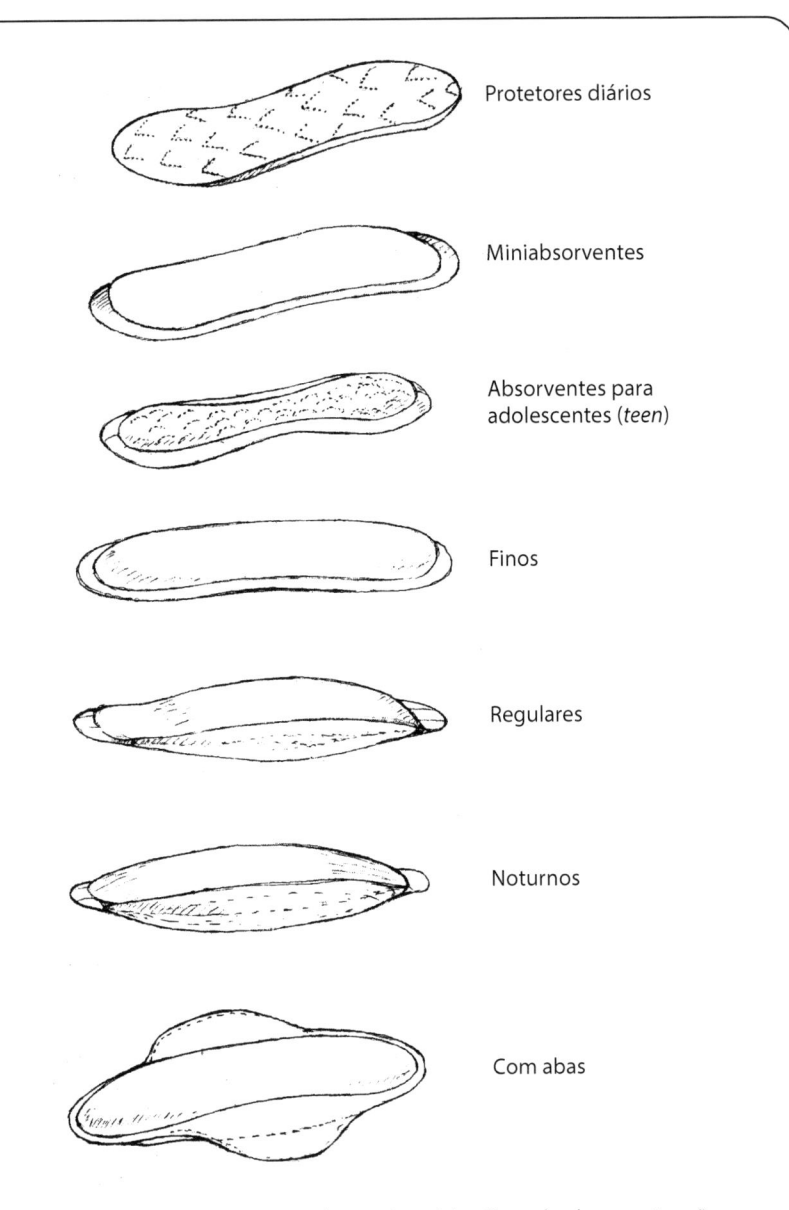

Figura 39. Tipos de absorventes. Alguns dos vários tipos de absorventes são mostrados nesta figura. Os "protetores diários" (que acompanham a linha da calcinha) são os mais finos e com menor poder de absorção. Miniabsorventes são um pouco menos finos que os protetores diários. Os absorventes noturnos são os mais grossos e com o maior poder de absorção de todos. Os absorventes para adolescentes (*teen*) são mais curtos e mais finos que os regulares. Absorventes com abas são os que envolvem a calcinha.

vê; mas isso é só impressão, não se preocupe. Olhe no espelho e você perceberá que o absorvente não é visível.

Os absorventes são fáceis de usar. (Se você consegue andar e mascar chiclete ao mesmo tempo, com certeza consegue usar um absorvente.) Só há algumas regras das quais você precisa se lembrar:

- **Troque de absorvente com frequência:** Mesmo que seu fluxo seja fraco, troque de absorvente a cada quatro ou seis horas durante o dia, para não cheirar. O sangue menstrual em si é totalmente puro e inodoro, mas, quando entra em contato com o ar, os germes começam a se proliferar, causando um odor desagradável. Portanto, troque o absorvente constantemente. Para dormir, você pode usar absorvente noturno. Recomendamos externos, em vez de internos.
- **Não jogue os absorventes no vaso sanitário:** Isso pode entupir o encanamento. Mesmo que o absorvente seja biodegradável, o entupimento pode ocorrer.
- **Embrulhe bem os absorventes antes de jogá-los fora:** Não é embrulho para presente. Dobre o absorvente pela metade e enrole-o em papel higiênico ou lenço de papel. Depois, jogue-o no cesto de lixo. Com isso, o cheiro não será notado.

Absorventes internos

Os absorventes internos são pequenos cilindros fechados de algodão ou outro material absorvente, os quais são inseridos na vagina para absorver o fluxo menstrual. No fundo do absorvente interno há um cordão que fica para fora da abertura vaginal. Você remove o absorvente puxando-o delicadamente pelo fio.

RESPOSTAS ÀS PERGUNTAS MAIS FREQUENTES

Estas são as respostas às dez perguntas mais frequentes acerca dos absorventes internos:

1. **Sim, uma mulher virgem pode usar absorvente interno.** (Por *virgem*, entenda-se uma pessoa que nunca teve relações sexuais.) O absorvente interno é inserido através da abertura do hímen que permite ao fluxo menstrual sair da vagina. O uso de absorvente interno acaba esticando o hímen. Me-

ninas que usam esse tipo de absorvente costumam ter a passagem do hímen mais larga que aquelas que só usam absorvente externo. Contudo, o absorvente interno não tem efeito sobre a virgindade, tampouco sobre a condição do hímen. (Ver páginas 89-91.) Você será virgem até sua primeira relação sexual.

2. **Sim, uma garota pode usar absorvente interno desde o começo.** Hoje em dia, muitas meninas usam esse tipo de absorvente desde a primeira menstruação. Há algumas dicas para isso nas páginas 166-169.

3. **Não, não há risco de empurrar demais o absorvente interno até ele se perder dentro de seu corpo.** Em primeiro lugar, a vagina só tem duas aberturas. Uma é a abertura externa (pela qual você insere o absorvente interno). A outra é a abertura interna, na parte superior da vagina, que conduz ao útero. Essa abertura interna não é maior que uma cabeça de fósforo; por isso, não há como um absorvente interno ir além da vagina. Às vezes, porém, o cordão no fundo do absorvente fica amassado e não se destaca da vagina. Felizmente, esse problema é fácil de solucionar. (Ver página 169.) Também é possível que você acidentalmente insira um segundo absorvente antes de remover o que já estava lá. Isso pode fazer com que o primeiro fique preso, atravessado, na parte superior da vagina. Em princípio, você pode nem perceber o absorvente preso. Mas, quando sentir que ele está lá, remova-o. Geralmente, isso não é muito difícil. (Ver página 169.)

4. **Não, não dá para sentir o absorvente interno se ele foi colocado de modo correto.** Quando o absorvente está no lugar, você nem o percebe. Se o sentir, é porque não foi inserido até o fim. Empurre-o mais um pouco com o dedo, ou tire-o e coloque outro.

5. **Um absorvente interno não cai.** Uma vez inserido na vagina, as macias paredes vaginais se moldam em volta dele. Os rijos músculos dentro da abertura vaginal impedem que ele caia.

6. **Sim, o absorvente interno pode vazar mesmo que esteja inserido corretamente, e mesmo que você troque constantemente de absorventes.** O sangue menstrual pode escorrer por dobras nas paredes vaginais e passar pela abertura vaginal, escapando do absorvente. Se isso acontecer, talvez seja bom você usar um protetor diário para garantir que não haja vazamento.

7. **Não, não é preciso tirar o absorvente interno quando você for ao banheiro.** Você tem três aberturas separadas – a urinária, a vaginal e a anal. O absorvente interno na vagina não interfere no movimento de urinar e/ou eva-

cuar. Você pode segurar o cordão do absorvente para um lado, ao urinar. Se ele se molhar, enxugue-o com papel higiênico ou lenço de papel.
8. **Não, o absorvente interno não deve ser usado para absorver secreção vaginal.** A secreção vaginal ajuda a manter a vagina limpa e impede infecções. Não tente secar a vagina absorvendo todas as secreções em um absorvente interno.
9. **Não, não precisa ter medo de inserir o absorvente interno na abertura errada.** Simplesmente não é possível inserir um absorvente na abertura urinária. Ela é muito pequena. E embora seja fisicamente possível inserir um absorvente no ânus, dificilmente você faria isso por distração. Mesmo porque, assim que colocasse a ponta dele, já perceberia a sensação no lugar errado.
10. **Sim, as usuárias de absorvente interno correm o risco de desenvolver uma doença rara, porém séria, conhecida como SCT (síndrome do choque tóxico).** Entretanto, atualmente o risco é muito pequeno. Em 1997, foram relatados apenas cinco casos de SCT relacionados com a menstruação. E isso dentre 814 casos relatados em 1980. Boa parte do crédito por essa acentuada redução se deve ao fato de que as mulheres se empenham em usar os absorventes internos de maneira correta. Leia sempre as informações sobre SCT (páginas 158-159) antes de usar os absorventes internos.

A ESCOLHA DA MELHOR ABSORÇÃO

Para diminuir o risco de SCT, escolha um absorvente interno com a menor taxa de absorção capaz de controlar seu fluxo. A maior parte das marcas vem com três ou quatro taxas de absorção. Os que têm taxa mais baixa geralmente são feitos para adolescentes e vêm em tamanho menor. Todos os absorventes internos contam com taxas de absorção conforme as listadas a seguir. Elas vêm impressas no lado externo da embalagem.

- **Míni (*teen*):** São os de menor absorção. São usados para fluxo leve. Geralmente são os menores e mais finos entre os absorventes internos. Isso significa que são os mais fáceis de inserir.
- **Regular:** Podem absorver mais que os miniabsorventes. São bons para fluxo de leve a médio.
- **Super:** Contêm maior poder de absorção. Servem para fluxo de médio a intenso. Costumam ser um pouco mais grossos que os dois tipos anteriores, portanto são mais difíceis de inserir em jovens.

- **SuperPlus:** Possuem o maior poder de absorção de todos e, geralmente, são também os mais grossos.

Se você precisa mudar de absorvente interno com muita frequência, troque para um tipo com maior poder de absorção. Se ele estiver seco ou grudar quando for puxado, é porque absorve demais. Use um com menor poder de absorção. Muitas mulheres usam absorventes com diferentes taxas de absorção, dependendo do dia e da intensidade do fluxo. Algumas meninas, porém, não conseguem inserir de modo confortável os absorventes internos com maior poder de absorção.

ABSORVENTES INTERNOS COM APLICADORES

Além da absorção, a principal diferença entre os diversos tipos de absorventes internos é o tipo de aplicador usado para inseri-los.

Alguns não têm aplicadores. Com a ponta do dedo você empurra delicadamente o absorvente até o lugar certo. Outros vêm embalados dentro de um aplicador, que acomoda o absorvente no interior da vagina. (Ver Figura 41.)

Seja qual for o absorvente que você for usar, leia suas instruções com cuidado. Lave as mãos antes e após sua introdução.

DICAS PARA AS INICIANTES

Como qualquer novidade, inserir um absorvente interno pela primeira vez pode ser um pouco complicado. Talvez valha a pena você desmontar um, para ver como funciona. Apresentamos algumas dicas para as iniciantes.

- **Use o menor dos absorventes:** Os absorventes para adolescentes (*teen*) são os mais finos e fáceis de inserir.
- **Saiba o lugar certo de introduzi-lo:** Pegue um espelho e olhe sua abertura vaginal. Ponha um dedo dentro da vagina e enrijeça os músculos. Esses músculos não deixam o absorvente cair. Mas você precisa empurrar o absorvente para dentro a ponto de ultrapassar esses músculos. Do contrário, ele ficará preso entre os músculos retesados. Isso não machuca, mas é muito desconfortável.
- **Mire a direção certa:** Dê uma olhada na Figura 41. Como você pode ver, a vagina não se estende reta para cima e para baixo. Mirar uma direção reta para o absorvente não dá certo. Aponte o absorvente para a parte mais baixa das costas.

Aplicador de plástico

Sem aplicador

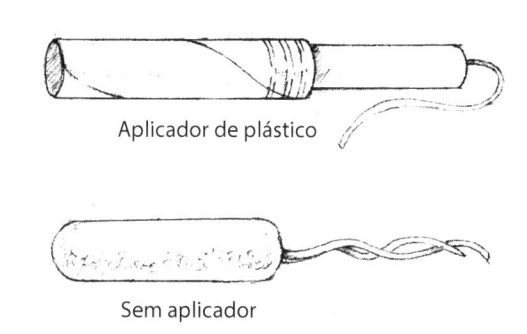

Figura 40. Tipos de absorventes internos. Os absorventes internos são vendidos sem aplicador ou com aplicador de plástico.

- **Use um lubrificante:** Se sua vagina estiver seca, use algum tipo de gel lubrificante. É fácil de lavar com água e sabão e é vendido em quase todas as farmácias. Não é preciso ter uma receita médica para comprá-lo. Não use vaselina, perfumes ou loções.
- **Relaxe:** Se você ficar tensa, os músculos vaginais vão se enrijecer. Com isso, é mais difícil colocar o absorvente interno no lugar certo. Respire fundo algumas vezes, devagar e relaxada. Cada vez que expirar, repita para você mesma: "Não é difícil. Eu sei fazer". Centenas de milhões de outras mulheres sabem, e você também saberá. Só precisa de um pouco de prática.

Se, para inserir o absorvente interno, você sentir dor ou mal-estar, pare. Se ele não entrar, não force. A abertura do hímen geralmente é grande o suficiente, mas pode acontecer de não ser. (Lembre que o hímen é o tecido fino que cobre parcialmente a abertura vaginal.)

Se a abertura do seu hímen for muito apertada para a inserção, você pode esticá-la. Faça isso devagar e com delicadeza, no decorrer de muitos dias ou semanas. Caso sinta alguma dor, pare. Veja como proceder: primeiro, coloque um pouco de gel no dedo (não use gel à base de petróleo nem qualquer loção que contenha perfumes ou aditivos químicos), insira o dedo na abertura vaginal até onde for confortável, agora aplique pressão ali por alguns minutos e solte. Repita isso várias vezes em cada sessão. Da próxima vez, aumente a pressão. Devagar, faça o exercício até conseguir colocar dois dedos. Quando conseguir, aplique pressão nos lados da entrada vaginal também. Continue as sessões até poder inserir um absorvente de modo confortável.

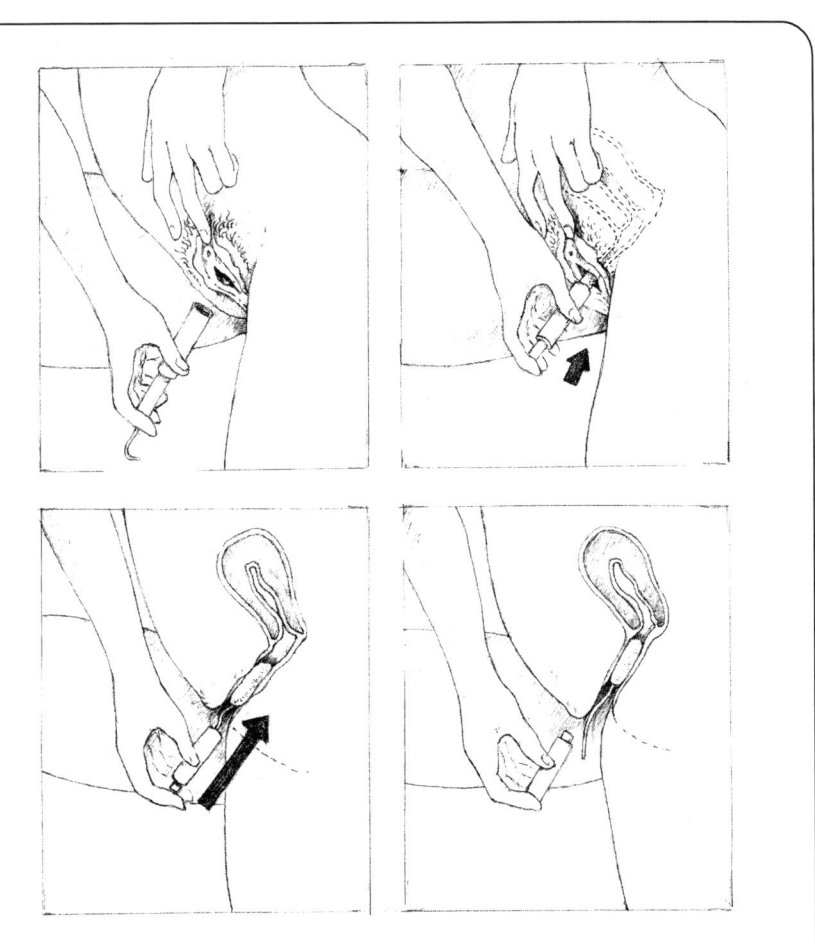

Figura 41. Inserindo um absorvente interno. Os absorventes internos são cilindros pequenos, bem fechados, feitos de algodão ou outro material que absorve o fluxo menstrual. Podem ser inseridos na vagina por meio de um aplicador de plástico.

TROCAR, REMOVER E JOGAR FORA O ABSORVENTE INTERNO

Há algumas regras para isso.

- **Troque de absorvente interno a cada quatro ou oito horas:** Isso reduz o risco da síndrome do choque tóxico. À noite, é melhor usar absorvente externo, assim você não precisa se levantar para trocar e se protege da SCT.
- **Não jogue o aplicador no vaso sanitário:** Não jogue no vaso o aplicador nem a embalagem (mesmo que lhe digam que pode jogá-los). Eles podem entupir os canos.

- **Não se esqueça de remover o absorvente interno:** Esse tipo de absorvente é tão confortável que você pode esquecer que está usando, principalmente se o período menstrual já passou. A permanência prolongada do absorvente interno pode aumentar o risco de SCT. Caso tenha se esquecido de tirar o absorvente, não entre em pânico. Tire-o assim que lembrar – talvez quando sentir um odor desagradável. O odor passa assim que o absorvente é removido. Se não passar, consulte um médico.
- **No caso de você não encontrar o cordão:** Às vezes, o cordão entra na vagina. Além disso, o absorvente interno pode virar de lado na parte superior da vagina. Se isso acontecer, relaxe. Ele não vai se perder nem entrar em seu corpo. Basta introduzir os dedos na vagina e puxar o absorvente. (Isso pode ser difícil se seus dedos forem curtos; nesse caso abaixe-se, como se fosse evacuar, e o absorvente ficará ao alcance de sua mão.)

CÓLICA

A maioria das mulheres tem cólicas menstruais em um momento ou outro da vida. Geralmente, a dor é de leve a moderada e não atrapalha as atividades normais. Mas muitas meninas têm cólicas tão fortes que não conseguem nem ir à escola. Uma em cada dez tem cólicas muito intensas.

A cólica é sentida na parte inferior do abdômen. A dor pode irradiar para a parte inferior das costas e até para as coxas. Pode vir em forma de agulhadas súbitas ou dor constante. Podem também ocorrer ondas de dor. Algumas mulheres se queixam de uma sensação de peso na vulva.

A cólica geralmente começa com o fluxo menstrual. Às vezes, porém, a dor começa um dia ou dois antes ou depois do início do fluxo. Costuma durar dois ou três dias, mas algumas mulheres só sentem essa dor por algumas horas, enquanto outras a sentem no decorrer de todo o período menstrual.

A cólica pode vir acompanhada de outros sintomas, como náusea, vômito, constipação ou diarreia. Há mulheres que se sentem cansadas, têm dor de cabeça, tontura ou fraqueza.

O que causa cólica?

Às vezes, a cólica menstrual pode ser resultado de alguma doença ou problema médico. Mas, na maioria dos casos, não há nenhuma doença que justifique sua manifestação. Antigamente, quando os médicos não achavam uma causa para a dor, diziam que isso era apenas "coisa da cabeça" da mulher.

Hoje em dia, sabemos muito mais a respeito da cólica menstrual. Sabemos que a origem do problema não está na cabeça, mas em outra parte do corpo feminino. Ainda não compreendemos completamente a causa, mas sabemos que, quando as paredes do útero começam a se decompor, o corpo libera uma substância química chamada *prostaglandina*. Essa substância faz com que os músculos do útero se contraiam. Esse processo, por sua vez, ajuda o útero a decompor o revestimento endometrial. O resultado é que o útero se contrai com muita intensidade, causando a cólica.

Como lidar com a cólica: o que você pode fazer

Às vezes, algumas medidas simples e remédios caseiros são suficientes. Se não forem, existem tratamentos que você pode fazer comprando remédios sem receita médica. Se nada funcionar, consulte um médico. Ele pode receitar outros tratamentos para cólica. Tratamentos alternativos, como *acupuntura* ou ervas chinesas, também apresentam bom resultado.

Remédios caseiros

O calor melhora o fluxo de sangue e alivia a cólica. Também pode relaxar os músculos no útero. Portanto, experimente uma bolsa de água quente, uma compressa morna, um banho quente de banheira ou um chá quente de ervas.

Para muitas mulheres, a masturbação até atingir o orgasmo alivia a cólica. Depois disso, o sangue flui mais facilmente na área. Entretanto, o útero se contrai durante o orgasmo. Em alguns casos, isso piora a dor em vez de melhorar.

Um estilo de vida saudável pode ser a verdadeira chave para o alívio da dor. Estudos mostram que as cólicas menstruais são menos intensas em mulheres que não fumam nem bebem e fazem exercícios físicos regularmente. O exercício aeróbico é muito bom, porque leva oxigênio aos tecidos. Isso acalma a ação das prostaglandinas. Correr, caminhar, nadar, pular corda ou qualquer outra coisa que faça você respirar fundo são bons exercícios – mas sem exageros.

Mesmo que você não esteja com vontade de se movimentar, tente não ficar parada. Caso se sinta fraca, experimente um exercício fácil, como uma caminhada.

O melhor exercício para a cólica talvez seja a ioga. Experimente os exercícios mostrados na Figura 42.

ANALGÉSICOS QUE NÃO PRECISAM DE RECEITA MÉDICA

Sabemos que as prostaglandinas têm certa influência na cólica menstrual. Os melhores produtos sem receita médica para cólica são aqueles que bloqueiam a ação das prostaglandinas e aliviam a dor.

- **Ibuprofeno:** Ajuda a bloquear as prostaglandinas. Remédios à base de ibuprofeno são os mais eficazes para cólica menstrual. Antigamente era preciso ter receita médica para comprá-lo. Hoje em dia, várias são as marcas de remédios vendidas com o mesmo princípio ativo. Leia a bula antes de comprar para ter certeza de que ele contém ibuprofeno.
Para obter os melhores resultados do medicamento, você precisa tomá-lo de maneira correta. Comece a tomá-lo logo no início do período menstrual e continue pelos dois primeiros dias. (Se seus períodos forem regulares, ou se tiver sinais físicos como sensibilidade nos seios ou inchaço, você pode saber quando a menstruação está próxima. Nesse caso, comece a tomar o ibuprofeno um ou dois dias antes.) Continue tomando-o nos dois primeiros dias. Nunca exceda a dose recomendada na bula.
- **Sódio naproxeno:** É o mais recente produto vendido sem receita para cólica menstrual. Assim como o ibuprofeno, o sódio naproxeno bloqueia as prostaglandinas. Na verdade, os dois medicamentos parecem ter uma ação semelhante. Algumas mulheres se dão melhor com um ou com outro, por causa das diferenças individuais na química do corpo.
- **Aspirina:** Também bloqueia as prostaglandinas, contudo, quem tem menos de 20 anos não deve tomar aspirina para cólicas menstruais. (Há risco da síndrome de Reye, uma doença rara, porém grave.)
- **Acetaminofeno:** O popular Tylenol, ou Datril, outro poderoso analgésico. O acetaminofeno, porém, não bloqueia as prostaglandinas. Por isso, não é uma boa escolha para cólica menstrual.

Com todos esses analgésicos, você deve seguir as instruções que vêm com o produto. Preste atenção a quaisquer advertências. Por exemplo, se você tiver úlcera estomacal, evite o uso do ibuprofeno. Se tiver menos de 12 anos, consulte o médico antes de tomar qualquer analgésico sem receita.

Neste capítulo, tentamos lhe dar todas as informações (ou pelo menos quase todas) a respeito da menstruação. No capítulo seguinte, abordaremos um assunto que talvez você ache mais interessante: os meninos e a puberdade.

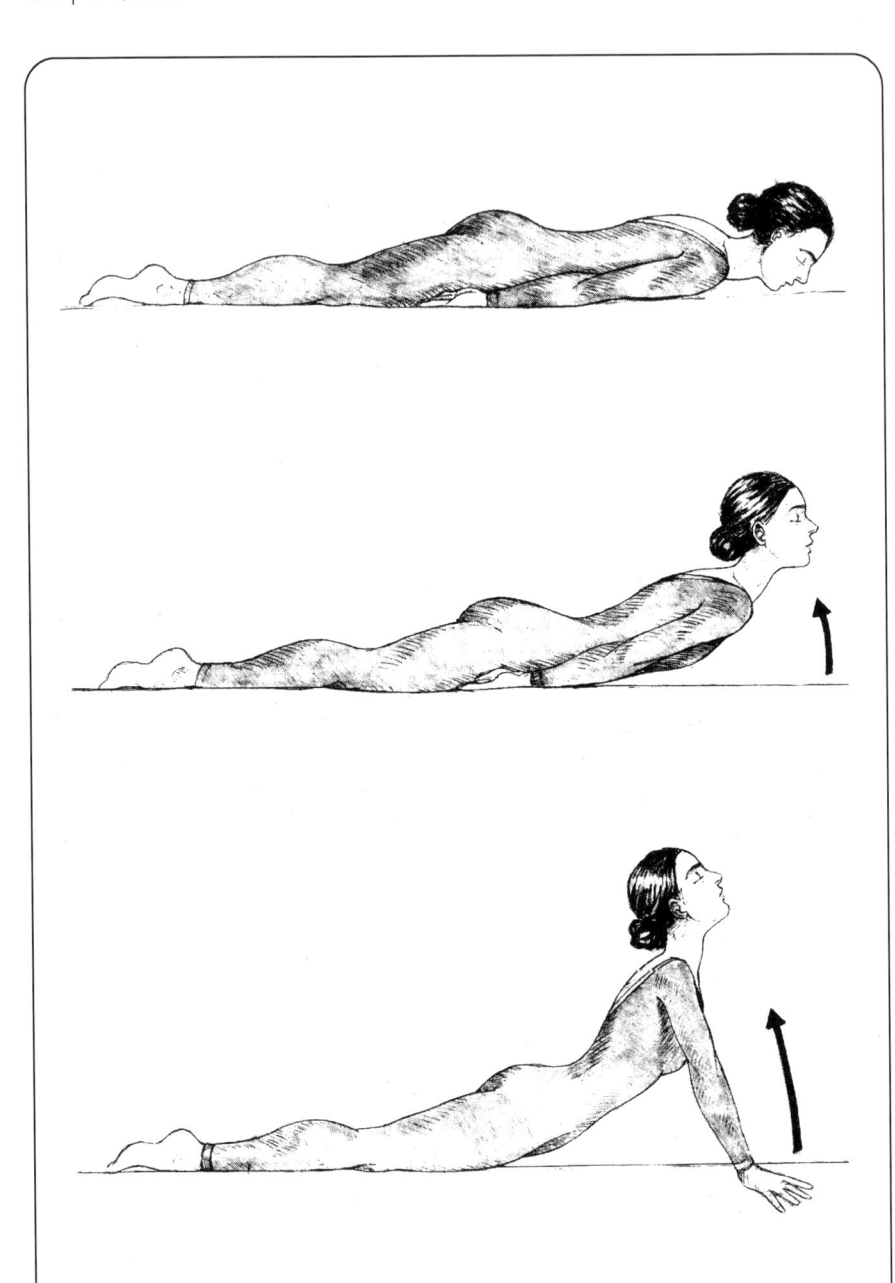

Exercício 1. Erga devagar a cabeça e o peito sem usar os braços até o dorso se deslocar do chão. Usando os braços, erga mais o dorso até arquear as costas. Repita isso várias vezes.

Figura 42. Exercícios para cólicas menstruais

Exercício 2. Comece deitada de bruços. Segure os tornozelos com as duas mãos puxando-os em direção à nuca. Balance-se delicadamente para a frente e para trás. Repita várias vezes.

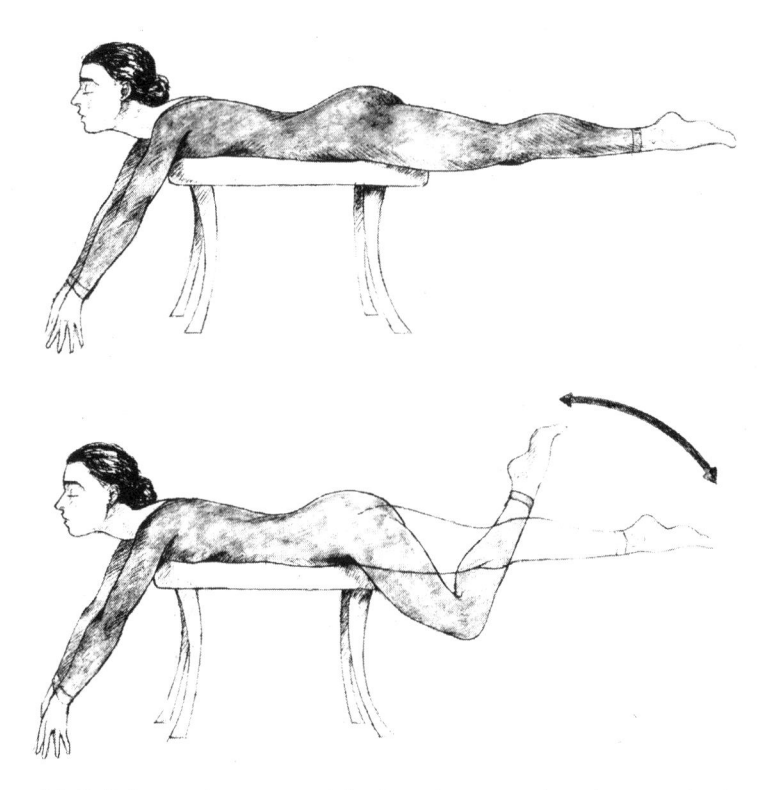

Exercício 3. Deite-se sobre uma mesinha de centro, que será usada como plataforma (veja a ilustração). Ponha as mãos no chão, à sua frente. Flexione os joelhos e mova os tornozelos na direção das nádegas. Agora, num movimento suave e contínuo, jogue as pernas para fora novamente. Faça isso por seis minutos.

Figura 42. Exercícios para cólicas menstruais (continuação)

8
MENINOS E A PUBERDADE

No DECORRER DA PUBERDADE, geralmente obtemos algumas informações quanto ao que acontece com nosso corpo. São informações que vêm de nossos pais, professores e amigos. Muitas vezes, contudo, os pais e professores não nos falam do sexo oposto. (Podem achar que, se soubermos coisas do sexo oposto, vamos correr para transar.) Outras meninas talvez saibam tão pouco desse assunto quanto você. Entretanto, isso não as impede de divulgar informações equivocadas.

Ignorar o que acontece com o sexo oposto pode tornar a puberdade mais confusa do que já é. Por isso, neste capítulo, trataremos das mudanças da puberdade no corpo dos garotos. Se você for como a maioria das meninas, deve estar curiosa quanto a isso. (Na verdade, não ficaremos surpresas se este for o primeiro capítulo que você está lendo.)

SEMELHANÇAS E DIFERENÇAS

Como você pode ver na Figura 43, os meninos mudam bastante quando entram na puberdade. Em muitos aspectos, a puberdade para eles é semelhante ao que vivem as meninas. Ambos os sexos passam por um estirão de crescimento e desenvolvem uma forma mais adulta de corpo. Tanto os meninos quanto as meninas começam a ter pelos públicos. Os órgãos genitais de ambos se desenvolvem. Os meninos começam a produzir esperma pela primeira vez, e as meninas, o primeiro óvulo maduro. Meninos e meninas começam a ter um aumento na transpiração e ficam propensos a ter espinhas nessa fase da vida.

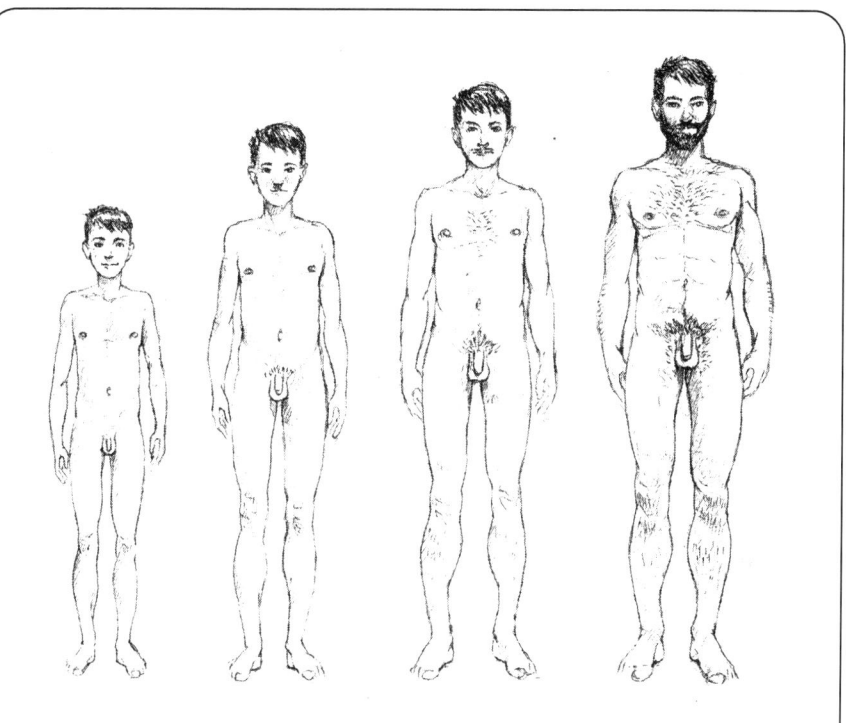

Figura 43. Puberdade dos meninos. Na puberdade, os garotos ficam mais altos, seus ombros se alargam, o corpo fica mais musculoso, os órgãos sexuais se desenvolvem e começam a aparecer os pelos púbicos, bem como pelos nas axilas, no rosto, no peito, nos braços e nas pernas.

Contudo, meninos e meninas são diferentes. Algumas mudanças que acontecem com as meninas não ocorrem com os garotos. Obviamente, eles não menstruam. Há também mudanças que ocorrem com os meninos e não com as meninas. Elas não passam, por exemplo, pela mesma alteração de voz, que fica mais grave e forte nos meninos.

O começo da puberdade também é diferente. Para os meninos, é mais tarde. Em média, as garotas começam a desenvolver seios antes dos primeiros sinais da puberdade nos meninos. Também começam a ter pelos púbicos antes deles. Mesmo assim, como todos sabem, as pessoas não são uma média fixa. Alguns garotos entram na puberdade antes da média para os meninos. Alguns entram até mais cedo que as meninas de sua idade.

Embora meninos e meninas não passem pelas mesmas mudanças, os sentimentos e as reações emocionais em face do crescimento são muito semelhantes.

AS PRIMEIRAS MUDANÇAS

Para a maioria dos meninos, o primeiro sinal da puberdade vem quando os testículos e o escroto começam a se desenvolver. Essa mudança ocorre nas mais variadas idades. O menino pode entrar na puberdade com 9 anos. Ou os testículos e o escroto talvez só se desenvolvam quando ele tiver quase 14 anos, ou quando for até mais velho. Em média, os meninos começam a puberdade entre os 10 e os 12 anos.

O PÊNIS E O ESCROTO

A Figura 2 na página 35 mostra os órgãos sexuais externos no corpo de um homem. Olhe novamente a figura antes de continuar lendo este capítulo. Isso a ajudará a se lembrar dos nomes das várias partes dos órgãos genitais masculinos.

O pênis é feito de tecido esponjoso. Dentro dele há um tubo oco chamado uretra, que percorre todo o pênis. Quando um homem urina, a urina passa por esse tubo e sai por uma abertura na ponta da glande. Quando o homem ejacula, os espermatozoides também passam por esse tubo e saem pela mesma abertura. Atrás do pênis fica o escroto. Ele tem dois testículos, que são muito sensíveis e que podem doer se sofrerem alguma agressão.

O pênis e o escroto do menino mudam no decorrer da puberdade. Na infância, a pele do escroto é apertada e os testículos ficam quase sempre mais rentes ao corpo. Na puberdade, o escroto se torna mais solto e os testículos descem mais. Às vezes, porém, quando o garoto está com frio, medo ou sexualmente excitado, o escroto fica retesado e os testículos se aproximam mais do corpo, por algum tempo.

Circuncisão

O pênis da esquerda na Figura 44 foi circuncidado. O prepúcio foi removido. Dá para ver toda a glande do pênis. A circuncisão costuma ser feita logo após o nascimento do bebê, mas nem todos os homens são circuncidados. O pênis à direita da figura não é circuncidado. O prepúcio cobre toda a glande. Às vezes, o prepúcio é mais longo do que o mostrado aqui. Em alguns homens, é mais curto.

O prepúcio mais curto cobre uma parte menor da glande. Já o mais longo pode se estender para além da glande.

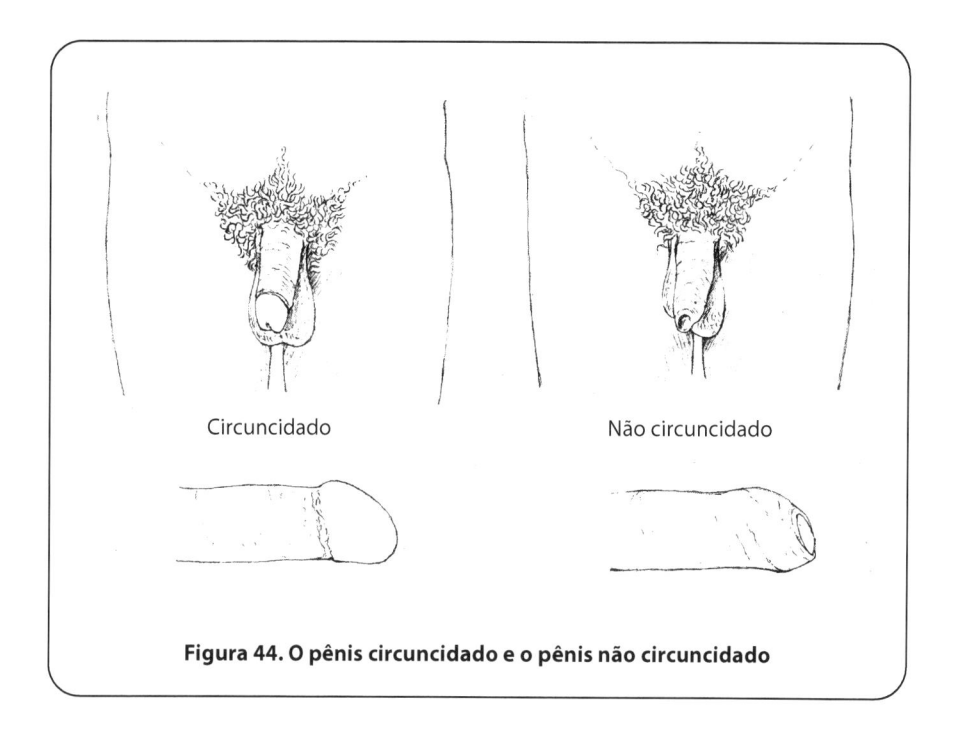

| Circuncidado | Não circuncidado |

Figura 44. O pênis circuncidado e o pênis não circuncidado

O prepúcio do pênis não circuncidado de um homem adulto pode retrair, ou se recolher por cima da haste do pênis. Geralmente, o prepúcio tem duas camadas de espessura que deslizam para a frente e para trás, uma sobre a outra. Essa ação de deslizar permite a retração do prepúcio. A camada interna, na verdade, não é pele, mas um tecido especial muito sensível.

Diversos meninos têm o pênis circuncidado. Alguns pais judeus e muçulmanos praticam a circuncisão por motivos religiosos. Outros, pelo que consideram um importante fundamento médico. E outros ainda circuncidam os bebês porque o pai é circuncidado.

Antigamente se pensava que os homens não circuncidados eram mais propensos a contrair infecções ou câncer do pênis. Atualmente, os médicos duvidam que a circuncisão de fato reduza a possibilidade de um homem ter esse tipo de câncer. Além disso, câncer de pênis é muito raro. E não há evidências de que homens não circuncidados correm maior risco de contrair infecções. Bebês não circuncidados correm um risco um pouco mais alto de ter infecção urinária, mas esse problema é fácil de tratar.

CINCO ESTÁGIOS DA PUBERDADE

O pênis e o escroto aumentam quando o menino entra na puberdade. Além disso, começam a aparecer pelos púbicos em volta dos genitais. Como você sabe, os médicos dividem o desenvolvimento dos pelos púbicos nas meninas em cinco estágios. Para os meninos, é a mesma coisa. (Ver Figura 45.)

O estágio 1 começa no nascimento e continua até o menino entrar no estágio 2. O pênis, o escroto e os testículos não mudam muito nessa fase. Há um leve e lento aumento de tamanho geral.

No segundo estágio, os testículos começam a aumentar mais rapidamente. Ficam mais descidos. Geralmente, um dos testículos desce mais que o outro. A pele do escroto escurece e adquire textura mais áspera. O pênis em si não aumenta muito nesse estágio. A maioria dos garotos desenvolve os pelos púbicos nesse momento.

Já no terceiro estágio, o pênis fica bem mais longo e um pouco mais largo. Os testículos e o escroto crescem. A pele do pênis e do escroto pode ficar ainda mais escura. O menino que ainda não desenvolveu muito o pênis no estágio 2 provavelmente terá os primeiros pelos púbicos no estágio 3.

No estágio 4, o pênis fica muito mais longo e largo. A maior mudança, porém, é na largura. Além disso, a glande se desenvolve mais. Os testículos e o escroto continuam crescendo. A pele do pênis e do escroto escurece ainda mais. Alguns meninos só desenvolvem pelos púbicos quando atingem esse estágio.

O quinto estágio é o adulto. O pênis chegou à largura e ao comprimento plenos, e os testículos e o escroto se desenvolvem totalmente. Nesse estágio, o menino tem muitos pelos púbicos, que crescem na parte inferior da barriga e se estendem até o umbigo. Também podem crescer até o ânus e nas coxas.

A idade em que uma menina entra na puberdade não tem nada a ver com a velocidade na qual ela passa por esses estágios. O mesmo se aplica aos meninos. O momento em que os testículos e o escroto de um garoto começam a se desenvolver nada tem a ver com a rapidez com que ele chega à idade adulta. Algumas meninas que começam cedo se desenvolvem rápido; outras, lentamente. O mesmo acontece com aquelas que demoram a se desenvolver e também com os meninos que começam cedo. Alguns meninos vão do estágio 2 ao 5 em dois anos ou menos. Outros levam cinco anos ou mais. Na média, o garoto leva entre três e quatro anos para ir do segundo ao quinto estágio.

O momento em que a menina entra na puberdade também nada tem a ver com o tamanho de seus seios. Meninas que começam cedo nem sempre

Estágio 1

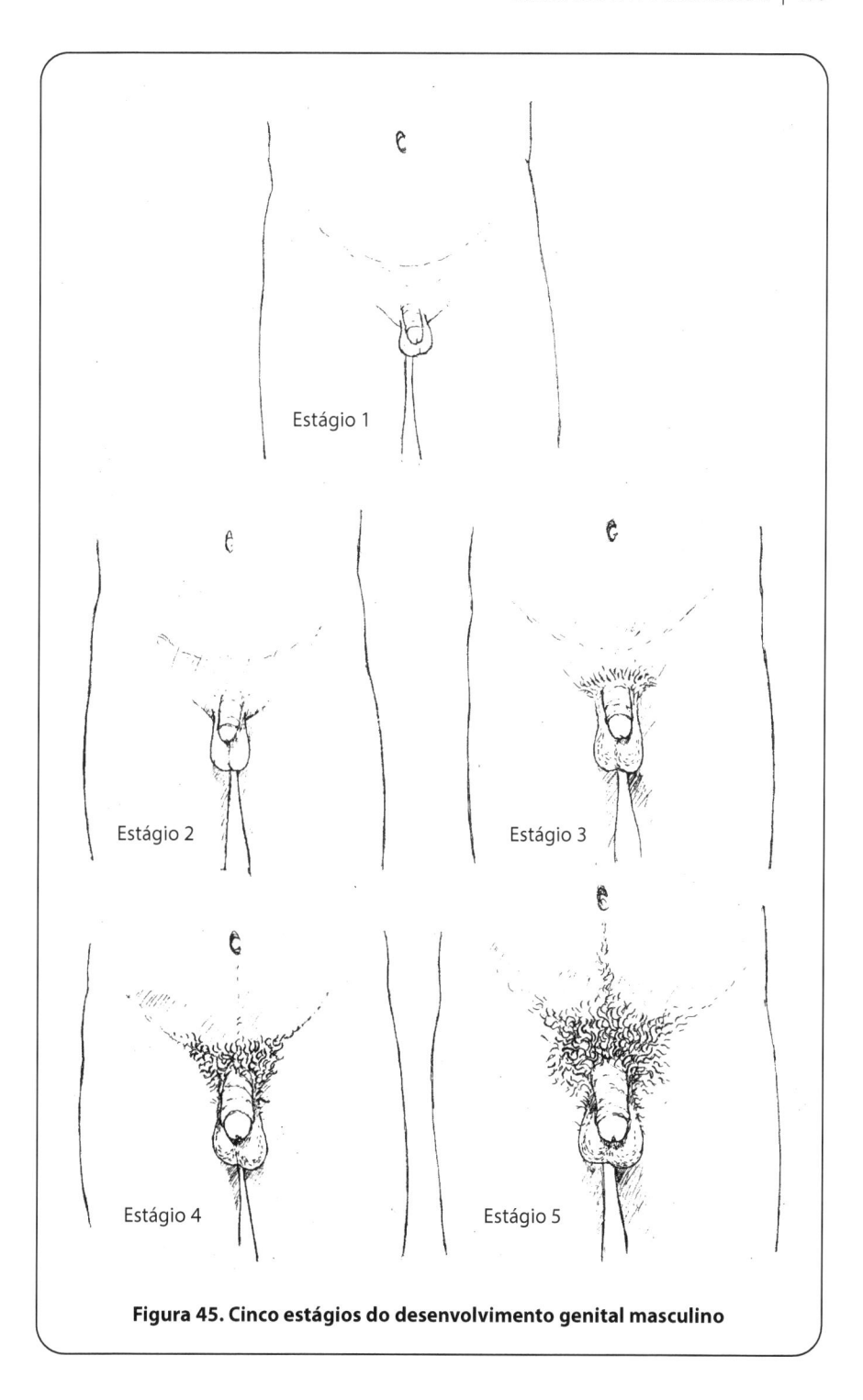

Estágio 2

Estágio 3

Estágio 4

Estágio 5

Figura 45. Cinco estágios do desenvolvimento genital masculino

terão seios maiores. O mesmo acontece com os meninos e o tamanho do pênis. Entrar cedo na puberdade não determina o tamanho do pênis do menino quando estiver plenamente maduro.

O ESTIRÃO DE CRESCIMENTO

Assim como as meninas, os meninos passam por um estirão de crescimento na puberdade. Começam a ficar mais altos e ganham mais peso, num ritmo mais acelerado. Diferentemente das meninas, eles ficam também mais fortes em um ritmo mais rápido.

Para as meninas, o estirão acontece no início da puberdade. Para os meninos, de modo geral, isso só ocorre mais tarde, ainda na puberdade, na mesma época em que o pênis fica mais longo. Com 10 ou 11 anos, os meninos geralmente são mais baixos que as meninas. Entretanto, quando começam a passar pelo estirão de crescimento, uns dois anos depois, eles geralmente as ultrapassam em altura. Claro que alguns garotos sempre serão mais baixos que muitas garotas.

MUDANÇA DE FORMA

O corpo da menina fica mais curvilíneo durante a puberdade, e o do menino se torna mais musculoso. Os ombros ficam mais largos, e os braços e pernas, mais grossos. Isso dá ao corpo do jovem uma forma menos arredondada e mais masculina. Assim como no caso das meninas, o rosto dos garotos também muda e perde aquele ar infantil. A mudança é mais acentuada nos meninos que nas meninas.

PELOS NO CORPO, SUOR, ESPINHAS E OUTRAS MUDANÇAS

Os pelos nos braços e pernas de um menino ficam mais escuros e grossos no decorrer da puberdade. Em alguns meninos, nascem pelos no peito e nas costas, também. Uns têm muitos pelos, outros, muito poucos.

Assim como acontece com as meninas, nas axilas dos meninos também nascem pelos. (Eles, porém, não costumam raspá-los.) As glândulas sebáceas e sudoríparas na área genital, nas axilas, no rosto, no pescoço, nos ombros e nas costas tornam-se mais ativas, como acontece com as meninas. O cheiro do corpo muda, e eles começam a usar desodorante ou antitranspirante. Espinhas e acnes também podem ser um problema para os meninos, assim como para as meninas. De modo geral, os meninos têm casos mais graves de acne.

Pelos no rosto

Na puberdade, o menino desenvolve pelos no rosto também, que geralmente começam nos cantos do lábio superior. Ao mesmo tempo, começam a aparecer costeletas. Após surgir o bigode, começam a crescer pelos na parte superior das bochechas e logo abaixo do meio do lábio inferior. Por fim, surgem pelos no queixo. Os pelos no queixo costumam aparecer depois que os genitais já estão plenamente desenvolvidos. Para a maioria dos garotos, os pelos no rosto costumam aparecer entre os 14 e 15 anos de idade; às vezes, porém, podem surgir antes ou depois.

Mudanças no peito

As mamas do menino, é claro, não passam pelas mesmas mudanças que as da menina, mas as aréolas dele fica mais larga na puberdade. Na maioria dos garotos, as mamas incham um pouco durante a puberdade. Assim como as meninas, às vezes os garotos notam certa sensibilidade ou dor nas mamas, nessa época. Esse inchaço geralmente começa durante os estágios genitais 2 ou 3 e pode acontecer em ambas as mamas ou em uma só. Ele pode durar apenas alguns meses ou um ano, ou continuar por dois anos ou mais. Por fim, desaparece.

Voz

A voz do garoto muda na puberdade, ficando mais grave e grossa. Às vezes "falha" e desafina de um timbre grave para um agudo, estridente. Essa falha pode durar poucos meses, mas geralmente continua por um ou dois anos.

EREÇÃO

No capítulo 1, páginas 39 e 40, tratamos da ereção. Há várias gírias para isso. "Ficar com o pau duro" ou "ficar duro" são dois termos muito comuns para ereção.

Quando um garoto tem uma ereção, uma dose extra de sangue flui para o pênis. Esse sangue enche o tecido esponjoso dentro do pênis. O tecido incha e exerce pressão sobre os vasos sanguíneos; esse processo desacelera o fluxo de sangue através das veias que se estendem para fora do pênis. O tecido esponjoso incha ainda mais e endurece o pênis, que também fica mais longo e largo, podendo até adquirir uma coloração mais escura. O pênis se ergue, ereto, destacando-se do corpo, como mostram as ilustrações a seguir, na Figura 46.

Os homens têm ereção durante a vida toda, mesmo quando são bebês. Acariciar ou tocar o pênis são gestos que podem causar uma ereção. Também é causada por excitação ou fantasias sexuais. Ereções ocorrem mesmo que o homem não esteja pensando em sexo ou tendo sensações desse tipo. Alguns homens acordam de manhã assim. A necessidade de urinar também pode causá-las.

Pênis mole   Diferentes pênis eretos

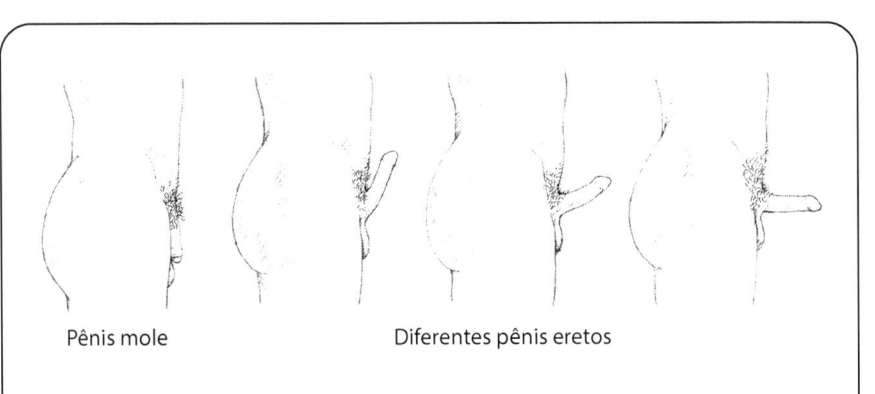

Figura 46. Pênis mole e eretos. Quando um homem ou menino tem uma ereção, o tecido mole e esponjoso dentro do pênis se enche de sangue. O pênis fica rijo e duro e se ergue do corpo.

Ereção espontânea

Na puberdade, o menino é propenso a ter mais ereções do que antes. Na passagem pela puberdade, a maioria dos meninos começa a ter *ereções espontâneas*. Elas acontecem sozinhas, sem estímulo sexual.

A menina às vezes sente vergonha de algumas mudanças que lhe ocorrem, tais como aumento dos seios, menstruação e assim por diante. Do mesmo modo, uma ereção espontânea pode ser embaraçosa para o menino. Pode acontecer quando ele está na escola, em casa, andando na rua ou em qualquer lugar. Os meninos em minhas aulas têm muitas histórias a respeito dessas ereções espontâneas. Todos temem que as pessoas notem a protuberância em suas calças, causada por uma ereção.

Tamanho do pênis

Muitas meninas se preocupam com o tamanho dos seios. Às vezes, acham que não são muito grandes. Os meninos têm uma preocupação semelhante. Muitos acham que seu pênis é pequeno demais.

Há grande variação de tamanho quando o pênis está mole, mas as diferenças costumam desaparecer quando ele fica ereto. Se o pênis de um menino é pequeno quando mole, isso não significa que continuará pequeno quando se tornar ereto. Além disso, os meninos às vezes se esquecem de que o pênis só alcança o tamanho pleno no estágio 5.

Na maioria dos homens adultos, o pênis ereto mede aproximadamente de 13,5 a 17 cm de comprimento. Há muitos mitos a respeito do tamanho do pênis. Não é verdade, porém, que homens com pênis grandes são mais viris ou melhores amantes. O tamanho do pênis tem pouquíssimo a ver com o prazer da mulher na relação sexual.

Amolecimento

Quando um homem tem uma ereção, pode ocorrer uma destas duas coisas: a ereção passa sozinha, ou só passa após ele ejacular. (Na ejaculação, os músculos se contraem e fazem com que um fluido chamado sêmen saia através da abertura do pênis.) Em ambos os casos, o pênis diminui de tamanho e fica mais mole enquanto mais sangue flui através das veias que conduzem para fora dele.

O ESPERMA, OS ÓRGÃOS SEXUAIS INTERNOS E A EJACULAÇÃO

Os meninos começam a produzir esperma e espermatozoides na puberdade. A Figura 47 mostra o interior do testículo. Os espermatozoides são produzidos dentro dos minúsculos e finos tubos que se enrolam no interior de cada testículo. O espermatozoide maduro parece um girino, mas é muito menor que o desenho mostrado na Figura 47. Os espermatozoides são muito pequenos para ser vistos a olho nu. A partir do momento em que um homem começa a produzir espermatozoides, esse mecanismo se estende por toda a sua vida, num ritmo de produção de milhões de espermatozoides por dia.

Os testículos fazem mais que produzir espermatozoides: eles também fabricam o hormônio masculino conhecido como *testosterona*. Ele é chamado de hormônio masculino porque ajuda a produzir espermatozoides e provoca

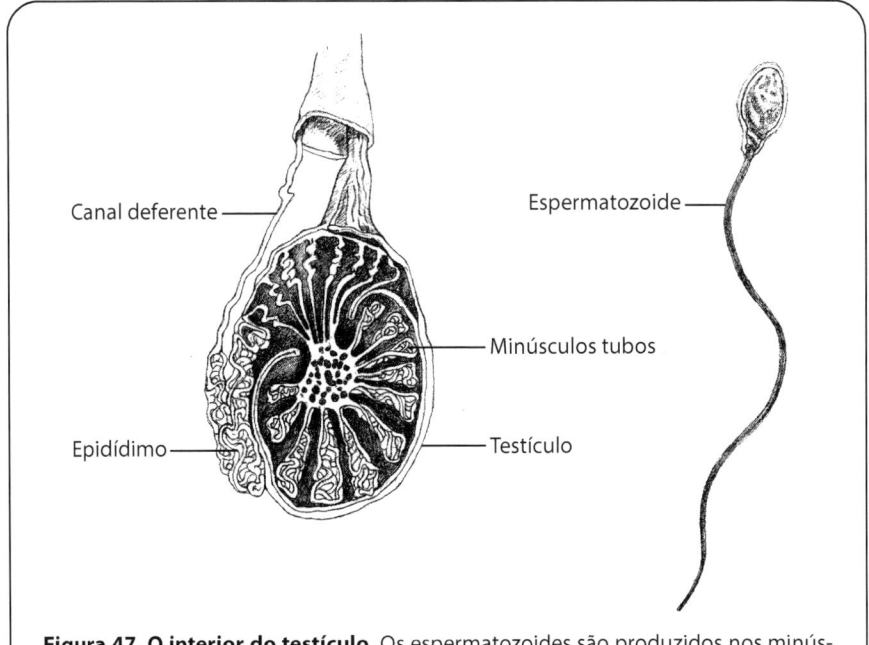

Figura 47. O interior do testículo. Os espermatozoides são produzidos nos minúsculos tubos no interior do testículo. Eles amadurecem no epidídimo e são armazenados no canal deferente.

muitas das mudanças por que passa o garoto na puberdade, tais como surgimento de pelos no rosto e crescimento do tecido muscular, alargamento dos ombros e engrossamento da voz. Essas são apenas algumas das mudanças causadas pela testosterona.

Os órgãos sexuais internos produzem e armazenam espermatozoides, preparam o esperma para a ejaculação e fornecem a rota a seguir quando este sai do corpo durante a ejaculação.

Como dissemos, os espermatozoides são produzidos no interior de cada testículo. Eles se movem até o *epidídimo*, que é um tipo de tanque acima e atrás de cada testículo. Lá eles permanecem de duas a seis semanas, até amadurecerem. Os espermatozoides maduros, então, passam para um dos tubos – chamados *canais deferentes* –, onde são armazenados.

No capítulo 1, você aprendeu que os espermatozoides são liberados pelo pênis por meio da ejaculação. No começo da ejaculação, o esperma é bombeado até as extremidades superiores dos canais deferentes e dali para os *canais ejaculatórios*. Lá, ele se mistura com outros fluidos que vêm das *vesículas semi-*

nais e da *próstata*. (Ver Figura 48.) (Os outros fluidos no sêmen nutrem os espermatozoides, dando-lhes energia para o longo caminho até a fertilização de um óvulo.) O sêmen entra na uretra.

Na fase final da ejaculação, fortes músculos se contraem e bombeiam o sêmen através da uretra, por toda a extensão do pênis. O sêmen sai em jatos pela abertura na ponta do pênis.

Algumas meninas ficam enojadas quando descobrem que sêmen e urina provinda da bexiga passam, ambos, pela uretra. Mas não há nada de nojento nisso. A urina é apenas outro líquido. A menos que o homem tenha uma in-

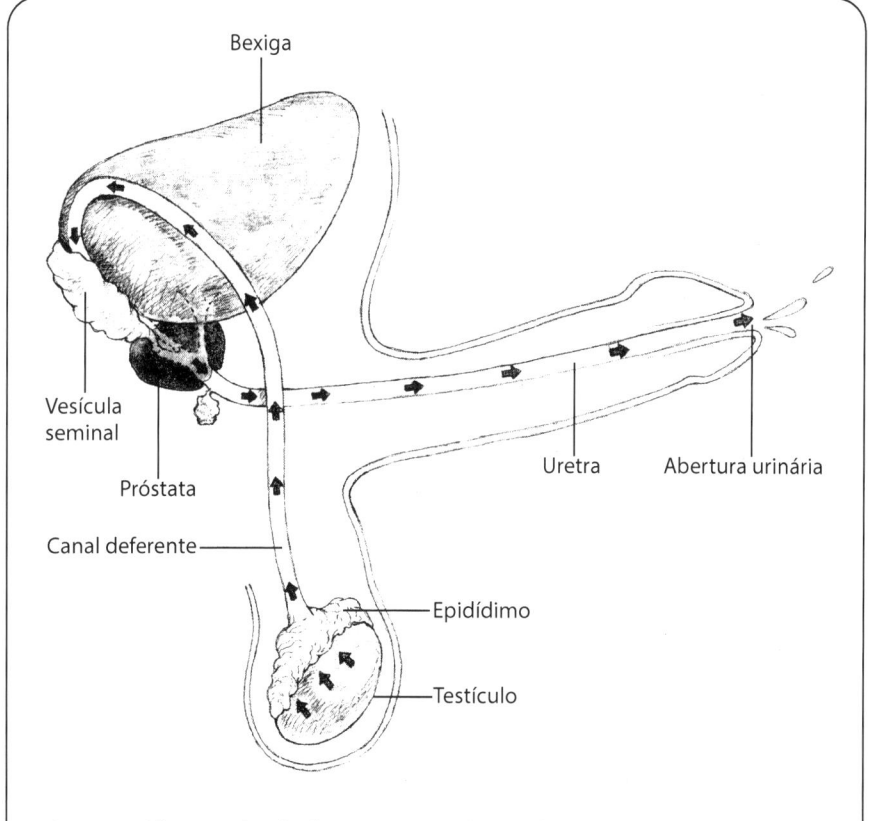

Figura 48. Sêmen e ejaculação. Pouco antes da ejaculação, os músculos em cada testículo, no epidídimo e no canal deferente se contraem ritmicamente. O esperma é bombeado através do canal deferente até a parte principal do corpo e segue até a próstata. Ali, ele se mistura com o fluido das vesículas seminais e da próstata para formar o sêmen. No momento da ejaculação, mais contrações musculares bombeiam o sêmen através da uretra e da abertura urinária.

fecção, ela não contém germes. Além do mais, urina e sêmen não passam pela uretra ao mesmo tempo. Uma pequena válvula fecha a bexiga antes de o homem ejacular.

PRIMEIRA EJACULAÇÃO, MASTURBAÇÃO E SONHOS MOLHADOS

No capítulo 1, você viu que os homens podem ejacular durante a relação sexual. A maioria dos meninos, porém, tem a primeira ejaculação muito antes da primeira relação. Como veremos, a primeira ejaculação pode ocorrer quando o menino se masturba ou em meio a um sonho molhado.

A primeira ejaculação é um momento marcante para o menino que está na puberdade. É tão importante para ele quanto a primeira menstruação para as meninas. A maioria dos garotos ejacula pela primeira vez entre os 11 e os 15 anos e meio. Claro que para alguns ela acontece antes ou depois dessa faixa de idade.

Assim como a maioria das meninas, a maioria dos meninos também se masturba. Fazem isso esfregando e tocando o pênis. Muitos ejaculam pela primeira vez enquanto estão se masturbando. Outros, no decorrer de um *sonho molhado*. O menino acorda e nota uma colher de sopa ou um pouco mais de sêmen na barriga ou nos lençóis. O primeiro sonho molhado pode ser um verdadeiro choque para um garoto despreparado – assim como o sangue menstrual para uma menina na mesma situação. Esse é um exemplo de por que os jovens – meninos e meninas – precisam de informações a respeito das mudanças da puberdade antes que elas aconteçam. Assim como as meninas, os meninos também querem saber o que está acontecendo com o corpo deles.

9
IMPULSOS ROMÂNTICOS E SEXUAIS

Se uma menina de 13 anos já menstruou e agora só consegue pensar em garotos e sexo, isso é normal?

– Anônimo

Perguntas como essa são frequentes, uma vez que no decorrer da puberdade muitas de nós têm fortes impulsos românticos e/ou sexuais. Para algumas garotas, isso faz com que passem algum tempo imaginando um romance ardente com uma pessoa especial, ou que tenham fantasias sexuais. Algumas têm o impulso de se masturbar com maior frequência. Outras começam a se interessar pelo sexo oposto, sentir paixonites, ou até namorar.

Esses impulsos românticos e sexuais podem ser muito fortes. Às vezes, parece que você só consegue pensar em romance e sexo. Algumas jovens ficam tão ligadas nisso que até se assustam. Se você se preocupa com a intensidade de seus impulsos românticos ou sexuais, é bom saber que esses sentimentos são perfeitamente normais. Muitas pessoas de sua idade estão passando pela mesma coisa.

Nem todas as meninas vivem esses fortes impulsos românticos e sexuais na puberdade. Algumas se envolvem mais com esportes, escola, música ou qualquer outra coisa. Às vezes, ouvimos perguntas como esta:

Por que é que todas as outras garotas vivem apaixonadas e eu não?

– Anônimo

Assim como cada pessoa tem uma programação interna de desenvolvimento para as mudanças físicas da puberdade, há também em cada indivíduo uma programação pessoal para os interesses românticos e sexuais. Portanto, você não precisa se preocupar se todas as meninas da sua idade estão envolvidas em romance e você não está. Não há nada de errado com você. A única coisa diferente é que sua programação pessoal funciona em um outro ritmo. Há muito tempo ainda para você experienciar impulsos românticos e sexuais.

As meninas em minhas aulas têm curiosidade acerca de tudo o que é ligado ao sexo, principalmente sobre os tipos especiais de impulsos românticos e sexuais dos jovens durante o crescimento. Já tratamos, neste livro, de fantasias e masturbação. Ter fantasias e se masturbar são coisas íntimas, que a pessoa faz sozinha. Neste capítulo, abordaremos mais os impulsos sexuais e românticos que envolvem outras pessoas. Falaremos de paixonites, namoro e amor. Mas antes queremos apresentar alguns pontos em relação à amizade.

APENAS AMIGOS

Na nossa infância, ninguém se importa com o fato de duas crianças de sexos opostos serem amigas. De vez em quando, alguém brinca com a ideia de namorico infantil. Mas não há nada de complicado se um garotinho e uma garotinha brincam juntos, se são superamigos ou se passam a noite um na casa do outro. No entanto, quando vai chegando a puberdade, as coisas mudam. De repente, não é mais apropriado você passar a noite na casa de seu melhor amigo se ele for do sexo oposto. As outras crianças na escola ou os adultos à sua volta começam a deduzir que vocês são mais que "apenas amigos". Imaginam que vocês gostam um do outro de uma maneira mais ou menos romântica, como namorados.

Pelo menos, os jovens em minhas aulas costumam dizer que é mais difícil ser "apenas amigos" depois de determinada idade. Veja o que uma menina disse:

> Vou à festa de Halloween na casa do Paul no próximo sábado, e meu irmão vive me provocando, "Ah, você gosta do Paul, está apaixonada pelo Paul". Bem, eu gosto do Paul, mas não assim. De repente, a gente não pode mais ter amizade com um garoto. Tem que ser namorado ou namorada, como se a gente tivesse um romance.
>
> – Rosemary, 13

Um menino de 11 anos era amigo de uma garota desde que eram pequenos. Veja o que ele disse:

> Fui à casa da Hilary para dormir lá e estávamos nadando na piscina. As meninas da casa vizinha chegaram e começaram a dizer coisas do tipo: "Hum, você está brincando com uma menina. Ah, vai passar a noite na casa de uma menina. Que esquisito!"
>
> – DONNY, 11

Muitos pré-adolescentes se queixam desse tipo de provocação e do modo como os adultos pressupõem que um amigo do sexo oposto é mais do que "apenas um amigo". Nas aulas, falamos sobre como lidar com esse problema. Veja aqui algumas sugestões:

- Simplesmente ignore as provocações e os rumores. Tenha uma atitude do tipo "e daí?" Afinal, é da conta dos outros se você está perdidamente apaixonada por seu amigo?
- Explique às pessoas que vocês *são* "apenas amigos". Diga a elas que você acha interessante e divertido vocês serem "apenas amigos".
- Converse com seu amigo a respeito das provocações para vocês não ficarem sem graça na presença um do outro.

Se você tem esse tipo de problema, experimente seguir os conselhos. Não deixe essa "coisa do romance" impedi-la de desfrutar a amizade com uma pessoa do sexo oposto.

PAIXONITES

É claro que às vezes desejamos ter um romance. Na verdade, muitas meninas criam paixonites. Uma paixonite – ou uma "queda" por alguém – significa ter um sentimento romântico ou sexual por determinada pessoa especial. As paixonites podem ser muito excitantes. Só de pensar na pessoa, ou só por vê-la de relance, seu dia já fica iluminado. Você pode passar horas deliciosas imaginando um romance com essa pessoa especial.

Às vezes, uma menina se apaixona por alguém que dificilmente corresponderá à afeição. Pode ser um astro de cinema, um cantor de *rock*, um professor, outro adulto ou um amigo dos irmãos mais velhos. Esse tipo de paixão pode ser uma forma saudável e segura de experimentar os sentimentos românticos e sexuais. Mesmo assim, apesar de fingir que não, no fundo sabemos que aquela pessoa é inatingível; por isso, não precisamos nos preocupar com problemas reais quanto ao que dizer ou como agir. Temos a liberdade de imaginar o que quisermos, sem nos preocuparmos se a pessoa se sentirá atraída por nós. De certa forma, ter uma queda por uma pessoa inatingível é um modo de ensaiar para o momento em que teremos uma relação romântica verdadeira.

Mas esse tipo de paixão também pode causar sofrimento. Em determinado ano, algumas das meninas de meu curso desenvolveram uma paixão por certo astro do *rock*. Enchiam o quarto delas com pôsteres. Usavam *buttons* com o rosto dele impresso, devoravam *fanzines* e se divertiam muito compartilhando esses sentimentos entre as colegas. Quando esse astro de *rock* se casou, todas ficaram desoladas, claro, mas uma das meninas sofreu mais que as outras. Ficou muito perturbada. Tinha mergulhado tanto na paixonite que o casamento do cantor foi devastador para ela. Se você perceber que tem um amor platônico, é bom lembrar, de vez em quando, que essa pessoa pela qual você está apaixonada com certeza não irá corresponder ao seu afeto.

Pelo menos nem todas as paixões são platônicas. Você pode ter uma queda por alguém de idade próxima à sua, que conhece pessoalmente por causa da escola, da igreja ou qualquer coisa assim. Se essa pessoa também se mostrar interessada em você, a paixonite pode ser muito boa. Mas o anseio por alguém que não corresponde à sua afeição machuca. Se suas paixões lhe causam problemas, fale com alguém a respeito de seus sentimentos. Pode ser uma amiga, uma professora, seu pai ou sua mãe, outro adulto ou um terapeuta.

Quando as meninas conversam conosco sobre um interesse romântico ou sexual por uma pessoa que elas conhecem pessoalmente, costumam perguntar:

– Como a gente sabe se uma pessoa gosta da gente? Como a gente faz para essa pessoa saber que a gente gosta dela?

Basicamente, há duas maneiras: faça isso você mesma ou peça a uma amiga. Se escolher a segunda opção, que seja uma pessoa em quem você realmente confia, pois não é bom que a escola inteira descubra. É sempre mais fácil deixar que outra pessoa fale por você, mas lembre-se de que, se fizer isso, você não terá muito controle do que será dito. Suponha, por exemplo, que você queira apenas que sua amiga mencione seu nome para um garoto para ver a reação dele. Só que essa amiga pode fazer de um jeito que dê a impressão de que você está terrivelmente apaixonada por ele.

Por esse e por outros motivos, algumas pessoas preferem agir sozinhas. Há muitas maneiras de você informar uma outra pessoa de seus sentimentos. Você pode ser gentil, puxar um papo, forçar uma situação para ficar perto dela, convidá-la para sair, ou simplesmente dizer a ela o que você sente. Pode também observar se ela faz essas mesmas coisas com *você*. Se fizer, provavelmente ela gosta de você.

Independentemente de você se aproximar dela ou pedir a alguém que vá por você, a conversa tem de ser particular. O garoto pode não se sentir à vontade para dizer o que sente por você na frente de amigos ou colegas. Talvez ele goste mesmo de você, mas não queira dizer isso diante de todos.

IMPULSOS HOMOSSEXUAIS

Às vezes, as pessoas se apaixonam por pessoas do mesmo sexo. Quando mencionamos esse assunto no curso, sempre surgem as questões da *homossexualidade*.

Homo significa "mesmo". Ter um *impulso homossexual* significa nutrir sentimentos sexuais, fantasias, sonhos ou paixões por uma pessoa do mesmo sexo. Muitos meninos e meninas têm pensamentos ou impulsos homossexuais, ou até experiências sexuais com indivíduos do mesmo sexo, no decorrer de seu crescimento.

Se você já teve impulsos ou experiências homossexuais, saiba que isso é perfeitamente normal. Não se preocupe. Talvez você se sinta um tanto confusa ou aborrecida, ou até assustada, com esses sentimentos ou experiências. Talvez já tenha ouvido piadas ou gírias ofensivas a respeito da homossexualidade. Nesse caso, deve ter ficado em dúvida quanto ao que sentiu ou experienciou. É possível que tenha ouvido alguém dizer que a homossexualidade é moralmente errada, pecaminosa, anormal, ou um sinal de doença mental. Esses comentários podem tê-la deixado preocupada. Se você ouviu tais coisas (ou não), é bom conhecer mais a respeito da homossexualidade.

Quase todas as pessoas têm pensamentos, impulsos, fantasias ou experiências homossexuais em algum momento da vida. É por isso que só se considera um indivíduo realmente homossexual se seus sentimentos e impulsos sexuais mais fortes, quando adulto, forem por uma pessoa do mesmo sexo. Aproximadamente um em cada dez adultos em nossa sociedade é homossexual.

Tanto homens quanto mulheres podem ser homossexuais. *Gay* é um termo não ofensivo para pessoas homossexuais. As mulheres homossexuais também são chamadas de *lésbicas*. Em toda a história da humanidade, sempre houve indivíduos homossexuais, alguns muito famosos. Médicos, enfermeiras, advogados, motoristas de ônibus, policiais, artistas, empresários, ministros, rabinos, padres, professores, políticos, jogadores de futebol, pessoas casadas, solteiras, pais – todos, enfim – podem ser homossexuais.

A maioria dos adultos em nossa sociedade é *heterossexual*. *Hetero* significa "oposto". Os heterossexuais têm fortes impulsos sexuais e românticos por pessoas do sexo oposto. A maioria de suas experiências sexuais envolve o sexo oposto.

Tratamos de alguns fatos básicos, mas, se você for como a maioria das meninas em minhas aulas, provavelmente ainda tem dúvidas quanto à homossexualidade. Veja algumas respostas a certas perguntas.

A homossexualidade é moralmente errada? É antinatural, anormal ou sinal de doença mental?

Antigamente, muitas pessoas achavam que a homossexualidade era pecaminosa ou anormal. Algumas ainda pensam assim. Entretanto, hoje em dia cada vez menos pessoas acreditam nesse tipo de coisa. É uma questão pessoal; algumas pessoas simplesmente são homossexuais. Ser homossexual é perfeitamente saudável, normal e aceitável.

O que é uma pessoa bissexual?

Uma pessoa bissexual sente atração tanto por homens quanto por mulheres e é capaz de ter atividades sexuais com ambos os sexos.

Se uma pessoa tiver muitos impulsos homossexuais ou sair muito com alguém do mesmo sexo no decorrer de seu crescimento, será homossexual na idade adulta?

Ter impulsos ou experiências homossexuais durante o crescimento não significa que você será homossexual na idade adulta. Muitos jovens que têm impulsos e experiências homossexuais acabam se tornando heterossexuais quando adultos. E, claro, alguns se tornam realmente homossexuais.

Conversamos com muitos adultos homossexuais a respeito de seus impulsos quando ainda estavam se desenvolvendo, e as respostas foram bem variadas. Alguns tinham impulsos homossexuais; outros, heterossexuais. Outros, ainda, não tinham nenhum impulso sexual forte, homo ou heterossexual.

Uma pessoa pode saber com certeza se é *gay* ainda na juventude?

Sim. Pelo menos alguns adultos homossexuais dizem que sabiam que eram *gays* já na adolescência. Alguns afirmam que já sabiam disso mesmo na infância.

Para mais informações a respeito da homossexualidade, consulte o recurso na página 215.

NAMORO

No decorrer da puberdade, muitos jovens começam a namorar. Namorar pode ser divertido e excitante, mas também cria problemas. Por exemplo, talvez você queira namorar antes de uma idade que seus pais considerem apropriada. Ou talvez você não se sinta preparada para namorar, embora seus pais a pressionem para isso. Você pode não saber se quer namorar firme com uma pessoa, ou ter vários namorados. Se estiver namorando alguém há algum tempo e decidir que quer conhecer outros garotos, pode ser difícil terminar o relacionamento. Ou se seu namorado "firme" quiser namorar outra pessoa, talvez você fique triste e tenha dificuldade para lidar com a situação. Em contrapartida, talvez você queira namorar e ninguém se interesse por você. Isso pode gerar certa depressão.

Mais uma vez, se você tiver quaisquer problemas em relação a namoro, converse com uma pessoa que você respeite e que seja de sua confiança. Pode ser seu pai ou sua mãe, uma amiga, um irmão ou irmã mais velhos, ou qualquer outra pessoa. Nosso livro *My Feelings, My Self*, que trata desses assuntos, também pode ajudar. Além do mais, vale a pena você ver algumas das perguntas que surgem em minhas aulas a respeito do tema.

O que acontece se a gente quer namorar, mas nunca namorou e começa a achar que nunca vai namorar?

Se as outras meninas que você conhece já começaram a namorar, mas você não, talvez você sinta que nunca começará. Nesse caso, é bom se lembrar de que cada pessoa tem sua programação pessoal também nas questões românticas. Pode parecer muito difícil se a sua programação for mais lenta que a dos outros, mas isso não significa que você nunca vai namorar. Pode demorar um pouco, mas, no fim, você também vai começar a namorar. Temos certeza disso!

Lembre-se de que você tem muitos anos pela frente. Não importa se começar a namorar quando tiver 13 ou 20 anos. O importante, no fim das contas, é você se sentir bem consigo mesma.

É certo uma menina convidar um menino para sair?
Achamos que sim. Embora algumas pessoas não achem apropriado as meninas fazerem o convite, a maioria não vê problema algum quando a menina tem a iniciativa. Na verdade, é uma ideia muito boa. Quase todos os meninos com quem conversamos disseram que gostariam que mais garotas fizessem isso. É difícil sempre ter a iniciativa! As meninas também costumam ser favoráveis à ideia. Entretanto, muitas admitem que não têm coragem de convidar um garoto para sair. Preocupam-se com o que os outros vão pensar, ou temem que o menino recuse o convite.

Achamos que as meninas *devem* arriscar! Afinal, seja menino ou menina, o máximo que pode acontecer é uma recusa. E isso não seria o fim do mundo, seria? Uma garota nos disse:

> Meu namorado é muito tímido. Nunca estaríamos juntos se eu não tivesse tido a iniciativa e o convidado para sair. Que bom que eu fiz isso!
> – CHANDRA, 16

O que fazer se sempre que você convida uma pessoa para sair, a resposta é "não"?
Se você convidou uma pessoa várias vezes, e ela sempre disse "não", talvez seja bom encarar o fato de que ela não quer sair com você. É difícil saber exatamente quantas vezes você deve insistir até desistir de vez. Isso vai depender, em parte, do que a pessoa costuma dizer. Se você sabe que ela namora ou simplesmente não se interessa por você, a situação é clara. Pare de convidar. Mas se o garoto diz, "que pena, estou ocupado...", experimente repetir o convite em outra ocasião. Talvez ele queira sair com você, mas esteja realmente ocupado. Porém, se você continuar tentando, mas a resposta for sempre essa ou algo parecido, experimente dizer uma coisa do tipo, "Bem, quando você tiver um tempo livre, me avise, então", e pare de convidá-lo. Ele poderá escolher entre fazer-lhe ou não o convite.

Se você já convidou várias pessoas diferentes para sair, e todas disseram "não", você deve estar se sentindo meio desanimada, achando que há algo muito errado ou horrível em você e que ninguém jamais aceitará seus convites. Mas antes de se sentir mal, pare um instante para pensar. Quem você está convidando? Talvez as pessoas erradas! Está convidando apenas os garotos mais bonitos e populares? O problema pode estar aí. Os garotos mais bonitos e populares devem receber um monte de convites de outras pessoas. Suas chances seriam maiores se você convidasse alguém menos popular e não tão lindo assim. Além disso, o fato de alguém ser popular ou bonito não significa necessariamente que será uma boa companhia. O mais importante é você se sentir feliz quando sai com alguém. Os dois se dão bem e se sentem à vontade? Divertem-se juntos? As qualidades interiores de uma pessoa são muito mais importantes que a popularidade ou a aparência.

Reflita também se conhece bem a pessoa que você está convidando para sair. Se você convida alguém que mal conhece, talvez esse seja o motivo da recusa. Espere algum tempo até conhecê-la melhor, e deixe que ela a conheça também. Assim, suas chances de ouvir um "sim" ao convite serão maiores.

Também vale a pena pedir a um amigo ou amiga dos dois que verifique algumas coisas antes de você convidar alguém para sair. Esse amigo ou amiga pode lhe dar uma ideia de qual seria a reação dessa pessoa ao convite. Se não houver o menor interesse, você se poupará a decepção da recusa. Além disso, você pode perguntar a uma de suas amigas quem *ela* convidaria para sair. As pessoas adoram bancar o cupido. Suas amigas podem sugerir alguém que você nunca teria imaginado. Podem até saber de alguém que esteja interessado em namorar você! Portanto, não hesite em pedir ajuda das amigas.

O que fazer se a gente quer namorar, mas os pais não deixam?

Os jovens costumam escolher uma destas alternativas para lidar com esse problema: (1) namoram mesmo assim, sem que os pais saibam; (2) obedecem às regras dos pais até ficarem mais velhos; (3) tentam fazer os pais mudar de opinião. Analisemos as três alternativas.

Namorar às escondidas não é uma boa ideia. Se você for pega, pode ficar encrencada. Também, seus pais terão dificuldade para confiar em você no futuro. Mesmo que não seja pega, provavelmente se sentirá culpada por mentir. E o sentimento de culpa não é nada divertido. No fim, namorar às escondidas não compensa.

Em contrapartida, é muito difícil seguir as regras dos pais e esperar até você ficar mais velha, principalmente se há uma pessoa que você gostaria de namorar. Geralmente, os pais não são maldosos ou injustos; apenas tentam proteger os filhos de "um envolvimento sério" quando ainda são muito novos. Talvez tenham razão. Se seus pais não a deixam namorar, faça estas perguntas a si mesma: as outras meninas da minha idade namoram? Será que vou perder alguma coisa se esperar até ser mais velha?

Se a verdadeira resposta a essas perguntas for "não", então vale a pena esperar. No entanto, você pode sentir que seus pais são rígidos demais ou talvez antiquados. Nesse caso, pense na terceira opção: fazê-los mudar de ideia.

Isso nem sempre é fácil, mas vale tentar. Para começar, descubra o motivo exato dessas regras. Com o que eles se preocupam? Se eles lhe explicarem, você pode fazer um acordo com eles. Se, por exemplo, seus pais acham que você é muito nova para namorar, talvez a deixem sair com grupinhos de amigos. Ou, se não a deixarem ir ao cinema com um garoto, talvez a deixem ir a uma festa de meninos e meninas ou trazer um garoto à sua casa.

APAIXONAR-SE

Muitos jovens se apaixonam ou, pelo menos, acham que estão apaixonados. Mas como saber se o que você sente é realmente amor?

Não se pode medir uma emoção. As pessoas têm ideias diferentes do que significa o amor ou estar apaixonado. Por isso, não podemos lhe dizer exatamente o que é o amor, mas podemos, sim, lhe dar algumas noções sobre o assunto.

Achamos que é importante reconhecer as diferenças entre *paixão* e verdadeiro amor. A paixão é um sentimento intenso, excitante (e às vezes confuso ou assustador), parecido com o estouro de rojões. Você pode se envolver tanto na paixão que mal conseguirá pensar em outra coisa. Às vezes, as pessoas confundem paixão com amor, principalmente porque ambos podem começar da mesma maneira. Mas, certamente, esses sentimentos são diferentes. A paixão é passageira. O amor verdadeiro é duradouro. Ademais, você não precisa conhecer alguém muito bem para se apaixonar; mas, para amar verdadeiramente uma pessoa, você precisa conhecê-la (tanto suas qualidades quanto seus defeitos). A paixão pode acontecer de repente. O amor verdadeiro leva mais tempo. Uma paixão pode, por fim, se transformar em amor. Ou a paixão pode passar, e você descobrir que os dois "não foram feitos" um para o outro.

Seu relacionamento pode começar com uma explosão de paixão, ou se desenvolver de maneira mais lenta e gradual. Seja como for, um relacionamento amoroso, cedo ou tarde, passa por um estágio de questionamento. Um dos dois ou os dois questionam se ele vale a pena. Nesse estágio de questionamento, um de vocês pode decidir terminar o namoro. Em nossa opinião, só depois da fase de questionamento e da decisão de realmente ficarem juntos é que você se encontrará na trilha do amor verdadeiro.

DECISÕES A RESPEITO DE COMO LIDAR COM OS SENTIMENTOS ROMÂNTICOS E SEXUAIS

Os jovens frequentemente têm dúvidas sobre como lidar com seus sentimentos românticos e sexuais. Quando duas pessoas se sentem atraídas uma pela outra, é natural que queiram ficarem próximas fisicamente. A aproximação física pode ser algo simples, como segurar as mãos ou dar um beijo de boa--noite após um passeio. Mas pode ser mais que isso, também. Ela pode incluir algo bem íntimo, como uma relação sexual.

Alguns jovens encontram respostas às suas dúvidas baseados no que acham que todo mundo faz. Mas geralmente estão enganados quanto ao que todo mundo faz. Além disso, *só porque todo mundo age de determinada maneira não significa que você também deva agir*. Por favor, não confunda o que estamos dizendo. Não afirmamos aqui que você deve ignorar os ensinamentos ou as regras de seus pais ou de sua religião. Na verdade, achamos que os pais e as religiões dão excelentes conselhos, os quais merecem ser seguidos. Mas percebemos que os jovens que aceitam tudo o que aprenderam sem nunca se questionarem às vezes sentem dificuldade de resolver conflitos. Quando se veem em situações românticas, não conseguem se adaptar às regras que lhes foram ensinadas. Estas perdem a validade diante da tremenda pressão de experimentar o sexo. Cremos que isso acontece porque essas regras não eram deles, mas de outras pessoas, para começo de conversa.

Muitos jovens, talvez a maioria, não têm certeza do que é certo ou errado. Eles procuram respostas na hora de decidir até onde podem ir. Se houvesse um tipo sempre exato de resposta, seria muito mais fácil. Poderíamos simplesmente dar-lhes essas respostas, mas isso não é tão simples assim. As pessoas têm ideias diferentes quanto a essas dúvidas e questões. Nas aulas – principalmente naquelas para meninos e meninas mais velhos – costumamos passar um bom tempo abordando esse assunto. Falamos sobre como tomar decisões acerca de impulsos românticos e sexuais, e explicamos por que as pessoas sentem o que sentem, sem ficar deste ou daquele lado.

Só quando você pondera sobre as regras e escolhe quais delas vai seguir, é que elas começam a fazer sentido. E só quando as regras são realmente suas, você consegue se adaptar a elas.

Antes de tomar qualquer decisão relacionada a sexo, é preciso considerar várias coisas. Não há espaço suficiente neste livro para abordar tudo o que você precisaria saber. Por exemplo, você não pode tomar decisões importantes acerca de uma relação sexual sem estar bem informada sobre contraceptivos e doenças sexualmente transmissíveis. (Ver os *boxes* nas páginas 202 e 204.) Contudo, antes de sairmos desse tema, gostaríamos de responder a algumas perguntas feitas em nossas aulas.

Eu gostaria de ter uma namorada, mas será que posso transar com uma pessoa da minha idade (11)?

Tenho 12 anos e há um garoto em minha classe do qual eu gosto; ele gosta de mim, também. Mas tenho medo de transar. O que devo fazer?

Geralmente são os meninos e meninas mais jovens que fazem essas perguntas. Quando as ouvi pela primeira vez, fiquei um pouco assustada ante o fato de pessoas ainda tão novas terem dúvida quanto a estarem preparadas ou não para fazer sexo.

No entanto, conversando mais com os jovens que faziam esse tipo de pergunta, compreendi por que as faziam. Era porque tinham ideias errôneas acerca da proximidade física. Alguns achavam que beijar ou estar fisicamente perto em outros sentidos eram coisas que aconteciam assim que uma pessoa se envolvesse com outra. Outros achavam que sair juntos significava a obrigação de, no mínimo, dar um beijo de boa-noite ou ir mais longe. Outros ainda pensavam que o fato de ter um namorado ou uma namorada implicasse automaticamente ter uma relação sexual com a pessoa.

Nada disso é verdade, mas dá para entender por que os jovens têm essas ideias. Nos livros que lemos, parece que quando duas pessoas se conhecem numa página, já estão se beijando loucamente na página seguinte. Nos filmes, às vezes se duas pessoas que não se conhecem cruzam o olhar, já estão na cama na cena seguinte.

Por favor, não se deixe confundir pelo que lê nos livros ou vê na televisão e no cinema. Namorar não significa que você precisa transar ou mesmo beijar. Namorar é uma chance de você conhecer melhor a pessoa com quem está saindo. Quando os dois se conhecerem, talvez não queiram ter nenhum relacionamento romântico ou físico. Acima de tudo, lembre-se de que em questão de romance e sexo, ninguém pode decidir em seu lugar. Você não precisa fazer coisa alguma que não lhe pareça apropriada.

Tudo bem a gente beijar no primeiro encontro?

É errado dar uns amassos?

Quando é que a gente vai "longe demais"?

Que limite a gente deve impor?

Como explicamos anteriormente, se todo mundo tivesse a mesma opinião quanto a essas questões, as respostas seriam fáceis; mas é claro que as opiniões variam. Por exemplo, algumas pessoas não acham certo beijar logo no primeiro encontro, enquanto outras não veem problema algum nisso. Alguns acham que não há problema também em "dar uns amassos"; outros não concordam. Algumas pessoas acham que é pecado ir além disso; outras não consideram o avanço moralmente errado, mas temem que os jovens se empolguem demais e acabem indo além do que pretendiam.

As respostas dos jovens às perguntas acima são fortemente influenciadas pelas situações pessoais de cada um. Os valores de seus pais, as opiniões de seus amigos, os ensinamentos religiosos, as crenças morais pessoais e os próprios sentimentos e emoções são todos igualmente importantes. Essas influências afetam cada um de uma maneira diferente, mas achamos que as seguintes orientações podem ajudar quem tenha essas dúvidas:

- Beijar, "dar uns amassos" ou ir longe demais – seja o que for, não se deixe apressar por ninguém. Só faça aquilo que você tem certeza de que quer fazer. Afinal de contas, você tem muitos anos pela frente; pode esperar até ter certeza.
- Pergunte a si mesma o que sente em relação à outra pessoa. É alguém em quem você confia? Ela vai espalhar boatos ou fofocas a seu respeito? Você está fazendo isso porque gosta mesmo dela ou simplesmente porque está curiosa para experimentar?

- Você está apenas tentando provar que já cresceu, ou tentando se tornar mais popular?
- Não pressione uma pessoa a fazer algo que ela não quer. Essa pressão pode vir de um garoto persuadindo uma menina a ir mais longe do que ela quer. Mas não são só os meninos que fazem pressão. Uma menina pode agir como se o menino não fosse másculo o suficiente se não quiser beijar ou avançar o sinal.
- Não se deixe enganar por falas do tipo: "Se você gostasse de mim, me deixaria dar uns amassos"; "se você realmente se importasse comigo, não negaria"; "bem, se você não quiser, vou procurar outra que queira"; "todo mundo faz isso". Se ouvir de alguém essas frases, inverta a situação e diga: "Se você realmente gostasse de mim, não me pressionaria".

Talvez você ainda não tenha certeza de como lidar com seus sentimentos em relação ao sexo. Isso não é surpreendente. Há muitos aspectos a considerar – emocionais, psicológicos, físicos, espirituais e morais (apenas para citar alguns). Sempre é bom esperar um pouco mais, para que você possa refletir com maturidade sobre todas essas coisas antes de tomar uma decisão.

No fim, claro, é você quem decide. Mas vale a pena conversar sobre o assunto com outras pessoas. Não exclua automaticamente seus pais (como muitos jovens fazem). Talvez você se surpreenda ao descobrir que eles tinham as mesmas dúvidas quando eram da sua idade. De modo geral, os jovens sabem que as atitudes de seus pais são mais conservadoras que as deles. Por isso mesmo, às vezes não falam sobre questões sexuais com os pais. Porém, mesmo nesse caso seus pais podem ter bons motivos para agir assim. E mesmo que você não concorde totalmente com eles, talvez os dois tenham algo a lhe dizer que seja útil. Também pode ser interessante conversar com um tio ou tia, um irmão ou irmã, ou uma amiga mais velha.

SEXUALIDADE: INIBIÇÃO/CULPA

Apesar de não usarmos a palavra *sexualidade*, é de sexualidade que estamos falando neste capítulo. Na verdade, o livro inteiro trata disso. Algumas pessoas acham que a palavra sexualidade só se aplica a relações sexuais; mas ela também inclui assuntos como atitudes em relação ao sexo, sentimentos quanto às mudanças no corpo, fantasias românticas e sexuais, masturbação, brincadeiras sexuais na infância, impulsos homossexuais, paixonites, abraços, beijos, "amassos", e aproximação física em outros sentidos.

Inibição

A maioria das pessoas se sente retraída, inibida, ou até um pouco envergonhada quanto a algum aspecto de sua sexualidade. Alguns jovens, por exemplo, sentem-se muito acanhados durante a puberdade e não permitem mais que os membros de sua família os vejam nus. Outros não se sentem à vontade para fazer perguntas ou falar das mudanças que estão acontecendo em seu corpo. Algumas meninas se sentem acanhadas quando começam a menstruar; e alguns meninos se retraem quando começam a ter sonhos molhados.

Esses sentimentos de inibição às vezes se referem a atividades ou impulsos românticos e sexuais. Alguns jovens são acanhados por ter certas paixonites. Outros sentem vergonha das próprias fantasias ou de seus impulsos homossexuais. Para a maioria, a masturbação é uma coisa muito íntima. Os jovens também se sentem inibidos quanto a situações como beijos, carícias e outras formas de aproximação física. Alguns não conseguem nem falar de tais coisas, muito menos fazê-las.

Alguns meninos e meninas se preocupam com o fato de a sexualidade ser uma coisa muito embaraçosa para eles. Mas essa inibição, timidez e até um pouco de vergonha quanto à sexualidade são completamente naturais; não significam que a pessoa é frígida, ou que tem algum problema. Mostram apenas que o jovem é normal!

Culpa

Há, entretanto, uma diferença entre *inibição* quanto à sexualidade e um sentimento de *culpa* em relação a ela. Alguns jovens não se sentem apenas inibidos, tímidos ou envergonhados: sentem-se também culpados, horrorizados e sujos quanto a algum aspecto de sua sexualidade.

Quando um menino ou uma menina nos diz que sofre com esse sentimento de culpa, sugerimos que eles se façam a seguinte pergunta: eu me sinto culpado por causa de algo que pode prejudicar alguma pessoa (incluindo a mim mesmo)? Se a resposta for "não", então nosso conselho é tentar se livrar desse sentimento de culpa. Por outro lado, talvez esteja acontecendo algo ruim. Nesse caso, aconselhamos que a pessoa pare de fazer aquilo que está lhe causando esse sentimento de culpa. Procure corrigir o que for possível e empenhe-se em não fazer mais isso, no futuro.

CONTRACEPTIVOS

Se um homem e uma mulher querem ter relação sexual, mas não desejam a gravidez, devem usar alguma forma de contraceptivo. Alguns jovens creem que a menina não pode engravidar na primeira vez que fizer sexo. Isso *não é verdade*. Muitas mulheres engravidam logo após a primeira relação sexual. Jovens que vêm tendo relações sexuais há algum tempo sem que a menina engravide criam um falso senso de confiança. Acham que, como até aquele momento não aconteceu, continuará não acontecendo. Isso também *não é verdade*. Aliás, quanto mais tempo o par tiver relações sexuais sem o uso de um método anticoncepcional (contraceptivo), maiores serão as chances de gravidez. Geralmente, os jovens pensam: "Isso não vai acontecer comigo". Acham que a gravidez só acontece com os outros. De novo: isso *não é verdade*. Qualquer casal que tenha relações sexuais sem usar um contraceptivo pode engravidar; é o que acontece na maioria dos casos, cedo ou tarde.

Falando de não verdades, também não é verdade que você não pode engravidar se ficar pulando após uma relação sexual. Não é possível "jogar o espermatozoide para fora" desse jeito. Não é verdade que uma mulher não engravida se transar enquanto estiver menstruada. Não é verdade que a ducha vaginal após a relação impede a gravidez. E não é verdade que a mulher não pode engravidar se o homem tirar o pênis de dentro da vagina dela antes de ejacular. Na ereção, o homem produz novas gotas de fluido a partir da extremidade do pênis. Esse fluido pode conter espermatozoides. Mesmo que ele tire o pênis da vagina da mulher, alguns espermatozoides podem ficar. Além disso, se ele ejacular perto da abertura vaginal, os espermatozoides ainda podem entrar na vagina.

Mesmo que você ainda não tenha relações sexuais, é bom aprender a respeito dos métodos contraceptivos, ou anticoncepcionais. Há vários deles. A *pílula anticoncepcional* é um dos melhores métodos para impedir a gravidez. Existem outros remédios, mas não são tão eficazes quanto a pílula.

As camisinhas são feitas de látex e cobrem o pênis assim como a luva cobre os dedos. Elas impedem que o sêmen do homem entre na vagina durante a ejaculação. A camisinha também ajuda a proteger contra doenças sexualmente transmissíveis. E ninguém precisa de receita médica para comprá-las.

Há muitas opções de métodos contraceptivos. É importante você se informar a respeito para escolher o melhor para você. Veja o recurso na página 214.

Mesmo quando uma pessoa *fez* algo ruim, geralmente não é nada muito grave. Por exemplo, talvez você se sinta culpada por ter paquerado o namorado de sua melhor amiga; mas isso não é um problema tão grave assim. Pelo menos, não é tão grave quanto o tipo de situação descrita por este garoto de 15 anos. Ele se sentia culpado por ter pressionado sua namorada para ir além dos limites dela:

> Ela não queria passar de alguns "amassos" por causa de seus padrões morais. Eu vivia insistindo e consegui... Bem, não transamos, mas fomos mais longe do que ela queria. Não a forcei, claro, mas a pressionei bastante. Agora me sinto meio pervertido; e sei que ela não se sente bem pelo que fez. As coisas mudaram entre nós. Não nos sentimos mais tão próximos.
>
> – EDWARD, 15

Esse garoto feriu os sentimentos da namorada, além de seus próprios sentimentos e o relacionamento dos dois.

Em outras situações, o dano pode ser ainda mais sério. Por exemplo, suponha que uma relação sexual precipitada, sem proteção, resulte numa gravidez. Nesse caso, o dano é muito maior. De modo geral, quanto mais sério o dano, mais difícil será lidar com a culpa. E mesmo que você mude seu modo de agir e seu comportamento, a culpa pode não desaparecer completamente.

É importante lembrarmos que, afinal de contas, somos seres humanos, e, como tais, cometemos erros. Se você fez de tudo para corrigir um erro e mudar de comportamento, tente se perdoar e prosseguir com a vida.

Também queremos lembrar a leitora de que as pessoas têm ideias diferentes quanto ao que é prejudicial ou não. Considere, por exemplo, a masturbação, que causa sentimentos de culpa em muitos jovens. Pessoalmente, achamos que a masturbação é uma atividade perfeitamente normal e saudável. Desde que não seja contra os princípios morais de uma pessoa, geralmente recomendamos que os jovens que sentem alguma culpa por se masturbarem tentem relaxar e se livrar dessa culpa. No entanto, algumas pessoas têm uma visão diferente. Acham que se masturbar é pecado ou imoral, e que as pessoas que se masturbam se prejudicam moralmente. Por causa de tais crenças, o conselho dessas pessoas provavelmente seria o contrário do nosso. Talvez recomendem aos jovens que parem de se masturbar.

A reação das pessoas a situações que lhes causam culpa depende não só do grau do dano causado, mas também da noção de prejudicial ou não prejudicial. Também é possível que os jovens se sintam culpados por fazer algo que quase ninguém consideraria prejudicial. Por exemplo, uma garota de 16 anos nos escreveu isto:

> Se eu dou um beijo de boa-noite num menino, sinto muita vergonha – não na hora, mas depois. Sei que não é normal sentir culpa, mas sinto. Como posso superar isso?
>
> – FRANCES, 16

Essa garota sente culpa e vergonha simplesmente por dar um beijo de boa-noite num rapaz. E a julgar pelas cartas que recebemos, ela não é a única. Algumas sentem culpa, embora *não* tenham feito mal algum. Por exemplo, algumas meninas nos disseram que se sentiram não só inibidas ou embaraçadas, mas também muito envergonhadas pelo fato de ter menstruado.

Os jovens às vezes sentem vergonha ou culpa por sua sexualidade, embora não tenham feito nada de errado. Nesse caso, talvez valha a pena eles se perguntarem *por que* estão se sentindo assim. Geralmente esse sentimento ocorre

---

AIDS E OUTRAS DSTs

Se você decidir ter relações sexuais, precisa saber também a respeito das doenças sexualmente transmissíveis. Essas doenças também são chamadas de DSTs, ou doenças venéreas (DV). São infecções geralmente transmitidas de uma pessoa a outra por meio do contato sexual. Existem vários tipos de DSTs. Os mais comuns são gonorreia, sífilis, clamídia, verruga venérea e herpes. Gonorreia, clamídia e sífilis podem ser curadas, mas, se não forem tratadas logo, podem causar outras doenças graves. Não há cura para o herpes nem para as verrugas venéreas. O herpes pode causar defeitos de nascença em bebês de mulheres infectadas. As verrugas venéreas podem aumentar o risco de certos tipos de câncer.

A aids é a mais grave de todas as doenças sexualmente transmissíveis. Ela ataca o sistema imunológico do corpo e não tem cura. Embora possa ser controlada até certo ponto com medicamentos, costuma levar à morte.

Como as DSTs são contraídas por meio do ato sexual, as pessoas às vezes têm vergonha de procurar tratamento, ou de dizer ao parceiro que talvez o tenha contaminado. Antes de você ter uma relação sexual, precisa saber quais são os sinais e sintomas das DSTs, o modo de evitá-las, e o que fazer em caso de contaminação. Veja o recurso na página 214.

porque alguma pessoa (pai ou mãe) ou grupo (talvez a religião) os ensinou a se sentirem assim. Houve épocas em que muitas pessoas em nossa sociedade tinham atitudes *muito* negativas quanto à sexualidade. No tempo de nossas avós, pensamentos e impulsos sexuais eram considerados malignos, obra do demônio. Os desejos sexuais eram considerados impuros ou sujos, principalmente nas mulheres. As mulheres que tivessem impulsos sexuais ou que gostassem de fazer sexo eram tidas como anormais ou pervertidas. Muitas pessoas achavam que era pecado marido e mulher terem relações sexuais, exceto para reproduzir.

É claro que os tempos mudaram e as atitudes das pessoas também. Hoje em dia, a maioria dos indivíduos em nossa sociedade tem atitudes mais positivas em relação à sexualidade. Mesmo assim, muitos continuam vendo a sexualidade como algo negativo, pelo menos até certo ponto. Pais com essa atitude podem passá-la a seus filhos. Embora talvez não digam abertamente "a sexualidade é ruim", podem transmitir essa noção e atitude de outras maneiras. Um pai ou uma mãe pode, por exemplo, se aborrecer se um bebezinho tocar os próprios órgãos sexuais e puxar-lhe a mão, ou até lhe dar um tapa. Tal atitude pode deixar o bebê com a impressão de que os órgãos sexuais são impuros ou sujos e que é errado ou ruim tocá-los. Quando o bebê cresce, o menino ou a menina pode sentir vergonha da menstruação ou dos sonhos molhados, ou se sentir culpado ou culpada quando se masturba.

Levando tudo isso em conta, não é à toa que alguns jovens sintam uma culpa desnecessária acerca de sua sexualidade. Eles sentem culpa, embora não tenham feito nada de errado, que causasse mal a eles próprios ou a outras pessoas. Pode ser muito difícil para tais meninos e meninas se livrar desses sentimentos de culpa, mas saber a origem deles ajuda. Qualquer um pode aprender – e de fato aprende – a superar a culpa.

CRIMES SEXUAIS

Quando falamos a respeito das decisões de cunho sexual em nossas aulas, geralmente aparecem perguntas a respeito de crimes sexuais na caixinha "Tudo o que você sempre quis saber". Talvez você também tenha alguma pergunta.

Às vezes, os pais não falam com os filhos sobre crimes sexuais porque não querem assustá-los. Muitos pais querem proteger os filhos até de ouvir a respeito dessas coisas terríveis. Isso é compreensível, mas a verdade é que os crimes sexuais existem. Achamos que é melhor que as crianças saibam o que são os crimes sexuais, para que possam lidar com uma situação na qual elas talvez sejam vítimas.

Estupro

Estupro significa forçar uma pessoa a fazer sexo contra a vontade dela. Ele pode acontecer com qualquer um: crianças pequenas, adultos ou pessoas de qualquer idade. A maioria das vítimas de estupro são mulheres e a maioria dos estupradores são homens. Entretanto, é possível que um garoto ou um homem seja estuprado. Às vezes um homem é estuprado por outro.

Se você sofrer uma violência desse tipo, o mais importante a fazer é buscar ajuda imediatamente. Algumas vítimas ficam tão perturbadas com o que aconteceu que só querem ir para casa e esquecer tudo. Mas a vítima de estupro precisa de cuidados médicos o mais rapidamente possível. Mesmo que ela não tenha se machucado gravemente, pode haver feridas internas que necessitam ser examinadas pelo médico. A vítima também precisa ser examinada para ter certeza de que não contraiu nenhuma doença sexualmente transmissível. (Esses exames são um dos motivos pelos quais a vítima não deve se lavar ou tomar banho antes de procurar o médico.) Se a vítima for uma mulher que já está no meio da puberdade, deve tomar a pílula do dia seguinte para evitar a gravidez. (Algumas meninas engravidam mesmo que ainda não tenham menstruado.) Uma vítima de estupro também precisa de apoio emocional, e deve buscar ajuda por esse motivo.

Se você for vítima de estupro, vá imediatamente a um pronto-socorro ou chame a polícia, que então a levará ao hospital.

Abuso sexual de crianças

O abuso sexual de crianças pode se dar por toque, carícia ou beijo nos órgãos sexuais, ou até por uma relação sexual propriamente dita. O incesto é um tipo de abuso sexual. Consiste em um membro da família ter contato sexual com outra pessoa da mesma família. Claro que não é incesto o contato entre marido e mulher. Além disso, irmãos e irmãs também se envolvem em alguma espécie de brincadeira sexual enquanto estão crescendo, como "brincar de médico" ou de "mamãe e papai". Esse tipo de brincadeira de sexo entre crianças pequenas é muito comum. Geralmente não é considerado incesto e não causa dano algum. Mas o contato sexual entre irmãos mais velhos ou com outros membros da família é incesto e pode causar um grande mal.

A maioria das vítimas de estupro são meninas abusadas pelo pai, padrasto, irmão, tio ou algum outro parente do sexo masculino. Também é possível uma menina ser abusada por uma mulher da família. Os meninos também podem ser vítimas de incesto. Quando o incesto acontece com um garoto, o agressor pode ser um homem ou uma mulher da família. O incesto pode acontecer com crianças ainda muito novas, até mesmo bebês, bem como com crianças mais velhas e adolescentes.

Nem sempre o incesto é violento como o estupro. Uma pessoa mais velha na família pode pressionar a criança a participar de atos sexuais sem usar a força. A maioria das vítimas de incesto fica tão aturdida com o que está acontecendo que simplesmente não sabe como impedir que aconteça de novo.

O abuso sexual da criança só é considerado incesto quando o agressor é um membro da família. Mas o abuso sexual também pode ocorrer quando o agressor é um amigo da família, um professor, treinador, namorado ou namorada do pai ou da mãe, outro adulto conhecido da vítima ou até um estranho. Tanto meninos quanto meninas podem ser vítimas desse tipo de abuso.

Se isso acontecer com você, o mais importante é contar para alguém. Isso pode ser difícil, principalmente se o abuso for um caso de incesto.

As pessoas mais óbvias a quem você deve contar são seus pais. (Claro que, no caso de incesto por parte de pai ou mãe, você deve falar com o outro, não com a pessoa que o praticou.) Entretanto, em princípio, alguns pais acham difícil acreditar nos filhos. Se, por algum motivo, seus pais não acreditarem em você, fale com outro parente, uma tia ou tio, um avô, uma irmã ou irmão mais velho, que você sente que vai agir de modo diferente. Ou converse com outro adulto, um professor, um conselheiro, a mãe ou o pai de uma amiga, o responsável pela comunidade religiosa da qual você faz parte ou qualquer outro adulto em quem confia. Ou então ligue para algum serviço de proteção ao menor (os telefones podem ser encontrados nas listas telefônicas).

Vítimas de incesto e outros tipos de abuso sexual infantil geralmente têm dificuldade para falar do problema. Às vezes, a pessoa que cometeu o crime fez a vítima prometer que guardaria segredo. Mas há promessas que não precisam ser cumpridas e segredos que não devem ser guardados – com certeza, este é um deles. Ou então as vítimas acham difícil falar com alguém a respeito do abuso, porque acham que a culpa foi delas. Culpam a si próprias porque deixaram a coisa acontecer; mas isso não é verdade. *As vítimas nunca têm culpa de nada.* Elas não falam porque têm medo de represália por parte do agressor, mas a polícia ou outras autoridades tomarão providências para protegê-las.

Vítimas de incesto às vezes hesitam em falar porque o agressor pode ter problemas com a polícia. Embora a maioria das vítimas odeie o que lhes aconteceu, algumas não querem ver um parente na cadeia. Embora o envolvimento da polícia pareça uma ideia horrível, no fim das contas, é melhor para todos. É igualmente um modo de proteger outros irmãos ou irmãs, que talvez também estejam sendo abusados. Além disso, aqueles que cometem incesto nem sempre são presos. Quando possível, o juiz determina que a pessoa faça algum tipo de tratamento psiquiátrico, garantindo, ao mesmo tempo, que a vítima seja protegida contra outros abusos.

Outro motivo pelo qual vítimas de incesto preferem manter o silêncio é porque têm medo de que isso acabe com a família. Temem que os pais se divorciem, ou que a situação fique pior. Mas, se o incesto continua, a situação em si já é péssima, e outros membros da família também precisam ajudar a lidar com ela. No entanto, a vítima não obterá nenhuma ajuda se não tiver coragem de dar o primeiro passo, contando para alguém.

A maioria das vítimas de incesto e outros tipos de abuso sexual sente um misto de raiva, desconforto e vergonha. Esse sentimento atrapalha a disposição para falar. Mas você tem o direito de se proteger do abuso. Apesar de todo o embaraço, é importante falar com alguém. É realmente a melhor solução para todos.

Se você foi abusada, talvez se preocupe com o que acontecerá quando crescer e começar a ter relações sexuais. Muitas vítimas temem que os parceiros sexuais percebam que elas foram abusadas. Mas isso não acontece. Ninguém saberá do abuso, a menos que você fale.

O abuso sexual não atrapalha fisicamente sua sexualidade, mas pode provocar sequelas emocionais duradouras. Se você foi abusada, recomendamos seriamente que procure ajuda especializada para recuperar sua saúde emocional.

PALAVRAS FINAIS

Como você sabe, são muitas as mudanças que ocorrem em nosso corpo durante a puberdade. Para a maioria das pessoas, essas mudanças físicas são acompanhadas de algumas mudanças emocionais. Por exemplo, podemos nos sentir animadas, orgulhosas e felizes porque estamos crescendo, virando adultas. Mas, além desses sentimentos positivos, a maioria também experimenta alguns sentimentos nada maravilhosos nessa fase de vez em quando. Não são raros os jovens que ficam "deprimidos", de "baixo-astral", às vezes sem motivo algum. Na verdade, parte do motivo pode ser a produção de hormônios no corpo. Os hormônios são substâncias poderosas e podem afetar as emoções. Nosso corpo e nossas emoções levam algum tempo para se adaptar a esses hormônios, e alguns médicos acham que os altos e baixos emocionais que sentimos se devem, pelo menos em parte, às mudanças hormonais. Mas não é só isso. Não é apenas o corpo que está mudando, mas a vida toda. Às vezes, toda essa mudança pode parecer um pouco avassaladora e podemos sentir insegurança, medo, ansiedade ou depressão.

Uma garota escreveu para mim e para minha filha, após ter lido o livro sobre puberdade para meninas, expressando sentimentos que são comuns em muitos jovens. Ela dizia:

> Estou na puberdade e tenho muito medo. Todos dizem que é normal, mas sempre que estou me sentindo bem e feliz, de repente vem aquela sensação deprimente de que não quero mais crescer. Não quero ficar mais velha e enfrentar coisas como possíveis estupros, doenças, mortes etc.
> Além disso, estou no primeiro ano do ensino médio e morrendo de medo. Não quero enfrentar todas essas mudanças.

É normal um jovem ter esses sentimentos. Saber que outros da mesma idade também passam por isso não faz você se sentir melhor, mas pelo menos você sabe que não é a única.

Às vezes, garotos e garotas se sentem inquietos por causa da pressão para crescer de uma vez. Como disse um menino:

> Todo mundo que eu conheço está tentando crescer o mais rápido possível. Para que a pressa? Não tenho pressa alguma. Quero dar um tempo. Estou cansado de ver todo mundo tentando agir como adulto o tempo todo.

Outras vezes, a ideia de ser mais velho e independente pode assustar. Nas palavras de outro garoto:

> Tudo bem, de repente serei adulto e terei todas as responsabilidades de um adulto. Mas não estou preparado para ter essas responsabilidades e tomar todas essas decisões. Daqui a alguns anos, irei para a faculdade, talvez arrume

um emprego e more sozinho; e não sei se quero fazer tudo isso. Às vezes, penso que quero continuar sendo criança.

Em contrapartida, às vezes sentimos que as pessoas à nossa volta, principalmente nossos pais, não nos deixam crescer tão rápido como gostaríamos. Uma adolescente mencionou isso, com estas palavras:

> Às vezes, odeio meus pais. Eles me tratam como uma criancinha. Querem decidir o que vou vestir, como pentear os cabelos, aonde posso ir e com quem sair, que horas devo voltar para casa e blá-blá-blá. Vivem me amolando. Parece que querem que eu seja sempre "a garotinha deles" e não me deixam crescer.

Estar na puberdade e se tornar adolescente não significa necessariamente que você e seus pais terão problemas de relacionamento, mas a maioria dos adolescentes tem pelo menos alguns conflitos com os pais. Na verdade, às vezes eles parecem mais uma guerra, e estão relacionados às mudanças que ocorrem no relacionamento durante essa fase da vida dos jovens. Quando somos bebês, não conseguimos comer, trocar de roupa ou ir ao banheiro sozinhos. Nossos pais precisam nos alimentar e nos vestir. Somos *dependentes* deles para tudo. Eles cuidam de nós e nos protegem até atingirmos a idade em que possamos fazer isso sozinhos. As crianças precisam dos pais, mas também querem crescer, ter mais independência, cuidar de si próprias e tomar decisões. No começo da adolescência, você ainda é muito dependente, mas dali a alguns anos irá para a faculdade ou ganhará a vida sozinho. Assim, durante seus anos de adolescência, você e seus pais entram num relacionamento no qual você é muito dependente, mas está tentando criar uma nova situação em que se tornará totalmente independente.

Não é fácil mudar velhos modos de agir em um relacionamento e criar novos. Os pais estão acostumados a segurar as rédeas, tomar decisões. Talvez continuem lhe dizendo como você deve se vestir, pentear o cabelo, o que deve fazer, até como deve se sentir, mesmo que você já tenha idade para tomar decisões por si só. Deixar de ser uma pessoa dependente para se tornar independente não é uma mudança que acontece sem atritos, e boa parte do estresse, da raiva e de outros sentimentos negativos próprios da adolescência tem a ver com o relacionamento do jovem com seus pais.

Nossos relacionamentos com os amigos também mudam durante esses anos; e essa mudança também pode causar sentimentos de insegurança, confusão, depressão e outras emoções difíceis. É perfeitamente possível que você vá para uma escola nova, faça novos amigos e veja menos os antigos companheiros. Quebrar vínculos e fazer vínculos novos nem sempre é fácil. No decorrer desses anos, é muito importante você fazer parte de um grupo, pois as coisas ficam mais fáceis e divertidas. Mas os grupos também criam problemas. Você pode sentir que não é aceita em determinado grupo, por mais que queira pertencer a ele. Essa sensação de "estar excluída" provoca sentimentos de solidão.

Mesmo que você seja aceita no grupo, talvez sinta que ainda há alguns obstáculos. Fazer parte de um grupo pode trazer muitas recompensas – faz com que nos sintamos aceitas, que fiquemos por dentro das coisas, que sejamos menos sozinhas e inseguras. Mas às vezes, isso tem um "preço". Talvez precisemos agir de um modo que não nos agrade, se quisermos pertencer a um grupo. Veja o que dizem alguns jovens:

> Quero muito fazer parte desse grupo de jovens na escola, mas eles fazem algumas coisas de que não gosto. Dão risada de outros que não são do grupo, fazem comentários e piadas quando alguém vai apresentar um trabalho na frente da classe, e coisas assim. Quero ser aceita, e tenho que fazer o que eles fazem se quiser ser aceita. Mas, se ajo assim, não me sinto bem comigo mesma.
> – MARGIE, 14

> Detesto a escola porque lá ou eu tenho que agir de determinada maneira, ou me tornar um excluído. Por exemplo, na aula você tem uma ideia diferente de alguma coisa, mas não pode dizer porque todo mundo vai rir e humilhar você. Tem que fazer e dizer a mesma coisa que todos dizem; do contrário, você não é aceito.
> – TIM, 13

> Minhas amigas me convencem a fazer coisas que não quero. Faço parte do grupo "in", mas elas bebem e às vezes fumam maconha porque é gostoso. Meus pais me matariam se soubessem o que eu faço. E na verdade, eu nem gosto dessas coisas, mas acabo fazendo porque sou parte do grupo.
> – SHARON, 15

Crescer é um misto de experiências. Por um lado, desejamos muitas coisas excitantes, por outro são muitas as mudanças – físicas, de vida, no relacionamento com os pais, com os amigos e com o sexo oposto. Provavelmente deve existir alguma pessoa, em algum lugar, que viveu a puberdade e a adolescência sem um único problema, mas não apostaríamos nisso. Se você é como a maioria dos jovens, terá esses problemas ao passar pelas mudanças físicas e emocionais da puberdade. Esperamos que este livro a ajude a lidar com esses obstáculos. O livro é só um começo; a seguir incluímos uma seção de recursos que talvez você ache útil.

RECURSOS

Nesta seção você vai encontrar sugestões de livros e *sites* que fornecem mais informações sobre os temas abordados neste livro. Eles estão distribuídos de acordo com os seguintes subtítulos:

- Contraceptivos, aids e outras doenças sexualmente transmissíveis (DSTs)
- Terapia e aconselhamento
- Juventude *gay* e lésbica
- Recursos para pais e professores

AVISO SOBRE A INTERNET

Os recursos aqui apresentados incluem *sites* na internet. Todas as pessoas, principalmente as mais jovens, precisam tomar cuidado com o uso da internet. Há *sites* "só para adultos" com material pornográfico e ofensivo. Se por acaso você entrar num *site* desses, saia imediatamente. Muitos deles nada mais querem que o seu dinheiro. Por isso, *nunca dê o número de seu cartão de crédito na internet sem antes pedir permissão a seus pais.* Não preencha questionários que pedem informações pessoais, como idade, número de telefone e endereço.

Também é possível conversar diretamente com outras pessoas por meio de salas de bate-papo e *e-mail*. Muitas pessoas acham essa forma de correspondência divertida. Mas pode ser perigosa. Lembre-se de que qualquer pessoa com quem você fala na internet é um estranho. Pode não ser quem ele ou ela afirma ser. Aqui vão algumas regras para você não ter problemas.

- Nunca dê seu sobrenome, endereço, senha da internet, número de telefone ou número do cartão de crédito a pessoas com quem você "conversa" na internet. Não diga a ninguém em que escola você estuda, qual igreja frequenta, aonde vai com os amigos ou quaisquer outras informações que ajudem um estranho a encontrá-la. Pare imediatamente de se corresponder com qualquer um que peça essas informações.
- Nunca marque um encontro com uma pessoa com quem você "conversa" na internet.
- Pare imediatamente de se corresponder com qualquer pessoa que use linguagem "suja" ou que, de uma forma ou de outra, faça você se sentir pouco à vontade.
- Se ficar aborrecida ou intrigada com alguma coisa que aconteceu na internet, converse com seus pais ou algum outro adulto de sua confiança.

A internet é uma magnífica fonte de informações. Siga as regras e preserve sua segurança.

CONTRACEPTIVOS, AIDS E OUTRAS DOENÇAS SEXUALMENTE TRANSMISSÍVEIS (DSTs)

- *Changing Bodies, Changing Lives: A Book for Teens on Sex and Relationships*, de Ruth Bell e outros (Random House, 1998).
  Esse livro é ótimo para adolescentes. Há alguns capítulos excelentes sobre contraceptivos e doenças sexualmente transmissíveis. O livro também aborda vários outros assuntos, tais como sexualidade, transtornos alimentares, abuso de substâncias, cuidados com a saúde emocional e sexo seguro.

TERAPIA E ACONSELHAMENTO

Ninguém precisa lidar sozinho com situações emocionais difíceis. Essas situações são mais fáceis de enfrentar quando você procura ajuda. Há várias maneiras de encontrar alguém para ouvir seus problemas e ajudá-la. Você pode conversar com seus pais ou algum parente, uma amiga, um professor ou com o responsável pela comunidade religiosa da qual faz parte.

Também há outros recursos, tais como:

- **Ligar para um serviço especializado:** Procure na lista telefônica linhas que oferecem esse tipo de ajuda a adolescentes. Se não encontrar, ligue para a polícia ou para o juizado de menores e peça informação. (Não precisa dar seu nome.) Se você mora numa cidade pequena, procure na lista de alguma cidade grande próxima.
- **Entrar em contato com alguma clínica para adolescentes:** Essas clínicas oferecem terapia e aconselhamento. Se você mora numa cidade pequena que não conta com essas clínicas, procure na lista de alguma cidade grande próxima.
- **Entrar em contato com sua comunidade religiosa:** Peça ao responsável pela sua comunidade a recomendação de algum terapeuta.
- **Ligar para uma estação de rádio:** Alguma estação de rádio com programas para adolescentes talvez possa recomendar uma terapia especializada. Não precisa falar no ar; apenas ligue e diga que precisa de ajuda.
- **Conversar com o médico da família:** Ele poderá recomendar um terapeuta na região.
- **Entrar em contato com algum centro médico de saúde mental:** Esses centros geralmente oferecem atendimento a adolescentes.

JUVENTUDE *GAY* E LÉSBICA

- *Young, Gay and Proud*, de Don Romesburg (Alyson Publications, 4ª ed., 1995).

  Esse é um excelente livro de referência para pessoas que estão descobrindo e começando a lidar com sua sexualidade.

RECURSOS PARA PAIS E PROFESSORES

Muitos dos recursos nesta lista também são úteis para pais e professores. Incluímos alguns de nossos favoritos.

- **ETR Associates**
  site: <http://www.etr.org>
  A ETR publica e distribui material sobre sexualidade e educação sexual a educadores e pais, incluindo livros, vídeos e outros recursos. Recomendo de modo especial o programa "New Methods for Puberty Education – Grades

4-9". O catálogo deles pode ser visto *on-line*; se você gostar, pode encomendar um catálogo gratuito.

- *From Diapers to Dating: A Parent's Guide to Raising Sexually Healthy Children*, de Debra W. Haffner (Newmarket Press, 1999).

    Esse livro apresenta muitos conselhos sensatos e ponderados, bem como orientações para os pais lidarem de modo inteligente com várias questões pertinentes à sexualidade.

- *Como falar para seu filho ouvir e como ouvir para seu filho falar*, de Adele Faber e Elaine Mazlish (Summus, 2003).

    O livro ensina habilidades básicas para comunicação, preciosas para pais e professores.

- *The Kinsey Institute New Report on Sex*, de June Reinisch e Ruth Beasly (St. Martin's Press, 1994).

    Essa obra básica de referência contém informações sobre vários temas, incluindo puberdade, anatomia e fisiologia, saúde sexual e sexualidade no ciclo da vida.

- *P.E.T.: Parent Effectiveness Training*, do dr. Thomas Gordon (New American Library Trade, reedição, 1990).

    Guia clássico destinado a pais e educadores. Ensina valiosas habilidades para comunicação.

Este livro foi composto na tipografia
ITC Giovanni Book, em corpo 10/14,5, e impresso em
papel off-set no Sistema Digital Instant Duplex
da Divisão Gráfica da Distribuidora Record.